आप ही बनिए कृष्ण

डॉ. गिरीश पी. जाखोटिया

राजकमल पेपरबैक्स

राजकमल पेपरबैक्स में
पहला संस्करण : 2008
तीसरा संस्करण : 2022

राजकमल पेपरबैक्स : उत्कृष्ट साहित्य के जनसुलभ संस्करण

राजकमल प्रकाशन प्रा.लि.
1-बी, नेताजी सुभाष मार्ग, दरियागंज
नई दिल्ली-110 002
द्वारा प्रकाशित

शाखाएँ : अशोक राजपथ, साइंस कॉलेज के सामने, पटना-800 006
पहली मंजिल, दरबारी बिल्डिंग, महात्मा गांधी मार्ग, प्रयागराज-211 001
36 ए, शेक्सपियर सरणी, कोलकाता-700 017

वेबसाइट : www.rajkamalprakashan.com
ई-मेल : info@rajkamalprakashan.com

बी.के. ऑफसेट
नवीन शाहदरा, दिल्ली-110 032
द्वारा मुद्रित

मूल्य : ₹250

AAP HI BANIYE KRISHNA
by Dr. Girish P. Jakhotiya

ISBN : 978-81-267-1503-9

आप ही बनिए कृष्ण

डॉ. गिरीश पी. जाखोटिया

डॉ. गिरीश पी. जाखोटिया प्रबन्धन सलाहकार के रूप में जाना-पहचाना नाम है। मुम्बई विश्वविद्यालय के पूर्व प्रोफेसर डॉ. जाखोटिया विश्व की प्रथम श्रेणी के संगठन जैसे सिमेन्स, बी.ए.एस.एफ., हिन्दुस्तान लीवर (यूनिलीवर), मित्सुई की सीसा गोवा, फाइज़र, ओइंस कार्निंग, वर्ल्ड बैंक, इंटरनेशनल लेबर ऑर्गेनाइजेशन (आई.एल.ओ.), सेंट्रल बैंक ऑफ ओमान, टाटा इंजीनियरिंग, इंडियन ऑयल, खिमजी रामदास ग्रुप ऑफ ओमान, ई.टी.ए. एस्कॉन ग्रुप ऑफ दुबई आदि के लिए अपनी सलाह देते हैं।

अपने क्षेत्र में उल्लेखनीय योगदान के लिए उन्हें एसोसिएशन ऑफ इंडियन मैनेजमेंट स्कूल द्वारा **बेस्ट ऑल इंडिया प्रोफेसर ऑफ मैनेजमेंट** पुरस्कार मिल चुका है। उनके शोध-पत्र राष्ट्रीय स्तर पर पुरस्कृत हो चुके हैं। छह पुस्तकों और विनिबन्धों के लेखक डॉ. जाखोटिया की एक पुस्तक स्ट्रैटेजिक फाइनेंशियल मैनेजमेंट पर आधारित है जिसे 'ऑनर्स वेल्यू एडेड' और 'गिरमान मॉडेल' जैसी मौलिक अवधारणाओं के लिए अंतर्राष्ट्रीय स्तर का काम माना जाता है। हाल ही में श्रीमती जाखोटिया के सहयोग से लिखी उनकी एक पुस्तक 'केसेज इन मैनेजमेंट' का प्रकाशन सिंगापुर से हुआ है। सम्प्रति एक उपन्यास के लेखन में व्यस्त।

बॉम्बे चार्टर्ड एकाउंट्स सोसायटी के लिए पाठ्यक्रम तैयार करने के अलावा आपने इंस्टीट्यूट ऑफ कोस्ट एंड वर्क्स अकाउंटेंट्स ऑफ इंडिया के पाठ्यक्रम में संशोधन और आइ.सी.डब्ल्यू.ए.आई. के लिए नई अवधारणाओं और शब्दावली के साथ मैनेजमेंट अकाउंटिंग में पहले भारतीय शब्दकोश का लेखन भी किया है।

मुम्बई विश्वविद्यालय, कानफेडरेशन ऑफ इंडस्ट्रीज, इंस्टीट्यूट ऑफ मैनेजमेंट अकाउंटेंट्स लंदन आदि से संबद्ध।

सम्प्रति : मुख्य सलाहकार, जाखोटिया एंड एसोसिएट्स, मैनेजमेंट कंसल्टेंट्स, मुम्बई।

सम्पर्क : 702, यशवंत, चित्तरंजन रोड, विले पार्ले (पूर्व), मुम्बई-400 057, भारत

फोन : 022-26123059, 26185959

ई-मेल : jakhotiyas@vsnl.com, manjirij@bom8.vsnl.net.in

आवरण : राजकमल स्टूडियो

अनुक्रम

आप ही बनिए कृष्ण

कृष्ण कौन थे?

भारत को पाँच हजार साल पहले आर्यावर्त कहा जाता था, जहाँ अनेक छोटे-बड़े राजा शासन करते थे। इन राजवंशों में सबसे अधिक प्रसिद्ध थे हस्तिनापुर का कुरुवंश, मगध का राजवंश और मथुरा का यादव राजवंश। तब अफगानिस्तान (गान्धार) म्यांमार (ब्रह्मदेश) और श्रीलंका भी इसी आर्यावर्त के अन्तर्गत आते थे। मथुरा के राजा उग्रसेन को उनके पुत्र कंस ने गद्दी से उतारकर बन्दीगृह में डाल दिया था। उसकी बहन देवकी का विवाह उसी के एक सैन्य अधिकारी वसुदेव से हुआ था। एक दैवी आकाशवाणी के अनुसार देवकी के आठवें पुत्र के हाथों कंस की हत्या होनी थी। आत्मरक्षार्थ उसने देवकी और वसुदेव को भी कारागृह में डाल दिया था लेकिन किसी भी तरह आठवें शिशु को कुछ विशेष होना ही था। साथ ही मथुरा के लोगों के लिए कंस से मुक्ति पाने का यह अन्तिम अवसर था। कंस का एक अन्य सेनापति अक्रूर आध्यात्मिक प्रवृत्ति का था, जो वसुदेव का अभिन्न मित्र था। इन दोनों ने अपने एक अन्य मित्र गोकुलवासी नन्द के साथ मिलकर इस आठवें शिशु को बचाने के लिए एक योजना बनाई। श्रावण माह (अगस्त) के आठवें दिन देवकी ने अपने आठवें बच्चे को जन्म दिया। इस शिशु में दैवीय लक्षण थे। योजना के अनुसार अक्रूर ने आधी रात को बन्दीगृह से निकलने, यमुना को पार करने तथा नवजात शिशु को नन्द के घर ले जाने में वसुदेव की सहायता की। उसी समय नन्द की पत्नी यशोदा ने एक कन्या को जन्म दिया। इन दोनों बच्चों की अदला-बदली हुई और वसुदेव नन्द की पुत्री सहित कारागृह में लौट आए।

हमेशा की भाँति कंस ने इस आठवें शिशु को उठाया और उसे मारने का यत्न किया। शिशु उसके हाथों से छूटकर भीषण गर्जना के साथ अन्तर्ध्यान हो गया। तभी दूसरी आकाशवाणी हुई कि भगवान विष्णु ने पहले ही कंस का नाश करने के लिए अवतार ले लिया है। वसुदेव की दूसरी पत्नी रोहिणी जो गोकुल में रहती थी की कोख से जन्मा एक पुत्र बलराम था। वसुदेव के आठवें पुत्र का नाम कृष्ण रखा गया। अब गोकुल में दोनों भाई बड़े होने लगे।

अपने मुखबिरो से कंस को पता चल गया कि कृष्ण ही वह दैवी शिशु है जो शीघ्र ही उसका संहार करनेवाला है। कंस ने अपने अनेक निर्दयी सहायकों को एक के बाद एक कृष्ण की हत्या करने के लिए भेजा परन्तु हर बार कृष्ण किसी न किसी प्रकार या तो बच गए या फिर उन्होंने कंस के सहायकों को मार डाला। कृष्ण और बलराम के इन कारनामों का विस्तृत वर्णन प्राचीन महाकाव्य 'भागवत' में किया गया है।

भागवत में गोकुल वासियों के कृष्ण के प्रति दैवी प्रेम का भी वर्णन है उनमें एक राधा थीं, जिनकी आयु कृष्ण से तीन वर्ष अधिक थी। राधा का कृष्ण के प्रति सम्पूर्ण समर्पण जगविदित है और वह राधा-भक्ति के नाम से प्रसिद्ध हैं जो नौ प्रकार की भक्तियों में से एक है। राधा-कृष्ण भारत की ईश्वरीय जोड़ी है, जिसकी पूजा करोड़ों भारतीय करते हैं।

कृष्ण बचपन से ही विद्रोही स्वभाव के थे। ग्रामीण देवराज इन्द्र की पूजा अच्छी वर्षा के लिए करते थे। कृष्ण ने उन्हें विश्वास दिलाया कि 'गोवर्धन' पर्वत के कारण अच्छी वर्षा होती है। अतः इन्द्र की नहीं, गोवर्धन की पूजा करना अधिक तर्कसंगत होगा। उन्होंने इस पर भी सवाल उठाया कि कंस को भारी कर देने में क्या तुक है, क्योंकि कंस प्रजा के प्रति अपने कर्त्तव्यों का निर्वाह नहीं कर रहा। कृष्ण ने नन्द को भी समझाया कि वे एक उपयुक्त सैन्य बल का गठन करें जो कंस के सैनिकों की ज्यादतियों के खिलाफ उनसे लड़े।

नेतृत्व करने के गुण कृष्ण में बचपन से ही परिलक्षित होने लगे थे। उनकी संचार व्यवस्था उत्तम थी। विभिन्न प्रकार के लोगों से तालमेल बिठाने में उनका लचीलापन आश्चर्यजनक था। संगीत, साहित्य एवं अध्यात्म पर उनकी पकड़ लाजवाब थी। उनकी कूटनीति का सारतत्त्व चालाकी और माधुर्य का अद्‌भुत मिश्रण था। इसीलिए आज भी उनकी कूटनीति 'कृष्णनीति' के नाम से लोकप्रिय है। एक कुशल प्रबन्धक की भाँति उन्होंने अनेक बार नाजुक स्थितियों का बड़ी कुशलता से प्रबन्धन किया। उनकी मौलिक सूझ-बूझ एवं विचारों से वे विवादास्पद मामलों को अलग ढंग से निबटाते थे। इसीलिए भारत के हिन्दू उन्हें भगवान विष्णु के अवतार के रूप में पूजते हैं। विष्णु हिन्दुओं के महानतम ईश्वर हैं। भगवान ब्रह्मा सृष्टिकर्ता हैं, विष्णु संरक्षक तथा शिव संहारक हैं। जन्म, उत्तरजीविता एवं भंगुरता, प्रत्येक जीव के जीवनचक्र के तीन अवश्यम्भावी घटक हैं। आवश्यकता इस बात की है कि मानवीय धरातल पर कृष्ण के जीवन के उद्‌देश्य का हम विश्लेषण करें। उनके जीवन वृत्त का विवेकयुक्त विवरण उनके अद्वितीय व्यक्तित्व को समझने में कारगर होगा। कोई चाहे तो उन्हें भगवान या महामानव की संज्ञा दे सकता है। वास्तविकता यह है कि वे हमारे लिए एक आदर्श हैं—विशेषतः हमारे सामाजिक तथा पेशेवर जीवन के लिए।

कंस के लिए अन्ततः कृष्ण और बलराम को एक तथाकथित खेलकूद समारोह में भाग लेने के लिए मथुरा बुलाना आवश्यक हो गया। उसने कुटिलतापूर्वक, अक्रूर को दोनों भाइयों को लिवा लाने के लिए भेजा। दोनों ही किशोरवय थे। नन्द, यशोदा, रोहिणी, राधा एवं समस्त गोपियाँ (गोकुल के निवासी) भयभीत थे। अक्रूर ने उन्हें भरोसा दिलाया कि कृष्ण और बलराम सुरक्षित तथा नायकों की भाँति लौटकर आएँगे। कृष्ण का गोकुल से जाना एक बड़ी घटना थी, जिसमें उनके परिवर्तन-प्रबन्धन के विलक्षण गुण की झलक मिलती है। उनकी यह यात्रा एक लघु परिवेश से विशाल परिवेश, निश्चितता से अनिश्चितता और निर्दोष देवत्व से संकल्पित कर्त्तव्य के पथ पर

जाने की यात्रा थी।

दोनों भाइयों ने सभी प्रतियोगिताओं में भाग लिया। कंस के इरादे तभी स्पष्ट हो गए, जब उसके पहलवानों ने दोनों भाइयों को मारने की चेष्टा की। कृष्ण और बलराम ने उनकी अच्छी खबर ली तथा कंस की ओर उन्मुख हुए। कंस की चालों का जैसा जवाब कृष्ण दे चुके थे, उसके कारण कंस मनोवैज्ञानिक रूप से शिथिल हो चुका था। इससे कृष्ण का काम आसान हो गया और उन्होंने कंस का वध कर दिया। अब मथुरा के निवासी, खासतौर पर उग्रसेन, वसुदेव और देवकी आदि कंस की शातिर चालों से पूर्णतः मुक्त हो गए। कृष्ण ने उग्रसेन को फिर से मथुरा के राजसिंहासन पर बिठा दिया।

कंस मगध के महान योद्धा एवं शासक जरासंध का दामाद था। वह उस समय के भारत के पूर्वी भाग का बड़ा शक्तिसम्पन्न सम्राट था। कंस को मारकर कृष्ण ने जरासंध के कोप को आमंत्रित कर लिया। अब जरासंध का एकमात्र लक्ष्य कृष्ण को समाप्त करना था। उसने कृष्ण को पकड़ने का कई बार प्रयत्न किया परन्तु हर बार असफल रहा। कृष्ण ने जरासंध की विशाल सेना के प्रहार और आमने-सामने की लड़ाई से बचने के लिए 'गुरिल्ला पद्धति' का उपयोग किया। इसी पद्धति का उपयोग शिवाजी ने मुगलों से लड़ने में किया था। कृष्ण के युद्ध-कौशल के कारण जरासंध को सदैव मुँह की खानी पड़ी। कृष्ण अपनी छोटी सैन्य टुकड़ी को ठीक समय पर रणक्षेत्र से हटा लेते थे। यह 'हमला करो, नष्ट-भ्रष्ट करो और भाग जाओ' वाली रणनीति थी। भारतीय साहित्य ने कृष्ण की युद्धक्षेत्र में नमनीयता की भूरि-भूरि प्रशंसा करते हुए उन्हें 'रण-छोड़-दास' कहा है जिसका अर्थ है पुनः वापस आने के लिए समरक्षेत्र से पलायन करना।

अब समय आ गया था कि कृष्ण अपना स्वयं का राज्य स्थापित करें और उसे पुष्ट करें। उन्हें विरासत में अपने पिता से कोई राज्य नहीं मिला था। सामरिक दृष्टि से विचार कर उन्होंने भारत के पश्चिमी छोर पर द्वारका का निर्माण किया, जो वर्तमान गुजरात राज्य के समुद्री तट पर स्थित है। द्वारका का संरचना विलक्षण थी। यह भारत का श्रेष्ठतम नगर बन गया। द्वारका का निर्माण बहुत बड़ा कार्य था, किन्तु अपने लोगों की सहायता से कृष्ण ने यह काम पूरा किया। द्वारका जरासंध से सुरक्षित दूरी पर था।

राजा रुक्की की बहन को कृष्ण से प्यार हो गया। सुप्रसिद्ध अन्य कई राजघरानों की कन्याएँ भी कृष्ण से विवाह के सपने देखती थीं। वे उन्हें अपना ईश्वर मानकर पूजती थीं। कृष्ण ने रुक्की की इच्छा के विरुद्ध रुक्मिणी से विवाह कर लिया। मानवीय तथा दैवीय दोनों दृष्टियों से कृष्ण के प्रत्येक कार्य के पीछे कोई-न-कोई रणनीतिक आधार होता था। वह ऐसा समय था, जब लगातार लड़ाइयाँ होती रहती थीं। अतः सहस्रों सैनिकों के रणभूमि में मारे जाने के कारण पुरुष-महिला औसत नीचे गिर गया था और कृष्ण जैसे महत्त्वाकांक्षी राजा के लिए यह सामरिक दृष्टि से महत्त्वपूर्ण था कि नामी राजवंशों से मैत्री स्थापित की जाए और उस मैत्री को सुदृढ़ किया जाए। कृष्ण ने सत्यभामा से भी विवाह किया।

कुरु राजवंश में अनेक घटनाएँ एक साथ घट रही थीं। शान्तनु के प्रतापी पुत्र भीष्म ने दुष्यन्त की द्वितीय आदिवासी पत्नी की इच्छा का सम्मान करते हुए विवाह नहीं किया। उसकी यह शर्त थी कि केवल उसका पुत्र ही शान्तनु के राज्य का उत्तराधिकारी होगा। बाद में कुरु वंश में दो पुत्र हुए; पांडु कनिष्ठ और धृतराष्ट्र ज्येष्ठ था। ये दोनों तथा तीसरा, विदुर प्रसिद्ध संत एवं विद्वान व्यास मुनि द्वारा दो रानियों और नौकरानी की कोख से पैदा हुए। मुनि का अर्थ आध्यात्मिक संत होता है। अन्धा होने के कारण धृतराष्ट्र को युवराज नहीं बनाया जा सकता था। उसके स्थान पर पांडु को युवराज घोषित किया गया। इससे धृतराष्ट्र के मन में पांडु के प्रति ईर्ष्या उत्पन्न हुई।

श्राप के कारण पांडु अपनी दो पत्नियों कुंती और माद्री के साथ संभोग नहीं कर सकते थे। कुंती वसुदेव की बहन और राजा कुंतिभोज की पुत्री थी। राजकुमारी रहते हुए उसने दुर्वासा मुनि की तब बड़ी सेवा की थी, जब वे उसके पिता के अतिथि थे। उसकी सेवा से प्रसन्न होकर दुर्वासा ने उसे एक मंत्र आशीर्वाद के बतौर दिया। इस मंत्र के द्वारा वह किसी भी देवता का आह्वान कर उससे पुत्र प्राप्त कर सकती थीं। अतः कुंती के तीन पुत्र युधिष्ठिर भगवान यम से, भीम वायु देवता से और अर्जुन इन्द्र से पैदा हुए थे। कुंती ने अपना मंत्र माद्री को भी दे दिया तो उसके भी दो पुत्र नकुल और सहदेव अन्य देवताओं से उत्पन्न हुए। धृतराष्ट्र की पत्नी गांधारी ने सौ पुत्रों और एक पुत्री को जन्म दिया। इस घटना से इसकी पुष्टि होती है कि उन दिनों वैज्ञानिक प्रगति कितनी हो चुकी थी, शायद यह परखनली शिशुओं का प्रकरण है।

गांधारी का ज्येष्ठ पुत्र दुर्योधन था जिसने बाद में कृष्ण के अग्रज बलराम से मल्लयुद्ध और गदागुद्ध की शिक्षा ग्रहण की। वह तथा उसका अनुज दुःशासन पांडु पुत्रों से-विशेषतः भीम से घृणा करते थे। धृतराष्ट्र के पुत्र कौरव और पांडु के पुत्र पांडव कहलाए। गुरु द्रोणाचार्य ने इन सभी को उन समस्त कौशलों और ज्ञान की शिक्षा दी जो एक क्षत्रिय योद्धा के लिए अनिवार्य हैं। अर्जुन उनका सबसे प्रिय शिष्य था।

पांडु का असामयिक निधन हो गया और धृतराष्ट्र राजा हो गए। युधिष्ठिर को कुरुवंश का युवराज मनोनीत किया गया क्योंकि वह पांडवों और कौरवों में सबसे बड़ा था। इसके कारण दुर्योधन और उसके पिता की ईर्ष्या और अधिक बढ़ गई। शकुनि (गांधारी का भाई) आग में ईंधन झोंकता रहता और सुनिश्चित करता था कि दोनों समूहों के बीच प्रतिद्वंद्विता बढ़ती चली जाए।

गुरु द्रोणाचार्य को एक बार राजा द्रुपद ने अपमानित किया था, यद्यपि पहले दोनों मित्र थे। द्रोणाचार्य ने उससे बदला लेने का निर्णय किया। अपनी दक्षिणा (शिक्षा शुल्क) के रूप में उन्होंने अपने शिष्यों से कहा कि वे द्रुपद को पकड़ कर ले आएँ। अर्जुन और भीम ने यह काम कर दिया। द्रोणाचार्य ने वैसा ही अपमानजनक व्यवहार द्रुपद के साथ किया जैसा द्रुपद ने उनके साथ किया था। द्रुपद के पुत्र धृष्टद्युम्न ने प्रतिज्ञा की कि वह द्रोणाचार्य का वध करेगा।

द्रुपद की बुद्धिमती और सुन्दर एक कन्या द्रौपदी थी। द्रुपद के यज्ञ करने से उनका पुत्र व पुत्री यज्ञ कुंड से निकले थे। कृष्ण द्रुपद के पारिवारिक मित्र थे। अतः उन्होंने सलाह दी कि द्रुपद अपनी कन्या का विवाह अर्जुन से करें। द्रौपदी कृष्ण को अपना मित्र, दार्शनिक व मार्गदर्शक मानती व उनका बड़ा आदर करती थी। यह कृष्ण की ही दूरदृष्टि थी कि उन्होंने पांडवों और द्रुपद को एक सूत्र में बाँध दिया, कदाचित यह शतरंज की एक जरूरी चाल थी जिससे वांछित परिणाम प्राप्त हों।

शकुनि की चालाकी के कारण कौरवों ने पांडवों को जंगल में बने एक सुन्दर घर में मौज-मस्ती के लिए भेजा। विदुर ने उन्हें सावधान कर दिया कि कौरव मकान में आग लगाकर उन्हें मारना चाहते हैं। पांडव सकुशल निकलने में सफल हो गए। विदुर कृष्ण के समर्पित प्रशंसक थे। उनके आपसी सम्बन्ध भगवान और भक्त के समान थे।

पांडवों के वनवास के अन्तिम चरण में द्रुपद ने घोषणा की कि उनकी कन्या उस व्यक्ति से विवाह करेगी जो घूमती मछली की आँख का निशाना साध सकेगा। यह घोषणा कृष्ण के परामर्श के फलस्वरूप की गई थी। कृष्ण जानते थे कि केवल अर्जुन और शायद कर्ण (दुर्योधन का मित्र) ही ऐसा कर सकेंगे। विदुर की सहायता से कृष्ण वन में पांडवों व कुंती से मिले और अर्जुन को सलाह दी कि वह इस स्वयंवर में भाग ले (एक प्रक्रिया जिसमें राजकुमारी अपना पति चुनती थी)। सभी पांडव युवा ब्राह्मणों के वेश में स्वयंवर स्थल पर पहुँचे। कौरव व अन्य नवयुवक घूमती मछली की आँख न भेद सके। कर्ण अपना भाग्य आजमाने के लिए उठा किन्तु कुंती ने उसे लक्ष्यभेद करने से मना कर दिया, क्योंकि वह ऊँची जाति का नहीं था। वस्तुतः कर्ण कुंती का प्रथम पुत्र था, जिसे उसने दुर्वासा की मंत्र शक्ति से भगवान सूर्य से प्राप्त किया था। उसने ऐसा तब किया था, जब उसका विवाह नहीं हुआ था। इस भय से कि यह समाज की नजरों में अवैध होगा, उसने नवजात शिशु का त्याग कर दिया। एक रथ-सारथी ने नदी में बहती डलिया से उसे प्राप्त किया। उसी ने उसे पाला-पोसा। कर्ण के शरीर में सूर्यदेवता द्वारा प्रदत्त असाधारण चमड़ी तथा कर्णकुंडल थे ताकि उस पर किसी शस्त्र का प्रभाव न पड़े। उसे उस कार्यक्रम में सम्मिलित नहीं होने दिया गया जिसमें द्रोणाचार्य के सभी शिष्यों ने शिक्षा समाप्त होने पर अपनी-अपनी शस्त्र कला का प्रदर्शन किया। कर्ण ने अर्जुन को चुनौती दी किन्तु उसे अपनी कला प्रदर्शित करने का अवसर नहीं दिया गया। दुर्योधन ने इस अवसर को भुनाते हुए उसे अंग राज्य भेंट में दे दिया। अब कर्ण को क्षत्रीय की हैसियत तथा एक अच्छा मित्र दुर्योधन प्राप्त हो गया।

अन्ततोगत्वा अर्जुन ने ही मछली की आँख को भेदा और उसे द्रौपदी पत्नी के रूप में प्राप्त हुई। कौरव, कर्ण व अन्य राजाओं ने इसे अपना अपमान और तिरस्कार माना कि एक ब्राह्मण स्वयंवर में सफल हुआ है। उन्होंने अर्जुन पर आक्रमण किया किन्तु वे अर्जुन व भीम की ताकत का मुकाबला न कर सके। पांडव अपनी माता के पास वापस लौटे जो उस समय भोजन तैयार कर रही थीं। उन्होंने हमेशा की तरह कहा कि जो भी प्राप्त हुआ है, उसे पाँचों भाई आपस में बाँट लें। दूसरे शब्दों में द्रौपदी को पाँचों

पांडवों से विवाह करना था। स्वाभाविक है कि वह परेशान हो गई। कृष्ण उसी समय पांडवों की कुटिया में पहुँच गए और स्थिति सँभाल ली। पांडवों के हितचिन्तक, सलाहकार तथा समर्थक होने के कारण, पांडव उन्हें भगवान जैसा मानते थे। उन्होंने कहा कि उनके मतानुसार विधाता की यही इच्छा थी कि द्रौपदी पाँचों पांडवों की पत्नी हो। यदि एक पुरुष दो या तीन या चार स्त्रियों से विवाह कर सकता है, तो द्रौपदी को पाँच भाइयों से विवाह करने में क्या बुराई है? इस समानता के सिद्धान्त की तर्कसंगकता के अतिरिक्त द्रौपदी को इन भाइयों की एकता बनाए रखने की एक और विशेष भूमिका निभानी थी। वह इनकी बहुत बड़ी प्रेरणा का स्रोत बनने वाली थी।

कृष्ण ने द्रौपदी एवं पांडवों के लिए कुछ महत्त्वपूर्ण नियम बनाए, जिनका पालन उन्हें पूरी निष्ठा से करना था। इन नियमों के द्वारा उन्होंने सुनिश्चित किया कि द्रौपदी की गरिमा और पांडवों की एकता अक्षुण्ण रहे। उन्हें उन घटनाओं का पूर्वाभास हो गया था, जिनमें द्रौपदी को बड़ी भूमिका का निर्वहन करना पड़ेगा। महर्षि व्यास ने द्रौपदी को महाभारत की नायिका कहा है। इस महाकाव्य के रचयिता व्यास ही हैं। नायक तो श्रीकृष्ण ही हैं, जो श्रेष्ठ योजनाकार और कार्यकर्ता थे, जिन्हें आगे चलकर पांडवों के माध्यम से अपने ईश्वरीय उद्देश्य को पूरा करना था।

उनके तमाम सम्बन्धियों, मित्रों और समर्थकों में अर्जुन सर्वाधिक प्रिय और निकट था। भागवत के लेखकों ने दोनों को 'नर-नारायण' कहा है, अर्थात् श्रेष्ठ पुरुष व ईश्वर की जोड़ी। अर्जुन प्रकृति (शरीर) का प्रतिनिधित्व करता था तथा कृष्ण पुरुष (आत्मा या चैतन्य) के प्रतिनिधि थे। कुछ लेखक उन्हें आत्मा व परमात्मा भी कहते हैं। कृष्ण की क्रांति की योजना में अर्जुन को केंद्रीय पात्र की भूमिका निभानी थी।

पांडवों को अपना स्वयं का नगर बसाना था जहाँ से वे अपने कार्य-व्यापार कर सकें। कृष्ण और अर्जुन ने सही स्थान का चयन किया जहाँ नया नगर बनना था। इसे इन्द्रप्रस्थ नाम दिया गया। इस स्थान पर नागों ने अतिक्रमण कर रखा था। कृष्ण ने उन्हें अन्यत्र स्थान देने की पेशकश की परन्तु नाग जाने को तैयार नहीं हुए। अब कृष्ण और अर्जुन को उनके प्रति दूसरे तरह का बर्ताव करना पड़ा। तत्पश्चात् खांडव-वन का बड़ा भू-क्षेत्र इन्द्रप्रस्थ को बनाने के लिए छीना गया। पांडवों का नया नगर शीघ्र बनकर तैयार हो गया। पांडवों ने एक यज्ञ (आर्यों की रस्म जिसमें अग्नि देवता और उनके माध्यम से अन्य देवी-देवताओं की आराधना की जाती है) का आयोजन किया। प्रत्येक को कोई न कोई जिम्मेदारी सौंपी गई ताकि यज्ञ निर्विघ्न रूप से सम्पन्न हो। कृष्ण ने ब्राह्मणों का स्वागत एवं सेवा करने का दायित्व लेना स्वीकार किया। यह उनकी विनयशीलता का परिचायक था। इस आध्यात्मिक समारोह की समाप्ति पर, सबसे अधिक महान व्यक्ति का पांडवों द्वारा सम्मान किया जाना था। सभी बड़े-बुजुर्गों एवं राजाओं ने एकमत से श्रीकृष्ण के नाम का सुझाव दिया परन्तु कृष्ण के चचेरे भाव शिशुपाल और उसके मित्रों ने इस प्रस्ताव का विरोध किया। शिशुपाल ने कृष्ण को बुरा-भला कहा। कृष्ण ने शिशुपाल की माता को वचन दिया था कि वे शिशुपाल को

तभी मारेंगे, जब वह सौवाँ अपराध करेगा।

शिशुपाल ने अपने सभी सौ अवसर गँवा दिए। कृष्ण ने अपने सुदर्शन चक्र नामक विचित्र शस्त्र से उसे मार डाला। यह तेज धार वाला गोलाकार शस्त्र था जो शत्रु को मारकर वापस कृष्ण के पास आ जाता था। कृष्ण का यह सम्मान पूर्णपुरुष की पूजा का प्रतीक था। कृष्ण वास्तव में चारों पुरुषार्थों के साकार रूप थे। उन्हें चारों वर्णों का प्रतिनिधि भी कहा जा सकता है यानी कर्म के अनुसार मानवों के चार प्रकार।

यज्ञ सम्पादित करने से पूर्व, पांडवों के लिए आवश्यक था कि वे उत्तरी भारत में अपना वर्चस्व स्थापित करें। इसके लिए जरासंध को पराजित करना जरूरी था। अतः कृष्ण, अर्जुन और भीम मगध की ओर कूच कर गए। उन्होंने जरासंध को ललकारा और आत्म-समर्पण करने को कहा। उसके मना करने पर भीम ने उसे कुश्ती लड़ने की चुनौती दी। भीम ने अनेक बार उसे मार गिराया, लेकिन हर दफा वह आश्चर्यजनक ढंग से पुनः जी उठता और लड़ने लगता था। अन्त में कृष्ण ने भीम को संकेत दिया कि वह जरासंध के शरीर के दो टुकड़े करके उन्हें अलग-अलग दिशाओं की ओर फेंके। इस प्रकार भीम ने जरासंध को मार दिया।

कंस, चाणूर, केशी, पूतना, बाणासुर, भौमासुर, कालयवन, शंखासुर, अरिष्टासुर, धेनुकासुर, अघासुर, व्योमासुर, बकासुर, वत्सासुर और तृणावर्त जैसे तमाम राक्षसों को मारने के पश्चात्, कृष्ण ने द्वारका की नई सभ्यता के लिए अत्यन्त व्यावहारिक आचरण संहिता बनाई। कदाचित वे भारत के पहले राजा थे, जिन्होंने धर्म के साथ व्यावहारिकता का समन्वय किया।

द्वारका के एक शक्तिशाली व्यक्ति ने कृष्ण पर उसका हीरा चुराने का आरोप लगाया। एक आदर्श परम्परा स्थापित करने के उद्देश्य से कृष्ण ने तहकीकात करने और हीरा लाने का निर्णय लिया। वे अन्त में एक जामवंत की कंदरा में पहुँचे, जिन्हें अकस्मात हीरा मिला था। उन्होंने हीरा देने से इनकार कर दिया। इसलिए दोनों में कई दिनों तक भीषण युद्ध हुआ। जामवंत ने अपनी हार मान ली और हीरा लौटा दिया। उनके निवेदन पर कृष्ण ने उनकी कन्या जामवंती से विवाह कर लिया।

कृष्ण की तीन पत्नियाँ तीन पृथक समुदायों से थीं। रुक्मिणी योद्धा समाज की थीं, सत्यभामा व्यापारी समुदाय की और जामवंती आदिवासी वर्ग की थीं। जरासंध की हत्या के बाद कृष्ण के सामने विचित्र सामाजिक समस्या उठ खड़ी हुई। प्राचीन समय में रूढ़िवादी सामाजिक मान्यता के अनुसार कोई कन्या उस स्थिति में विवाह नहीं कर सकती थी, यदि वह किसी के कब्जे में (पिता, चाचा या भाई को छोड़कर) रही हों। कृष्ण ने पुनः अपने विवेक और मानवता का परिचय दिया। उन्होंने इन राजकुमारियों के लिए उत्तम व सम्मानजनक जीवन का प्रबन्ध कर दिया।

सम्भव है, कोई व्यक्ति निरपराध तथा साधनविहीन लोगों के प्रति कृष्ण के प्रेम व लगाव को न समझ सके। अपने मित्रों के लिए उनके प्रेम की कोई सीमा नहीं थी। उनका एक करीबी मित्र सुदामा कृष्ण के महल में वित्तीय सहायता प्राप्त करने के लिए

आया। सुदामा अत्यन्त निर्धन ब्राह्मण होने के कारण केवल कुछ भुने हुए चावल लेकर आया था। कृष्ण की अकूत सम्पत्ति एवं वैभव को देखकर भुने हुए चावल कृष्ण को देने में उसे संकोच हुआ। कृष्ण ने उसके चेहरे के भावों को पढ़ लिया और उसकी जेब से भुने चावलों की छोटी पोटली निकाल ली। उन्होंने और रुक्मिणी ने बड़ी प्रसन्नता से चावल खाए। तदनंतर इस राजसी जोड़ी ने सुदामा के आतिथ्य सत्कार में कोई कसर नहीं छोड़ी। कृष्ण के साथ एक पखवाड़े तक रहने के बाद सुदामा अपने नगर को वापस चले गए। उन्हें यह देखकर हर्षमिश्रित आश्चर्य हुआ कि उनका पुराना घर एक महल में बदल गया है।

जब पांडव इन्द्रप्रस्थ का निर्माण कर रहे थे, तब कृष्ण ने द्वारका के कोष से उन्हें धन दिया था। प्रत्येक अवसर पर कर्मयोगी कृष्ण ने आसक्ति और विरक्ति के सुन्दर सामंजस्य का प्रदर्शन किया। उन्हें गोकुल से लगाव था, पर वे वैश्विक कल्याण के पथ पर आगे निकल गए लेकिन उन्होंने सदैव बड़ी सावधानीपूर्वक वैयक्तिक कल्याण और सामाजिक अनुशासन में तालमेल बनाए रखा।

जब कृष्ण द्वारका में व्यस्त थे, तब दुर्योधन ने युधिष्ठिर और उनके बन्धुओं को द्यूत (चौपड़) खेलने का न्यौता दिया। शकुनि की अनुचित चालों के कारण कौरवों ने पांडवों को हरा दिया। युधिष्ठिर ने अपने भाइयों, अपने समूचे राज्य को, अन्त में द्रौपदी को भी दाँव पर लगा दिया। जब वे खेल में द्रौपदी को भी हार गए, तब दुःशासन उसे उसके कक्ष से घसीटकर लाया और उसके वस्त्र उतारने लगा। पांडव असहाय थे। द्रौपदी ने कृष्ण से प्रार्थना की और उनसे अन्तहीन साड़ियों का प्रदाय प्राप्त किया। मित्र वही, जो समय पर सहायता करे। दुःशासन थक गया और अपनी कुत्सित हरकतें उसने बन्द कर दीं। जब यह सब चल रहा था तब कर्ण व कौरव घटना का आनन्द ले रहे थे और सभा में उपस्थित भीष्म, द्रोणाचार्य, कृपाचार्य और धृतराष्ट्र चुप बैठे रहे। अन्त में भीम उठा और उसने घोषणा की कि द्रौपदी का सम्मान वापस दिलाने के लिए एक दिन वह दुर्योधन तथा दुःशासन का वध करेगा।

खेल की शर्तों के अनुसार, पांडव व द्रौपदी बारह वर्षों के लिए वन में चले गए और उसके बाद उन्हें एक वर्ष तक अज्ञातवास करना था। उनके वन में रहते समय दुर्योधन ने जानबूझकर दुर्वासा मुनि तथा उनके शिष्यों को भोजनार्थ भेजा। द्रौपदी के पास एक अक्षय पात्र था, जिससे पांडवों के लिए पर्याप्त भोजन मिल जाता था। जब द्रौपदी भोजन ग्रहण कर लेती, उसके पश्चात् पात्र से कोई भोजन नहीं मिल सकता था। दुर्वासा तथा उनकी मंडली मध्याह्न के समय पहुँचे। द्रौपदी और पांडवों को चिन्ता हुई, क्योंकि पात्र से उस दिन और भोजन नहीं प्राप्त हो सकता था। द्रौपदी ने कृष्ण से प्रार्थना की और वे प्रगट हुए। जादुई बर्तन को छूकर वे अदृश्य हो गए। अब द्रौपदी दुर्वासा मुनि और उनके शिष्यों को सुस्वादु व्यंजन खिला सकती थी। मुनि पांड़वों के आतिथ्य से परम सन्तुष्ट हुए। पांडवों को त्रस्त करने की दुर्योधन की एक और योजना असफल हो गई क्योंकि कृष्ण ने समय-समय पर उनकी सहायता कर दी थी।

घनिष्ठ सम्बन्धों के महत्त्व को कृष्ण भली-भाँति समझते थे। इसीलिए उन्होंने अपनी बहन सुभद्रा का विवाह अर्जुन से करवाने में पहल की। अब कृष्ण व अर्जुन के सम्बन्ध बहुआयामी हो गए। अब कृष्ण अर्जुन के मित्र, परामर्शदाता, सहायक और साले भी हो गए। वे कौरवों को ये सन्देश भी देना चाहते थे कि किसी भी अन्याय से लड़ाई में वे तथा अर्जुन एक साथ रहेंगे। रोचक बात यह है कि दुर्योधन ने हरचन्द कोशिश की कि उसका विवाह सुभद्रा से हो जाए। उसने बलराम से याचना की, जिन्होंने उसे गदायुद्ध का प्रशिक्षण दिया था। कृष्ण ने अपने भावनात्मक तर्कों से अपने अग्रज बलराम को विश्वास दिला दिया कि सुभद्रा के लिए अर्जुन ही बेहतर वर होगा।

वन से लौटने के बाद पांडवों ने भावी रणनीति की चर्चा कृष्ण से की। यह तय हुआ कि कृष्ण कौरवों से जाकर मिलें और मामले के उचित निबटारे का प्रस्ताव रखें। कृष्ण हस्तिनापुर गए तथा धृतराष्ट्र से अनुरोध किया कि वे कोई भी पाँच छोटे गाँव पांडवों को दे दें। दुर्योधन ने प्रस्ताव को सिरे से खारिज कर दिया, बल्कि उसने अपने सैनिकों से कहा कि वे कृष्ण को बंदी बना लें। कृष्ण ने अपना विराट रूप प्रकट कर सभी को स्तब्ध कर दिया। अपने क्रोध व अप्रसन्नता को व्यक्त करते हुए वे हस्तिनापुर से चले गए। जाने से पहले उन्होंने धृतराष्ट्र को चेतावनी दी कि अब एक भीषण संग्राम को छिड़ने से कोई रोक नहीं सकता।

अब कृष्ण ने चिन्तन करना और विविध 'रणनीतियों' के क्रियान्वयन पर विचार करना आरम्भ किया। द्रुपद का परिवार और सेना पहले से ही पांडवों की ओर थे। कृष्ण के कहने पर कई आदिवासी राजा भी पांडवों के पक्ष में आ खड़े हुए। दुर्योधन और अर्जुन द्वारका पहुँचे, उनसे आवेदन करने के लिए कि वे तथा उनकी सेना किसी भी पक्ष की ओर से लड़ें। मूर्ख की तरह दुर्योधन ने कृष्ण की 'यादव सेना' माँगी, जबकि अर्जुन ने समझदारी बरतते हुए कृष्ण से कहा कि वे उसकी ओर रहें। दोनों के विकल्प क्रियान्वित हुए। दुर्योधन को यादव सेना मिली और अर्जुन को अपना मित्र, दार्शनिक व पथ-प्रदर्शक प्राप्त हुआ।

'क्षति नियंत्रण क्रिया' के तहत कृष्ण कर्ण से मिले और उससे कहा कि वह युद्ध में पांडवों की ओर से लड़े। कृष्ण ने उसे साफ तौर पर बता दिया कि वह पांडवों का ज्येष्ठ भ्राता है। अपने भावनाप्रधान व बुद्धिमत्तापूर्ण तर्कों से उन्होंने कर्ण को भ्रमित कर दिया। कर्ण के मन में पांडवों के प्रति जो क्रोध और ईर्ष्या थी, उसे कम करने में वे सफल हुए। इस व्यावहारिक व कौशल भरी भेंट के बाद कृष्ण ने कुंती से निवेदन किया कि वे कर्ण से मिलकर पांडवों के प्राणों की भीख माँगे। अतः कुंती ने कर्ण से मिलकर वही किया। यह व्यूह रचना भी कारगर हुई। सूर्य से प्राप्त प्रथम पुत्र कर्ण ने माँ कुंती को आश्वस्त किया कि वह अर्जुन को छोड़कर किसी अन्य पांडव को नहीं मारेगा।

कृष्ण की सलाह पर इन्द्रदेव ब्राह्मण के वेश में कर्ण के पास गए। कर्ण अपनी दानवीरता के लिए प्रसिद्ध था। एक ब्राह्मण ने कर्ण से उसके कवच और कुंडल माँग लिये जो उसे सूर्यदेव से प्राप्त हुए थे। ये कवच और कुंडल कर्ण की जीवन रक्षा के

लिए थे। वे अर्जुन के रास्ते में अवरोध हो सकते थे। कर्ण ने यद्यपि जान लिया था कि ब्राह्मण असल में इन्द्र हैं, फिर भी उसने कवच-कुंडल दान कर दिए। अब अर्जुन कर्ण को मार सकता था।

दूसरी क्षति नियंत्रण कार्यवाही कृष्ण ने दुर्योधन के विरुद्ध की। उसकी माता गांधारी (धृतराष्ट्र की पत्नी) ने अपने नेत्रहीन पति की भावनात्मक सहायता के लिए अपनी आँखों पर सदा-सर्वदा के लिए पट्टी बाँध ली थी जिससे उसे अद्‌भुत नेत्रशक्ति प्राप्त हो गई थी। अब वह अपनी आध्यात्मिक शक्ति का उपयोग अपने पुत्र दुर्योधन के लिए करना चाहती थी। उसने उससे कहा कि वह उसके सामने पूर्णतः निर्वस्त्र खड़ा हो जाए। तब वह आँखों की पट्टी खोलकर उसे देखेगी। उसकी चक्षुशक्ति के कारण दुर्योधन का पूरा शरीर वज्र सा कठोर हो जाएगा। कृष्ण को इसका भान हो गया था। अतः वे दुर्योधन से मिले और उसे विश्वस्त किया कि माँ के समक्ष पूर्णतः नग्न होना उचित नहीं होगा। उसे शरीर के निचले हिस्से में कुछ पहन लेना चाहिए। दुर्योधन ने कृष्ण के निर्देशों का पालन किया और अनजाने में भीम के लिए अवसर पैदा कर दिया जिससे अन्तिम मुकाबले में भीम उसे मार सके।

कृष्ण की सलाह पर अर्जुन के पुत्र अभिमन्यु ने राजा विराट की पुत्री उत्तरा से विवाह किया। इस नए सम्बन्ध से पांडवों को विराट सहायता सुनिश्चित हो गई। जैसे-जैसे इस महायुद्ध (महाभारत) की शुरुआत निकट आने लगी, दोनों पक्ष अपनी-अपनी सैन्य शक्ति बढ़ाते गए। कौरव ग्यारह अक्षौहिणी सेना एकत्रित करने में सफल हुए, जबकि पांडवों के पास केवल सात अक्षौहिणी सेनाएँ थीं। अर्जुन तथा उसके भाई अपनी विजय के प्रति निश्चिन्त थे क्योंकि उनके साथ उनके सखा, सलाहकार और दार्शनिक कृष्ण थे। भीष्म (कौरवों एवं पांडवों के पितामह) ने धृतराष्ट्र को समझाने का यत्न किया कि वे युद्ध से बचें, परन्तु वे सफल नहीं हुए। अब स्थिति को केवल दुर्योधन ही नियंत्रित कर सकता था, जो शकुनि व कर्ण द्वारा निर्देशित था। भीष्म भली-भाँति जानते थे :

Yatra yogesvarah krisno yatra partho dhanurdhrah
यत्र योगेश्वरः कृष्णो यत्र पार्थो धनुर्धरः
Tatra srivijayo bhutirdhruva nitirmatirmama
तत्र श्रीविजयो भूतिर्ध्रुवा नीतिर्मतिर्ममम

(गीता के 18वें अध्याय का 78वाँ श्लोक)

जहाँ कृष्ण और अर्जुन साथ हों, जहाँ धन,विजय, सतत समृद्धि एवं नैतिकता की देवी का वास होता है। ऐसी ही टिप्पणी संजय ने अपने स्वामी धृतराष्ट्र से महायुद्ध आरम्भ होने से पहले की थी।

जब दोनों ओर की सेनाएँ आमने-सामने आकर खड़ी हो गईं, अर्जुन के सारथी कृष्ण ने रथ को अग्रभाग में लाकर खड़ा कर दिया। अर्जुन ने भीष्म, द्रोणाचार्य, कृपाचार्य एवं अपने चचेरे भाइयों को विरोधी सेना में देखा। उसका साहस घटने लगा और उसने

कृष्ण से कहा कि इतने सम्बन्धियों और निर्दोष सैनिकों का वध करने से प्राप्त मुकुट धारण करने से उसे कोई सुख नहीं प्राप्त होगा। अर्जुन पूरी तरह अवसादग्रस्त हो गया था। उसने अपने शस्त्र नीचे रख दिए तथा कृष्ण से उचित राय माँगी। इस स्थिति ने ही 'गीता' ग्रंथ को जन्म दिया।

कृष्ण ने अर्जुन से लगभग चालीस मिनट तक बात की। इस संवाद को व्यास मुनि ने सलीके से लिपिबद्ध किया और पुस्तक 'गीता' के नाम से विख्यात हुई। व्यक्ति का कर्त्तव्य 'स्वधर्म' का पालन करना है। यहाँ 'धर्म' का अर्थ मजहब नहीं है। धर्म का अर्थ कर्त्तव्य है। कृष्ण ने अन्त में अर्जुन से कहा कि परमात्मा में विलीन होने के तीन मार्ग हैं। ये तीन योग हैं-कर्मयोग, ज्ञानयोग और भक्तियोग। कोई भी व्यक्ति मोक्ष प्राप्त कर सकता है अर्थात् जन्म-मृत्यु के आवागमन चक्र से छुटकारा पाकर अविनाशी ब्रह्म में समाहित हो सकता है, जिसके ये तीन ही उपाय हैं। कर्मयोग में जीव को अपना कर्त्तव्य पूरी कुशलता से करना होता है। ज्ञान योग में ब्रह्म सम्बन्धी ज्ञान को आत्मसात करना एवं उसका प्रचार करना पड़ता है। भक्तियोग में पूरी एकाग्रता से परमात्मा के प्रति समर्पण करना होता है। कृष्ण के अनुसार एक प्रज्ञावान व्यक्ति तीनों प्रकार के योग अपना सकता है। कर्मयोगी भगवान को सबसे अधिक प्यारा होता है क्योंकि वह अपने कृत्यों के परिणामों (पुरस्कारों) का त्याग करता है। गीता में इसका वर्णन दूसरे अध्याय के 47वें श्लोक में है :

कर्मण्येवाधिकारस्ते मा फलेषु कदाचन
मा कर्मफलहेतुर्भुमा ते संगोस्त्वकर्माणि

इस श्लोक का मतलब है कि मानव को अपना कर्त्तव्य करना चाहिए, परिणाम की चिन्ता किए बगैर, बल्कि किसी को कोई कर्त्तव्य मात्र इसलिए नहीं करना चाहिए कि इससे कोई भी पुरस्कार मिलेगा। किसी को अपना कर्त्तव्य करने से इसलिए इनकार नहीं करना चाहिए, क्योंकि इसके लिए कोई पुरस्कार नहीं है।

अपनी बात को और स्पष्ट करने के लिए कृष्ण ने अर्जुन को समझाया कि उसके शत्रु केवल 'मानव शरीर' हैं। इसलिए अर्जुन केवल उन शरीरों को मारेगा, उनकी आत्माओं को नहीं। अर्जुन द्वारा हताहत होने पर सभी आत्माएँ उस अनंत आत्मा में लीन हो जाएँगी। शरीर नाशवान किन्तु आत्मा अमर होती है। अपने भले-बुरे कर्मों के आधार पर वह नए जन्म में नए शरीर में प्रवेश करती है। इस बात को कृष्ण ने गीता के दूसरे अध्याय के श्लोक क्रमांक 23 द्वारा इस प्रकार समझाया है :

नैनं छिदंती शस्त्राणि नैनं दहति पावकः
ना चैनं क्लेदयन्त्यपो ना शोषयति मारुतः

श्लोक का अर्थ है कि आत्मा को किसी शस्त्र से काटा नहीं जा सकता, वह किसी अग्नि से नष्ट नहीं होती। जल उसे गीला नहीं कर सकता और न वायु उसे सुखा सकती है।

अपने परामर्श के उपरान्त कृष्ण ने अपना 'विराट रूप' दिखाया अर्थात् परम तत्त्व की उस प्रकृति का प्रदर्शन, जिसमें सारा ब्रह्मांड समाहित है। यह उन्होंने इसलिए किया

कि अर्जुन समझ जाए कि जो भी वह करेगा वह भाग्य द्वारा पूर्व निर्धारित है। यह भाग्य ही 'प्रकृति' है, जिसकी रचना 'पुरुष' ने की है और वही उसका उपयोग करेगा—अर्थात् वह जो सर्वव्यापी है। अर्जुन ने कर्मयोग के सारतत्त्व को समझ लिया तथा युद्ध के लिए उद्यत हुआ।

अठारह दिनों तक कौरवों व पांडवों के बीच भीषण संग्राम चला। पांडवों की जीत हुई और उन्होंने हस्तिनापुर पर आधिपत्य स्थापित किया। पांडवों के लिए सारी रणनीतियों का निर्णय कृष्ण ने किया था। कृष्ण ने व्यावहारिक दृष्टिकोण अपनाते हुए लक्ष्य को अधिक महत्त्व दिया, साधनों को कम। पूरे महायुद्ध के दौरान कृष्ण की सलाह व कृत्यों में इसकी स्पष्ट छाप दिखलाई दी।

भीष्म कौरव सेना के सेनाध्यक्ष थे। उन्हें 'इच्छा मृत्यु' का वरदान प्राप्त था, अर्थात् उनका प्राणान्त तभी होगा, जब वे चाहेंगे। इसलिए वे पांडवों की विजय के रास्ते में बहुत बड़ी रुकावट थे। भीष्म की मृत्यु के लिए कोई योजना बनाना अपरिहार्य था। यद्यपि भीष्म के मन में पांडवों के लिए कोमल भाव थे, दुर्योधन के आग्रह पर उन्होंने वादा किया कि अगले दिन वे पांडवों का वध कर देंगे। (यह युद्ध का नौवाँ दिन था)। भीष्म की इस प्रतिज्ञा ने पांडवों को भयंकर चिन्ता में डाल दिया। रात्रि में कृष्ण द्रौपदी को लेकर भीष्म के शिविर में गए। भीष्म उस समय ध्यानमग्न थे। उन्हें केवल यह आभास हुआ कि कोई स्त्री उनका आशीष लेने आई है। यह जाने बिना कि वह द्रौपदी थी, उन्होंने आशीर्वाद दिया कि तेरा पति तब तक जीवित रहे, जब तक तू जीवित रहेगी। आँखें खोलने पर उन्होंने द्रौपदी को देखा और समझ गए कि यह अवश्य कृष्ण की चाल थी कि वे द्रौपदी को अखंड सौभाग्यवती होने का वर दें। उन्होंने कृष्ण को प्रणाम किया और उन्हें किस प्रकार पराजित किया जा सकता है, यह भी बतला दिया।

अगले दिन कृष्ण ने शिखंडी (द्रौपदी के भाई) से कहा कि वह अर्जुन के रथ पर खड़ा हो जाए। पिछले जन्म में शिखंडी राजकुमारी था, जिसे भीष्म ने अपमानित किया था। वह शिखंडी के रूप में भीष्म से बदला लेने के लिए पैदा हुआ था। जब अर्जुन ने शिखंडी के पीछे से भीष्म पर वाणवर्षा आरम्भ की तो वे अर्जुन पर प्रहार नहीं कर सके क्योंकि शिखंडी मूलतः राजकुमारी था। अर्जुन ने शिखंडी द्वारा प्रदत्त कवच का पूरा लाभ उठाते हुए भीष्म को धराशायी कर दिया।

भीष्म के पश्चात् द्रोणाचार्य ने कौरव सेना का नेतृत्व सँभाला। इनका वध भी चतुराई से ही किया जा सकता था। कृष्ण, अर्जुन तथा भीम ने यह अफवाह फैला दी कि अश्वत्थामा मर गया है। अश्वत्थामा द्रोणाचार्य के पुत्र का नाम था। वस्तुतः उसी नाम का एक हाथी मरा था। कृष्ण ने युधिष्ठिर पर दबाव बनाया कि यदि द्रोणाचार्य पूछें तो भी वह उन्हें सच न बताए। युधिष्ठिर ने कृष्ण के निर्देशों का पालन किया और द्रोणाचार्य के पूछने पर घुमा-फिरा कर उत्तर दिया। वास्तविकता क्या है, यह जानने हेतु द्रोणाचार्य अपने रथ में बैठकर ध्यानस्थ हो गए। द्रुपद के पुत्र धृष्टद्युम्न ने इस अवसर

को हाथ से जाने न दिया और तलवार से द्रोणाचार्य का अन्त कर दिया।

अब कौरव सेना का नेतृत्व करने की बारी कर्ण की थी। उसकी प्रचंड युद्ध शक्ति को तो कृष्ण ने योजनाबद्ध ढंग से क्षीण कर दिया था। कृष्ण को यह भी पता था कि कर्ण ने परशुराम से कुछ विशेष युद्ध कौशल सीखे थे, पर वह अभिशप्त था कि जब उसे उन कौशलों की आवश्यकता पड़ेगी, तब वह उन्हें भूल जाएगा। कर्ण को एक अन्य ब्राह्मण ने शाप दिया था कि उसका रथ कीचड़ में फँस जाएगा वह भी बड़े ही नाजुक मौके पर। अर्जुन से युद्ध करते समय कर्ण को इन शापों का दुष्प्रभाव झेलना पड़ा। जब वह अपने रथ का पहिया निकालने का प्रयास कर रहा था, तब अर्जुन प्रतीक्षा कर रहा था कि कर्ण तैयार हो तो उससे लड़ूँ। वह धर्मयुद्ध के सिद्धान्तों का पालन कर रहा था, जिसके कुछ नियम-अनुशासन हुआ करते थे। कृष्ण ने इस बढ़िया अवसर को पहचान कर अर्जुन से कहा कि वह कर्ण को मार दे। कर्ण ने कृष्ण और अर्जुन को युद्ध के नियमों की याद दिलाई परन्तु कृष्ण ने तीव्र प्रतिक्रिया करते हुए उसे स्मरण दिलाया कि जब द्रौपदी के वस्त्र उतारे जा रहे थे, तब वह क्या कर रहा था। पांडवों के विरुद्ध कौरवों ने जितने भी अनैतिक कृत्य किए, तब उसने दुर्योधन का साथ क्या नहीं दिया था। कृष्ण ने पुनः अर्जुन से कर्ण पर प्रहार करने को कहा। इस प्रकार कर्ण का भी अन्त हो गया।

अन्तिम दिन दुर्योधन और भीम में सीधा संघर्ष हुआ। युद्ध के नियमों के अनुसार शरीर के निचले भाग पर प्रहार करना वर्जित था। गांधारी की आध्यात्मिक शक्ति के प्रभाव से दुर्योधन सुरक्षित और अपराजेय था। एक बार फिर कृष्ण भीम की मदद के लिए आगे आए और उसे इशारा किया कि वह दुर्योधन के शरीर के निचले भाग पर गदा चलाए। भीम ने अपने मित्र, दार्शनिक व मार्गदर्शक की आज्ञा का पालन किया। इस प्रकार दुर्योधन भी मारा गया। द्रोणाचार्य के पुत्र अश्वत्थामा ने द्रौपदी के पाँच पुत्रों की तब हत्या कर दी, जब वे निद्रामग्न थे। उसके बाद उसने सबसे खतरनाक आयुध ब्रह्मास्त्र (प्राचीनकाल का सबसे प्रभावी प्रक्षेपास्त्र) का उपयोग उत्तरा (अभिमन्यु की पत्नी और अर्जुन की बहू) के गर्भ पर किया। कृष्ण ने अपनी दैवी शक्ति से उसकी रक्षा की। उत्तरा का यह पुत्र परीक्षित कहलाया। अश्वत्थामा पांडवों द्वारा पकड़ा गया। कृष्ण की सलाह पर उसके मस्तक से मणि निकाल ली गई और ऐसा घाव कर दिया गया जो सदा रिसता रहेगा।

कृष्ण की सहायता और दिशा-निर्देश पर पांडवों ने हस्तिनापुर पर कई वर्षों तक राज्य किया। अब कृष्ण का उद्देश्य पूरा हो चुका था। अपने तलवे पर दुर्घटनावश किसी शिकारी द्वारा किए गए व्रण के जरिए कृष्ण ने अपने नश्वर शरीर का अन्त करने का निर्णय लिया और वे वापस परम तत्त्व में विलीन हो गए। कृष्ण के जाते ही अर्जुन शक्तिहीन हो गया। उसकी स्थिति आत्माविहीन शरीर या इंजनविहीन कार जैसी हो गई।

यह भाग्य का लेखा था या कृष्ण की इच्छा कि सहस्त्रों यादव इस महायुद्ध में

कालकवलित हुए। कृष्ण के महाप्रयाण के पश्चात् उनके यादव आपस में लड़कर मर गए। समूची सामाजिक व्यवस्था तेजी से नष्ट-भ्रष्ट होने लगी। यह बड़े दुःख की बात है कि भारतवर्ष को उसके बाद कोई दूसरा कृष्ण नहीं मिला। एक चंद्रगुप्त था, फिर शिवाजी और राणाप्रताप और बाद में तिलक, सावरकर, विवेकानन्द, भगतसिंह और महात्मा गांधी। हम किसी कृष्ण को दोबारा क्यों न पा सके? क्योंकि हम उनके जीवन के ध्येय का मानवीय धरातल पर विश्लेषण न कर सके। हमने उनकी प्रशंसा और पूजा की लेकिन उनके बताए मार्ग पर चलने के कठिन दायित्व को भूल गए। आइए इस कृति के माध्यम से इस प्रश्न का उत्तर ढूंढें कि कृष्ण आखिर क्या थे?

कृष्ण की बहुमुखी भूमिका

कौन सम्पूर्ण व्यक्ति है? क्या कोई ऐसी प्राच्य परिभाषा है जो 'पूर्ण पुरुष' के निहितार्थ को स्पष्ट करती हो? पाश्चात्य दार्शनिकों ने 'पूर्ण पुरुष' को किस प्रकार परिभाषित किया है? क्या यह पूर्ण पुरुष ईश्वर या अति-मानवी व्यक्तित्व का विकल्प है या किसी बहुमुखी मानव की अवधारणा साकार रूप ले सकती है?

सौभाग्य से इन सभी प्रश्नों के सकारात्मक उत्तर उपलब्ध हैं और हमारे पास बहुमुखी प्रतिभा सम्पन्न व्यक्ति का आदर्श कृष्ण के रूप में है। उनकी बहुमुखी प्रतिभा भारत तथा विश्व दोनों के लिए अति प्रासंगिक है, बल्कि मैं तो यहाँ तक कहूँगा कि वे एक 'विश्व नागरिक' या ऐसे व्यक्ति थे जिन्हें निरन्तर ज्यादा से ज्यादा वैश्विक स्वीकृति मिली और मिलती चली जा रही है। कृष्ण और बाद के महान लोगों के बीच एक रोचक तुलना की जा सकती है। मैं कृष्ण और गौतम बुद्ध के बीच तुलना से शुरुआत करता हूँ। बुद्ध महान दार्शनिक थे जिन्होंने अपने प्रसिद्ध कर्म सिद्धान्त के जरिए मुक्ति की अपनी अनुपम परिकल्पना को परिभाषित किया। यहाँ बुद्ध और कृष्ण एक ही घटना 'व्यक्ति का अपना कर्त्तव्य' की बात करते हैं किन्तु बुद्ध एक साधारण मानव के महान बनने की संभावना के बारे में मौन हैं। कृष्ण की तुलना जैन धर्म के 24वें तीर्थंकर महावीर से भी की जा सकती है। महावीर ने पदार्थवाद को स्पष्ट किया और मानव हृदय की पवित्रता की बात की। उनकी शिक्षा का सारतत्त्व यह है कि व्यक्ति अपने मन-मस्तिष्क को जीत कर भावनात्मक उपलब्धियों को नियंत्रण में रखे। महावीर 'राष्ट्र की स्वतंत्रता' की बात नहीं करते, यद्यपि वे समस्त सांसारिक बन्धनों से व्यक्ति की स्वतंत्रता का उपदेश देते हैं। वे विरक्ति की भावना को ध्यान में रखते हुए भौतिक प्रधानता की चर्चा भी करते हैं।

अगली तुलना कृष्ण एवं चाणक्य के बीच हो सकती है। चाणक्य को कौटिल्य भी कहा जाता है। उन्होंने राजनीतिक अर्थशास्त्र का शास्त्रीय पक्ष ही प्रस्तुत नहीं किया बल्कि अपने सिद्धान्त को शिष्य चन्द्रगुप्त के माध्यम से क्रियान्वित करके भी दिखलाया। चाणक्य ने सुविधाहीन व्यक्तियों के अर्थशास्त्र की व्याख्या नहीं की। यद्यपि उन्होंने आर्थिक व राजनैतिक अनुशासन पर लिखा, वे उसका सम्बन्ध अधिक व्यापक 'कल्याण के अर्थशास्त्र' की अवधारणा से स्थापित न कर सके। आज के प्रो. अमर्त्य सेन इस कल्याण के अर्थशास्त्र का वर्णन सैद्धान्तिक स्तर पर तो करते

हैं, किन्तु उसे किस तरह कार्यान्वित किया जा सकता है, यह नहीं बतला पाते हैं।

विगत पाँच-छह सदियों के नेताओं की तुलना भी कृष्ण से की जानी चाहिए। शिवाजी महाराज ने अनेक महान गुणों का प्रदर्शन किया लेकिन वैयक्तिक और सामूहिक श्रेष्ठत्व को हासिल करने के लिए कोई टिकाऊ तथा सैद्धान्तिक दर्शन प्रतिपादित नहीं किया। स्वामी विवेकानन्द ने हिन्दुत्व का सभी को आत्मसात करनेवाला और उदारवादी विवरण बड़ी बुद्धिमत्ता से प्रस्तुत किया, परन्तु भौतिक आसक्ति एवं आध्यात्मिक विरक्ति से समागम को वे भी नहीं समझा पाए।

यहाँ यह जानना रोचक होगा कि बुद्ध और वर्धमान महावीर ने अपने 'जीवन दर्शन' को तब प्रस्तुत किया, जब उन्होंने स्वयं को 'कार्यशील जीवन' से पृथक कर लिया था। कृष्ण ने इस प्रकार के जीवन को जीतकर दिखाया और उत्तमता के ऐसे सिद्धान्त को प्रतिपादित किया, जिसे व्यवहार में लाया जा सकता है। कदाचित इसी एक कारण से युवा मराठी संत ने 'ज्ञानेश्वरी' लिखकर कृष्ण की गीता को प्रचलित भाषा में आम जनों के लाभार्थ लिखा। ज्ञानेश्वरी शायद एकमात्र 'उत्तम जीवन' पर रचित बहुमुखी पुस्तक है, जैसे जीवन का उदाहरण कृष्ण ने सामने रखा था।

डॉ. अम्बेडकर ने 'मिलावटी हिन्दुत्व' की खामियों पर बहुत कुछ लिखा है। उन्होंने हिन्दुओं के मिलावटी संस्करण की अनुत्पादक, महँगे तथा भ्रमोत्पादक रस्मों को रेखांकित किया है। चूँकि उनके समकालीन हिन्दू नेताओं ने उनकी हिन्दुत्व को सुधारने में सहायता नहीं की, अतः लाचार होकर उन्हें बुद्ध धर्म अपनाना पड़ा। ख्यात क्रांतिकारी श्री विनायक दामोदर सावरकर डॉ. अम्बेडकर वे समकालीन थे। खेद की बात है कि ये दो विद्वान सुधारवादी हिन्दुत्व की सर्वकालीन प्रकृति को स्वच्छ करने व उसके संवर्धन हेतु एक मंच पर नहीं आए। हमें याद रखना चाहिए कि 'हिन्दू, हिन्दुत्व और हिन्दुस्तान' ये शब्द हमें 11वीं और 12वीं सदी के आक्रमणकारियों से मिले हैं, अन्यथा हिन्दुओं का धर्म जीने की विशुद्ध तथा नित्य शैली के अतिरिक्त और कुछ नहीं था। दूसरे शब्दों में कहें तो धर्म से तात्पर्य अपने कर्त्तव्य या स्वधर्म से था। सम्पूर्ण गीता इसी स्वधर्म पर आधारित है। पश्चिम के नजरिए से धर्म का बड़ा संकुचित अर्थ लिया जाता है। इसलाम और ईसाइयत ऐसे दो मजहब हैं जो केवल एक पैगम्बर में विश्वास करते हैं, एक पवित्र पुस्तक व रीति-रिवाजों के एक कठोर नियम समूहों को मानते हैं। इसके उलट सनातन धर्म या धर्म की नित्य अवधारणा अपने में जीवन के हर पहलू को आत्मसात करती है और इसीलिए वह वैश्विक धर्म है। कृष्ण ने इस वैश्विक धर्म का वर्णन अर्जुन के सामने कुरुक्षेत्र की रणभूमि में किया था।

हम मार्टिन लूथर किंग, अब्राहम लिंकन, महात्मा गांधी या लोकमान्य तिलक की तुलना कृष्ण से किस प्रकार कर सकते हैं? और तुलना क्यों करें? उत्तर बड़ा सरल है। इन व्यक्तियों ने 20वीं शताब्दी में भारत एवं विश्व को प्रभावित किया। अब्राहम लिंकन ने समानता और स्वाधीनता की अवधारणा की वकालत की, लेकिन कृष्ण की भाँति

किसी भी परिस्थिति को स्वीकार करने की तत्परता नहीं दिखाई। कृष्ण ने प्रत्येक चुनौती को अवसर में बदल कर उसका पूरा दोहन किया। मार्टिन लूथर किंग तथा महात्मा गांधी ने अपना जीवन अभागे अस्पृश्यों तथा निर्धनों को ऊपर उठाने के लिए समर्पित कर तो दिया, परन्तु भौतिक अवसरों के दोहन के लिए कोई रास्ता नहीं सुझाया। कृष्ण धनोपार्जन प्रक्रियाओं के शानदार उदाहरण प्रस्तुत करते हैं।

लोकमान्य तिलक स्वप्नद्रष्टा और उद्‌भट विद्वान थे, जिन्होंने गीता पर टीका लिखी। वे एक भड़काऊ नेता थे जिन्होंने जन-जन के मन में यह चेतना जागृत की कि 'स्वराज्य' उनका जन्मसिद्ध अधिकार है। कृष्ण की तरह वे भी आम जनता का एक मजबूत सूचना तंत्र विकसित करने में विश्वास करते थे। ये सूचनातंत्र अंग्रेजों के खिलाफ 'सामूहिक शक्ति' तैयार करने के लिए बनाए गए थे। सही मायनों में तिलक पहले नेता थे जिन्होंने भारतीयों को स्वतंत्रता संघर्ष के लिए एकसूत्र में बाँधा। विद्वत्ता, ईमानदारी, साहस तथा उत्सर्ग जैसे मापदंडों पर तिलक की तुलना कृष्ण से की जा सकती है, परन्तु उनमें कपटपूर्ण स्थितियों से निबटने में उस लचीलेपन का अभाव था जो कृष्ण में था और कृष्ण तो ऐसी विषम स्थितियों को भी मानवता के हित में बदल देते थे। तिलक में कृष्ण की चालाकी और विचारशीलता नहीं थी।

महात्मा गांधी कृष्ण के समतुल्य अनेक दृष्टियों से थे जैसे जन-समर्थन, चालाकी, हिम्मत तथा सादगी। उन्होंने कांग्रेस को अपने लाभार्थ प्रभावित किया किन्तु उनके पास कृष्ण जैसी दृष्टि नहीं थी। यद्यपि वे वणिज वर्ग से थे किन्तु वे व्यापारिक चातुर्य का प्रदर्शन महाधूर्त अंग्रेजों से निपटने में नहीं कर सके। गांधी में उतना प्रतिभा-बल भी नहीं था, इसलिए उन्होंने कमजोर व्यक्तियों को अपना उत्तराधिकारी बनाया।

अब मुझे कृष्ण की तुलना मोहम्मद पैगम्बर और प्रभु ईसा मसीह से करने की अनुमति दीजिए। मोहम्मद साहब ने ईश्वर की आराधना का सीधा सरल उपाय बतलाया। (अल्लाह संस्कृत में अलम् या अंग्रेजी में ऑल हो सकता है) लेकिन उन्होंने समता पर आधारित कोई ऐसा दृष्टिकोण नहीं बतलाया जो सबको अपने में समेट सके। पैगम्बर की विद्वत्ता उस समय के पर्यावरण के लिए उपयुक्त रही होगी, जिसमें वे रहे किन्तु कट्टरता के बढ़ते जाने से इस्लाम उन लोगों के लिए बाध्यता बन गया जो नमनीयता को अधिक पसन्द करते थे।

ईसाई धर्म प्रभु यीशु की कुर्बानी का प्रतिनिधित्व करता है परन्तु जीवन केवल कुर्बानियों का गट्ठर नहीं है। यह विजय, प्रसन्नता तथा सर्वग्राही ज्ञान की यात्रा है और ऐसा होना भी चाहिए। इस्लाम की भाँति ईसाइयत भी कठोर है जब वह मुक्ति के एक ही मार्ग की बात करती है। इसके उलट कृष्ण मोक्ष या मुक्ति के कई विकल्प बतलाते हैं और आम व्यक्ति के हित में उनकी तर्कसंगत तुलना भी करते हैं।

मानवीय धरातल पर जब मैं कृष्ण के धनोत्पत्ति अभिगम की तुलना आज के विख्यात सम्पत्ति निर्माताओं से करता हूँ तो देखता हूँ कि (बहुत थोड़े लोगों को छोड़कर) वर्तमान उद्यमी कृष्ण के सामने कहीं नहीं ठहरते। ऐसा इसलिए क्योंकि कृष्ण ने न सिर्फ

आसक्ति और विरक्ति की युति की बात कही बल्कि सफलतापूर्वक वैसा कर दिखाया। उन्होंने सम्पत्ति बनाई, उसका वितरण किया, उपभोग किया और फिर भी उसके कुप्रभाव से स्वयं को बचाकर रखा। उन्होंने महात्मा गांधी के 'ट्रस्टीशिप' सिद्धान्त का उदाहरण प्रस्तुत किया। उन्होंने अपने कई मित्रों व सम्बन्धियों को समृद्धि का सही अर्थों में उपभोग करना सिखलाया। पहली पीढ़ी के अनेक धन निर्माताओं की तरह उन्होंने द्वारका को आकार दिया। उन्होंने पांडवों की सहायता की ताकि वे अपनी वैध पैतृक सम्पत्ति का उपभोग कर सकें। उन्होंने अपने 'मजबूत राज्य और धनी प्रजा' के सिद्धान्त का प्रतिपादन किया। उनके समकालीनों में यादव (कृष्ण की जाति के लोग) सर्वाधिक धनी और स्वस्थ थे। ऐसा इसलिए सम्भव हुआ, क्योंकि कृष्ण उनके आदर्श थे।

कृष्ण किस प्रकार और क्यों आज के सन्दर्भ में आदर्श पुरुष हैं? इस प्रश्न का उत्तर यह है कि उन्होंने सभी वर्णों (कार्यविभाजन के अनुसार भारतीयों के वर्ग) में सहभागिता की, उनका अनुसन्धान किया। प्राचीन ग्रंथ 'मनुस्मृति' (इसके कदाचित अनेक कूटनीतिज्ञ या लेखक थे, जिन्होंने इसमें कई अंश जोड़े या उनका अपमिश्रण किया, जिन्हें समय-समय पर मनु प्रथम, द्वितीय, तृतीय आदि नाम दिए गए) इन चार वर्णों की व्याख्या करता है। भारतीय उपमहाद्वीप का सनातन धर्म व्यक्ति को इस बात की छूट देता है कि वह किसी भी वर्ण के कार्य को अपने जीवन में अपनाए।

ये कार्यानुसार श्रेणियाँ (या वर्ण) हैं ब्राह्मण, क्षत्रिय, वैश्य और शूद्र। ब्राह्मण से तात्पर्य उस व्यक्ति से है जो 'ब्रह्म' का अर्थ जानता हो (ब्रह्म संसार के रचयिता हैं), और उन आध्यात्मिक प्रक्रियाओं की ओर ध्यान देता है, जिनका पालन आम जन करते हैं। वह जीवन के प्रत्येक मोर्चे पर एक उत्तरदायी शिक्षक भी होता है। वह जीवन के आध्यात्मिक अथवा भौतिक घटकों की शिक्षा देता है। क्षत्रिय की जिम्मेदारी है कि वह राजकार्य संचालित करे एवं उसकी हर विपत्ति से रक्षा करे। वह प्रशासक है जो विधि के शासन की स्थापना करता है, अच्छी सभ्यता की सामाजिक पद्धति को लागू करता है तथा उचित मूल्य पर जनता के लिए समस्त भौतिक आवश्यकताओं की पूर्ति सुनिश्चित करता है। दूसरे शब्दों में वह जनकल्याणार्थ देश की अर्थव्यवस्था की निगरानी करता है।

वैश्य का काम व्यापार, कृषि तथा उन सभी गतिविधियों को चलाना है जिन पर अर्थव्यवस्था आश्रित है। वह धनार्जन प्रक्रिया को सहजगम्य बनाता है। शूद्र वह है जो समाज को सेवा उपलब्ध कराता है। (कृपया संस्कृत में शूद्र का अर्थ देखें और डॉ. बाबासाहब अम्बेडकर ने जो अर्थ बतलाया, उसे भी देखें)। सनातन धर्म के विशुद्ध रूप ने सामाजिक संरचना की बड़ी निश्छल परिकल्पना पेश की थी। कोई भी कार्य अच्छे से अच्छा हो सके, इसका निर्णय ग्रामीणों और उनके द्वारा लोकतांत्रिक ढंग से निर्वाचित प्रशासनिक परिषद (ग्राम पंचायत) को दे दिया गया था। व्यक्ति को स्वतंत्रता थी कि वह अपना पेशा बदल ले बशर्ते वह नए काम को करने के लिए आवश्यक कौशल में दक्ष हो जाए।

प्राचीन काल की शिक्षा प्रणाली शिशु के सर्वांगीण विकास पर विशेष ध्यान देती थी। जब कृष्ण ने मुनि सांदीपनि के आश्रम में प्रवेश लिया तब उन्होंने सभी वर्णों के मूल कार्यों की शिक्षा प्राप्त की। उन्होंने आध्यात्मिक ग्रंथ एवं प्रक्रियाओं का अध्ययन किया, युद्ध नीति व शास्त्र संचालन, सार्वजनिक प्रबन्धन, व्यापार, अर्थशास्त्र तथा समाजोपयोगी अन्य कई विद्याओं का ज्ञान अर्जित किया। किसी वर्ण विशेषज्ञ के कार्यों की विशेषज्ञता हासिल करना भी सम्भव था। दूसरे शब्दों में यह शिक्षण पद्धति सामान्य व पेशेवराना दक्षता का सन्तुलित मिश्रण थी।

यह विस्मयकारक है कि कृष्ण ने सभी चार वर्णों का जीवन जिया। उनके एवं उनके अनुयायियों के लिए जीवन का आदर्श अभिगम ऐसा था :

केवल एक धर्म — प्रेम का धर्म
केवल एक जाति — मानवता की जाति
केवल एक भाषा — हृदय की भाषा
और केवल एक ईश्वर — ईश्वर जो सर्वव्यापी है।

कृष्ण गुणों से, कार्यों एवं मानव के वास्तविक या काल्पनिक उत्कर्ष की दृष्टि से 'पूर्ण पुरुष' थे। दार्शनिक अर्थ में कृष्ण अपने हर प्रयत्न में प्रकृति को लागू कर सकते थे, ताकि आम व्यक्ति का जीवन स्तर ऊपर उठे। यहाँ 'पुरुष' आत्मा का तथा 'प्रकृति' शरीर का प्रतिनिधित्व करते हैं—शरीर जो कि ब्रह्मांड के पाँच मूल तत्त्वों—मिट्टी, जल, वायु, आकाश एवं अग्नि से निर्मित है (इन्हें भारतीय दर्शन 'पंच महाभूत' कहा गया है)। कृष्ण पुरुष को प्रकृति से पृथक कर सकने में समर्थ थे। उन्होंने भौतिक जगत की हर वस्तु प्राप्त की, परन्तु उसका ऐसा प्रभाव नहीं छोड़ा, जिससे लगे कि वे पदार्थवाद से प्रभावित हैं। मानवीय कार्यों की विविध श्रेणियों को सम्पादित करने और विभिन्न भूमिकाओं का निर्वाह करने की उनकी बहुमुखी प्रतिभा का कोई सानी नहीं था। अपनी बहुमुखी प्रतिभा के कारण ही उन्हें अपने समर्थकों की नजरों में ईश्वर का दर्जा प्राप्त हुआ।

मैं वह प्रश्न फिर दोहराता हूँ कि कृष्ण कौन थे? वे ब्राह्मण, क्षत्रिय, वैश्य या शूद्र, क्या थे? इसका उत्तर यह है कि उन्होंने इन सभी वर्णों का उनके व्यापक अर्थ में जीवन जिया। उन्होंने अर्जुन तथा अन्य पांडवों का जीवन की प्रत्येक डगर पर पथ दर्शन किया। उन्होंने पुरुष एवं प्रकृति की परिभाषाओं को अर्जुन के साथ हुए चालीस मिनट के संवाद में उद्घोषित किया। उन्होंने मोक्ष की परिकल्पना का सरलीकरण करते हुए बताया कि 'स्वधर्म' या अपनी निर्धारित भूमिका का निर्वाह ही सब कुछ है। उन्होंने जो उपदेश अर्जुन को दिया, वह 'गीता' के नाम से विख्यात है और वही वेदों तथा उपनिषदों का सार तत्त्व है। मुनि वेदव्यास ने अर्जुन व कृष्ण के बीच हुए इस उपदेश सह वार्तालाप को गीता के अठारह अध्यायों में लिपिबद्ध किया। कृष्ण ने यादव सेनापतियों को भी दिशा-निर्देश दिए। इन सब गुणों एवं कृत्यों के द्वारा कृष्ण ने ब्राह्मण के पांडित्य का प्रदर्शन किया। उन्होंने 'अहं ब्रह्मास्मि' के अर्थ को समझाते हुए बतलाया कि साधरण

जीवात्मा परम आत्मा से तब एकाकार होता है जब वह निर्धारित कर्म की ओर प्रवृत्त हो। उन्होंने कहा :

मत्कर्मकृन्मत्परमो मद्भक्तः संगवर्जितः।
निर्वैरः सर्वभूतेषु यः स मामेति पाण्डव॥

यह मानव जो अपने सब कर्त्तव्यों को परमात्मा के प्रति अपने समर्पण की भाँति पूरा करता है और किसी प्रकार के पुरस्कार की कामना नहीं करता, किसी से लड़ाई-झगड़ा नहीं करता और अपने अन्तिम पड़ाव के रूप में मेरा विचार करता है, अन्त में मुझसे मिलता है और मुझी में समा जाता है।

अतः किसी भी प्रकार का कर्त्तव्य और कर्म के पीछे दैवी प्रयास होना चाहिए। कृष्ण ने स्वयं को ऐसे 'दैवी कर्ता' के रूप में प्रस्तुत किया। कृष्ण को 'सम्पूर्ण मानवीय बहुलता' के साकार रूप में देखना वास्तव में अत्यन्त रोचक है। एक श्रेष्ठ क्षत्रिय की तरह बाल्यावस्था से ही उन्होंने अनेक राक्षसों का वध किया। क्षत्रियत्व के अन्य गुणों जैसे साहस, नेतृत्व तथा आमजन की देखरेख का भी उन्होंने भरपूर प्रदर्शन किया। एक सूक्ष्म तत्त्व का उल्लेख यहाँ पर करना उचित होगा कि वे अभिनेता क्षत्रिय थे अर्थात् जीवन के पूर्वार्ध में वे कर्ता रहे और उत्तरार्ध में उन्होंने परामर्शदाता क्षत्रिय की भूमिका अदा की।

वे ब्राह्मण एवं क्षत्रिय भूमिकाओं का निर्वहन एक साथ इस कुशतला से करते थे कि मैं उन्हें सर्वव्यापक राजा तथा राजाओं को गढ़ने वाले के रूप में एक ही समय में देखता हूँ। कुछ उदाहरण यहाँ पर दिए जा सकते हैं। उन्होंने कंस को मारा। यदि वे चाहते तो मथुरा के राजा बन सकते थे। उन्होंने ऐसा नहीं किया और कंस के पिता उग्रसेन के सिर पर राजमुकुट रख दिया। भीम को निर्देशित कर उन्होंने जरासंध को मारा। मगध का साम्राज्य उनके हाथों में था, लेकिन उन्होंने जरासंध के पुत्र को सिंहासन पर बिठाया। वे द्वारका के आधिकारिक राजा नहीं थे, हालाँकि उन्होंने ही द्वारका राज्य की स्थापना की थी, परन्तु समस्त यादव उन्हें अपना सर्वोच्च राजा मानते थे। किसी को राजा बनाने का उनका सर्वश्रेष्ठ उदाहरण महायुद्ध है। पांडव इस युद्ध में केवल इसलिए विजयी हुए क्योंकि उन्होंने कृष्ण नीति का अनुसरण किया। कृष्ण ने युधिष्ठिर को हस्तिनापुर साम्राज्य का राजा बनाया, परन्तु प्रत्येक घटना में, जीवन के हर पड़ाव पर वे ही पांडवों के हृदय सम्राट रहे। गोकुल तथा वृंदावन पर उनके प्रभाव को देखें। उन्होंने हर एक के हृदय पर शासन किया, चाहे वे महिलाएँ हों, युवा हों, गायें हों या अन्य कोई जीव। (भागवत में कृष्ण के प्रेम का गोकुल वासियों पर क्या प्रभाव था, इसका विवरण इतने मार्मिक रूप में किया गया है कि पाठक गोकुल पर उनके अशासकीय, अक्षुण्ण शासन से चमत्कृत हो जाते हैं)।

इन उदाहरणों से प्रमाणित होता है कि कृष्ण राजा और राजा निर्माता की भूमिकाओं का निर्वाह बखूबी कर सकते थे। उनका 'आचरण का संतुलन' आज के राजनयिकों के लिए भी अनुकरणीय है। पुनः दर्शनशास्त्र की भाषा में उन्होंने पुरुष और

प्रकृति की भूमिकाओं को एक-दूसरे में ढाल दिया। दोनों अविभाज्य थे और साथ में पृथक भी। इस अकल्पनीय मिश्रण की प्रशंसा भीष्म ने भी रणक्षेत्र में की। जब भीष्म अर्जुन के लिए भी असम्भव हो गए तो कृष्ण ने उन्हें मारने के लिए रथ का पहिया उठा लिया (यद्यपि यह तय हो चुका था कि कृष्ण न तो कोई शस्त्र धारण करेंगे और न सैनिक की हैसियत से सम्मिलित होंगे)। भीष्म अपने रथ पर खड़े हो गए और उन्होंने कृष्ण को प्रणाम किया। उन्होंने भक्तिपूर्वक कहा कि वे स्वयं और अन्य कौरव तो कृष्ण द्वारा पहले ही मारे जा चुके हैं। महायुद्ध तो मात्र औपचारिक रिक्तता है। हर किसी का भाग्य कृष्ण ने पहले से ही तय कर रखा है। सम्पूर्ण महायुद्ध कृष्ण की योजना का अपरिहार्य अंग था ताकि सत्य और धर्म की स्थापना हो सके।

सम्पूर्ण महाभारत में हर कोई (जिसका जीवन के प्रति पूर्वाग्रहरहित दृष्टिकोण था) जानता था कि कृष्ण ही वास्तविक राजा है, यद्यपि वे राजाओं को बनाने वाले भूमिका का निर्वाह कर रहे हैं। भीष्म, द्रोणाचार्य, कृपाचार्य, कर्ण, विदुर, विराट, शाल्व, द्रुपद तथा अन्य सभी दोनों पक्षों के राजाओं को विदित था कि कृष्ण ही शतरंज पटल के बादशाह और वजीर दोनों हैं। पुनः एक तुलना करें। महाराज शिवाजी अच्छे राजा निर्माता सिद्ध नहीं हुए, यद्यपि वे स्वयं महान शासक थे। चाणक्य महान राजा बनाने वाले थे, क्योंकि उन्होंने क्रूर नन्द राजा को समाप्त कर अपने शिष्य चंद्रगुप्त को पाटलिपुत्र का सम्राट बनाया। हाल का सन्दर्भ देखें तो महात्मा गांधी कुशल राजा निर्माता थे, किन्तु वे जिन्ना को अखंड भारतवर्ष के हित में प्रभावित न कर सके।

कृष्ण ब्राह्मण और क्षत्रिय जैसा आचरण क्यों और कैसे कर सके। इस क्यों का उत्तर बड़ा सहज है। वे पूर्ण पुरुष को प्रदर्शित करना चाहते थे। कैसे का जवाब कृष्ण के तीन महान गुणों में है--दोनों भूमिकाओं को जोड़ने एवं समन्वित करने का लचीलापन, सोद्देश्य परिवर्तन (रणनैतिक व सामाजिक दोनों) का विशेष चातुर्य और किसी कार्य के फलस्वरूप प्राप्त होने वाले लाभ से स्वयं को अलग रखना। जब मैं आज के बड़े नेताओं यथा अब्राहम लिंकन, चर्चिल, माओ, नेहरू, इन्दिरा गांधी, अटल बिहारी वाजपेयी, क्लिंटन व बुश आदि, को देखता हूँ, तो पाता हूँ कि इन सभी में प्रथम दो गुण तो अवश्य थे। ये लोग पारितोषिक से स्वयं को पृथक नहीं रख सके। दूसरे शब्दों में (जिसे स्वयं कृष्ण ने गीता में परिभाषित किया है) 'कर्म-फल-त्याग' अर्थात् त्याग करना व फल की चिन्ता न करना। यह किसी भी मानव के लिए सबसे कठिन प्रस्ताव है--विशेषतः पाश्चात्य भौतिकवादी दर्शन के सन्दर्भ में जहाँ परिणामों के लिए ही कोई क्रिया की जाती है और जो मिले उस पर सदा-सर्वदा के लिए अपनी मिल्कियत काबिज करने की मंशा होती है। भारतीयों पर इस विचारधारा का सदियों तक ऐसा प्रभाव पड़ा कि हमने अपना स्वामित्व कायम करने एवं परिणामों का प्रचार करने में विश्वास नहीं किया, परन्तु पश्चिम की 'बाजार आधारित अर्थनीति' केवल प्रचार और अधिक प्रचार में विश्वास करती है। कदाचित प्रचार के गुणों का अभाव होने के कारण हाल के वर्षों में हम कूटनीति के मंच पर कश्मीर समस्या के मामले में बेहतर प्रदर्शन न कर सके,

जबकि पाकिस्तान की कूटनीति कश्मीर प्रचार पर आधारित रही। इसका कारण यह है कि कृष्ण ने केवल ब्राह्मणों और क्षत्रियों के गुणों को ही संयोजित नहीं किया अपितु वैश्यों और शूद्रों के कार्यों को भी उसी विशेषज्ञता से सम्पादित किया। हालाँकि कृष्ण ने सदैव 'विरक्ति' की नीति ही अपनाई, परन्तु उन्होंने अपने सिद्धान्तों व कार्यों के लिए प्रचार को कभी नकारा नहीं। यह प्रचार अपने आप तथा जातीय रीति से हो रहा था। सत्वगुणों की प्रतिष्ठा करना भी आवश्यक था। कृष्ण का अन्तिम रणनीतिक प्रचार युद्ध के एक दर्शक बर्बरीक द्वारा किया गया। जब पांडवों ने कृष्ण के मार्गदर्शन में विजय श्री का वरण किया, तब बर्बरीक से कहा गया कि वह पांडव तथा उनके साथियों की वीरतापूर्ण उपलब्धियों का वर्णन करें। बर्बरीक की पहली टिप्पणी महत्त्व की है। उसने कहा कि उसने कृष्ण को युद्ध के प्रत्येक मोर्चे पर देखा। दूसरे शब्दों में, कृष्ण ने ही समस्त कौरवों और उनके साथियों का नाश किया। यह युद्ध कृष्णनीति का श्रेष्ठतम प्रदर्शन था।

कृष्ण ने वैश्य (उद्यमी) और शूद्र (सेवावृत्ति) के रूप में अपनी छाप कैसे छोड़ी? इस प्रश्न का उत्तर हमारी—खासतौर पर भारतीयों की आँखें खोलने के लिए पर्याप्त होना चाहिए। कृष्ण का सौदेबाजी करने का गुण तथा लागत-लाभ विश्लेषण अद्‌भुत था। उद्यमी के रूप में उनमें रणनीतिकार, अनुसंधानक, खतरा उठाने वाले तथा धनार्जन की सामूहिक प्रक्रिया को बढ़ाने वाले गुणों की विलक्षण प्रतिभा थी। यह बड़े अचरज की बात है कि उनकी कोई उद्यमिता की पृष्ठभूमि गोकुल में नहीं थी। उनका सांदीपनि आश्रम में शिक्षाकाल मात्र चौंसठ दिनों का था। अतः हम कह सकते हैं कि वे स्वाध्यायी थे। ज्ञान की शक्ति को वे समझते थे और ज्ञान के स्रोतों से भी अवगत थे।

कृष्ण की सौदेबाजी और समझौता कुशलता उनके बाल्यकाल से ही प्रस्फुटित हो चुकी थी। नागवंश के आदिम जातीय कालिया ने गोकुल के सरिता तट पर कब्जा कर लिया था और यमुना के जल को प्रदूषित कर रहा था। कृष्ण ने उसे वार्ता मंच पर बुलाया और क्षत्रिय की भाँति बल का प्रदर्शन करके उससे वैश्य की कुशलता से सौदेबाजी की। कालिया भी इस समझौते से संतुष्ट होकर गोकुल क्षेत्र छोड़कर चला गया।

वे गोकुल के दूधवालों और मथुरा के व्यापारियों के बीच होने वाले व्यावसायिक विवादों में मध्यस्थ की भूमिका का बखूबी निर्वाह करते थे। नन्द एवं अन्य वरिष्ठ गोप उनके उद्यमी नेतृत्व को बिना किसी अहंकार के स्वीकार करते थे। गोकुल वासियों को उनकी सलाह थी कि वे इन्द्र की नहीं, बल्कि गोवर्धन पर्वत का पूजन किया करें, उनकी उद्यमशीलता की श्रेष्ठ मिसाल है। आज के प्रबन्धन की शब्दावली में कृष्ण की यह सलाह 'रणनीतिक विक्रेता प्रबन्धन' का अच्छा उदाहरण है।

कृष्ण की वैश्य भूमिका का सबसे महत्त्वपूर्ण उदाहरण द्वारका नगर है। उन्होंने कीर्तिमान समय में इस शहर का निर्माण किया और यह भारतीय व्यापारियों के लिए महत्त्वपूर्ण तटीय मंडी बन गया। वर्तमान गुजरातियों की व्यावसायिक कुशलता को हम

कृष्ण की द्वारका से जोड़ सकते हैं। कृषि एवं व्यापारिक उत्पादों के लिए द्वारका की सभ्यता की संरचना बहुत ही अनुकूल थी। द्वारका का सम्बन्ध गांधार (अफगानिस्तान) तथा पश्चिमी एशिया (पाकिस्तान और ब्लूचिस्तान आदि) से था। बाद में कृष्ण ने गांधार सम्बन्धी अपने ज्ञान का उपयोग शकुनि (कौरवों के मामा) तथा गांधारी से निपटने में किया।

अनेक व्यावसायिक विवादों में कृष्ण ने बड़े जटिल मामलों को बड़े नायाब तरीकों और सीधे उपायों से सुलझाया। कुछ प्रसंगों में धन के विषय में अपने नीतिपरक दर्शन की स्थापना हेतु उन्होंने चालबाज व्यापारियों एवं दलालों को दंड देने में परहेज नहीं किया। स्यामंतक मणि (बहुमूल्य पत्थर) का प्रकरण कृष्ण की न्याय के प्रति वचनबद्धता का परिचायक है। उनके एक अति धनाढ्य नागरिक के पास यह मणि थी। उसके भाई ने उसे वन में खो दिया। एक सिंह उसे खा गया। अन्ततः वह पत्थर आदिवासी नेता जाम्बुवन्त के पास पहुँच गया (वे भगवान राम के भी समकालीन थे)। कृष्ण ने जामवंत को दंडित किया था तथा मणि को उसके स्वामी को सौंप दिया। यहाँ कृष्ण के सूचनातंत्र का कमाल नजर आता है। राजनैतिक और व्यापारिक सम्बन्ध में आदिवासी समूहों से पुष्ट करने के लिए उन्होंने सहर्ष जामवंती (जामवंत की पुत्री) से विवाह कर लिया। कृष्ण ने सत्यभामा से भी विवाह कर लिया जो स्यामंतक मणि के मालिक की कन्या थी और बड़ी चतुराई से मणि सार्वजनिक उपयोग के लिए प्राप्त कर ली।

कृष्ण ने एक परिपक्व वैश्य की तरह अपरिग्रह (अनावश्यक सम्पत्ति का संग्रह न करना) की नीति को लागू किया। यदि हम आज के उद्योगपतियों और उनके तथाकथित साम्राज्यों को देखें, तो हमें कभी-कभार ही उद्योगपतियों का ऐसा कोई उदाहरण मिलता है जो सम्पत्ति से स्वयं को अलग रखते हों। कलयुग का आदर्श तो धन और अधिक धन है। कृष्ण की धनस्वामित्व की धारणा 'आध्यात्मिक प्रभाव' पर आधारित थी। दूसरे शब्दों में कृष्ण ने आध्यात्मिक दृष्टि से अपने धनी नागरिकों को प्रेरित किया कि वे आम जन के हित में अपने धन का कुछ भाग स्वेच्छा से खर्च करें। कृष्ण की सद्‌भावना साख किसी की भी धन आधारित साख से कहीं अधिक थी।

द्वारका बनाकर कृष्ण ने सन्देश दिया कि धन भी महत्त्वपूर्ण है, परन्तु यह धन-संग्रह की सामूहिक प्रक्रिया व प्रयत्नों की ओर भी इंगित करता है। कृष्ण ने अपने हिस्से की सारी दौलत पांडवों को दे दी, जब वे इन्द्रप्रस्थ का निर्माण कर रहे थे। एक योग्य राजनीतिक व व्यापारी की भाँति उन्होंने पांडवों का प्रतिनिधित्व, कौरवों से अन्तिम समझौते के लिए किया। अपने प्रयत्नों के अन्तिम बिन्दु तक उन्होंने 'जियो और जीने दो' के सिद्धान्त का प्रश्रय लिया। केवल शांति ही 'सार्वजनिक अर्थशास्त्र' के लिए माकूल पर्यावरण तैयार कर सकती है। कृष्ण व पांडवों को विश्वास था कि मात्र पाँच गाँव उनके लिए पर्याप्त होंगे और वे अपनी व्यावसायिक बुद्धि तथा राजनैतिक समझ के बल पर बहुत कुछ दिखाएँगे।

कृष्ण ने द्वारका का निर्माण पश्चिमी तट पर किया क्यांकि वे चाहते थे कि शांति

स्थापित हो। यह नगर जरासंध, शिशुपाल और रुकमी जैसे आक्रमणकारियों से काफी दूरी पर था। धन रचने वाले के लिए सामाजिक-आर्थिक पर्यावरण की स्थिरता का बड़ा महत्त्व है। इसलिए कृष्ण ने अनुत्पादक युद्धों में खुद को नहीं उलझाया लेकिन उचित अवसरों पर उन्होंने व्यर्थ के तत्त्वों को उखाड़ फेंका।

कृष्ण के भाई-बंधु और समर्थक धनी एवं समृद्ध थे; वे स्वयं भी धनवान थे और अपने मित्रों को भी उन्होंने धनवान बना दिया। धन की प्रचुरता ने उन्हें 'स्वधर्म' के पथ से नहीं भटकाया। वे कर्मयोगी की भाँति, निर्दोष जनता के उत्थान के लिए यत्न करते रहे। इससे हम एक महत्त्वपूर्ण निष्कर्ष निकाल सकते हैं। किसी को धन रखने से परहेज नहीं होना चाहिए। दुर्भाग्य से आज हम अपने बच्चों को बतलाते हैं कि धन नाशवान है। कोई धन को मृत्यु के बाद अपने साथ नहीं ले जाता। केवल निर्धन ही निरीह होते हैं। सामान्यतः धनी अपने प्रबन्ध कौशल से धनवृद्धि करते हैं। इसलिए गरीब साफ और अमीर गंदा होता है। यह व्यर्थ की धारणा हमारे खून में समा गई है। सादगी के नाम पर हम धन और धनिकों से घृणा करते हैं। कई आध्यात्मिक गुरु सादगी, विरक्ति आदि की बातें करते हैं, लेकिन उनके प्रवचनों का लकदक प्रबन्धन चौंधियाने वाला होता है, क्योंकि अत्यन्त धनी लोग ही उनके प्रवचनों को प्रायोजित करते हैं। कृष्ण इस ढोंग के विरुद्ध थे और ढोंगियों का समय-समय पर पर्दाफाश करते रहते थे।

आज की कार्पोरेट दुनिया में स्वामित्व से अभिप्राय कितनी प्रतिभूतियाँ आपके पास हैं उसके प्रतिशत से है। केवल टाटा परिवार ही ऐसा है, जिसने 'साख' (गुडविल) की मालकियत को महत्त्व दिया। कृष्ण ने भी इसी साख आधारित स्वामित्व का प्रदर्शन भली-भाँति किया। उन्होंने विश्वकर्मा (जिन्हें स्वर्ग का शिल्पज्ञ कहा जाता है) की सहायता से आदर्श नगर द्वारका की रचना की; परन्तु बलराम को उसका प्रमुख बनाया। कृष्ण का मित्रतंत्र तो कमाल का था ही, जिसकी झलक द्वारका के निर्माण में दिखाई देती है। उन्होंने वर्षा के देवता वरुण, अग्नि के देवता अग्नि और वायु के देवता मरुत से सहायता लेकर द्वारका के जीवनस्तर को उठाया। (यहाँ एक शंका उठती है कि ये सब देवता दरअसल बेहतर सभ्यता के लोग होंगे, जिसे स्वर्ग या सु-वर्ग कहा गया होगा।) सु-वर्ग का अर्थ हुआ बहुत ही श्रेष्ठ वर्ग। इस वर्ग के लोग कदाचित तकनीकी ज्ञान में आम मानवों से कहीं श्रेष्ठ होंगे। हम पहले ही कह चुके हैं कि इन्द्र, मारुत, यम और सूर्य से कुंती ने अपने महान पुत्र प्राप्त किए थे। इससे यह भी सिद्ध होता है कि समाज में उन दिनों कितनी तर्कसंगत स्वतंत्रता का वातावरण था और विशेषतः महिलाओं पर ऐसे अंकुश नहीं थे जैसे आज हैं। इसलिए आवश्यकता इस बात की है कि सु-वर्ग की परिकल्पना की मानवीय धरातल पर जाँच की जाए। ऐसे अध्ययन से हमारे लिए उन रहस्यों को उद्घाटित करना सम्भव होगा, जो तमाम सूत्रों में ढँके हुए हैं।

कृष्ण ने इस बात का ध्यान रखा कि उनके पुत्र, पौत्र, भतीजे व उनके भी पुत्र विविध शक्तिशाली परिवारों से विवाह सूत्र में बँधें—उनकी भौगोलिक स्थिति तथा संस्कृति कुछ अलग हो तो भी। इसका उद्देश्य यह सुनिश्चित करना था कि उनका विस्तारित परिवार

मजबूत सामाजिक ताने-बाने और आर्थिक सुदृढ़ता पर आधारित हो। आज भी यादव परिवार न केवल गुजरात अपितु उत्तर प्रदेश और बिहार में बहुत प्रभावशाली हैं। कृष्ण की तंत्र रचना की तुलना अनेक बड़ी बहुराष्ट्रीय कम्पनियों की तंत्र-प्रणाली से की जा सकती है। इस दृष्टि से आज के रिलायन्स समूह को भी हम तुलनात्मक अध्ययन हेतु ले सकते हैं। स्व. धीरु भाई अम्बानी ने अपने साम्राज्य को विकसित करने के लिए कृष्ण नीति का अनुसरण किया, परन्तु अम्बानी का कृष्ण नीति के प्रति अभिगम पर शंकाएं हो सकती हैं, इसलिए इसका गम्भीर आकलन किया जाना जरूरी है।

कृष्ण वास्तविक शूद्र थे। शूद्र का अर्थ वह व्यक्ति है जो सेवाएँ अर्पित करता या दूसरों की सेवा करता है। शंकराचार्य एवं डॉ. बाबासाहेब अम्बेडकर दोनों ने ही शूद्र की परिभाषा देते हुए कहा है कि शूद्र वह गरीब मानव है जो अपनी निरीहता से दूसरों को सुख देता है। दुर्भाग्य से अन्य तीन वर्ण के लोगों के अहंकार व अनभिज्ञता के चलते शूद्र का अर्थ 'निम्न वर्ग' हो गया और उन पर समाज के अन्य तथाकथित उच्च वर्गों से व्यवहार करने पर प्रतिबंध लग गया। अवनति की यह प्रक्रिया जारी रही और हालात इतने बिगड़े कि सदियों तक शूद्रों को अछूत मान लिया गया और अन्य वर्गों ने उनका शोषण किया। ऐसा भारत में क्यों हुआ जहाँ इतनी बड़ी संख्या में साधू-संत और समाज सुधारक थे? इस प्रश्न का सम्पूर्ण व साफ उत्तर अन्य अध्याय 'कृष्ण का दर्शन' में दिया गया है।

लगभग सभी सामाजिक समारोहों में कृष्ण भोजनोपरांत जूठे पात्र उठाकर उन्हें धो डालते थे। पांडवों के राजसूय यज्ञ (अग्निदेव को आध्यात्मिक उपहार देने की प्रथा जिसके द्वारा उन्हें शत्रुओं पर विजय दिलाने हेतु धन्यवाद दिया जाता था) के पश्चात् कृष्ण ने शूद्र कर्म करने की जिम्मेदारी स्वीकार की। ऐसी भूमिकाओं द्वारा उन्होंने परम संतोष के विचारों का प्रदर्शन किया। यहाँ पर मुझे आदरणीय श्री बाबा आमटे, श्री गाड़गे महाराज, अब्राहम लिंकन, महात्मा गांधी, वीर सावरकर, रामकृष्ण परमहंस, शिरडी के साईं बाबा, महात्मा फुले और डॉ. बाबा साहेब अम्बेडकर का उल्लेख करना चाहिए, जो सही मायनों में सच्चे साधक थे और जिन्होंने दबी-कुचली मानवता की सेवा पूरी निष्ठा और समर्पण भाव से की। कृष्ण का समाज सेवा का सिद्धान्त 'मन की असंलग्नता' पर आधारित था जिसका तात्पर्य है कि मन ऐसी स्थिति में रहे कि वह इन सेवाओं के बदले में किसी परिणाम या पुरस्कार की न सोचे। कुछ हद तक ऐसी तटस्थता से सामान्य व्यक्ति के मन की यात्रा उत्साहवर्धक ही होगी। मन का यह आवेग या कम्पन 'प्रकृति' का उपहार है। एक अद्वितीय पुरुष इसका संचालन ज्ञान अथवा भक्ति मार्ग पर चल कर करता है।

अतः शूद्र की भूमिका अन्य सभी भूमिकाओं से ज्यादा कठिन है। हमारी सामाजिक प्रतिबद्धता की विडम्बना यह है कि इस सबसे कठिन वर्ण या भूमिका को सर्वाधिक घृणा व हीन दृष्टि से देखा जाता है, परन्तु यदि हम वैश्विक उदाहरणों की ओर देखें तो 'सेवा उद्योग के अर्थशास्त्र' की महत्ता को पहचान पाएँगे; केवल इसी सेवा ने मजबूत और

कमजोर अर्थ व्यवस्था के अन्तर को स्पष्ट किया है। अमेरिका, चीन, जापान व अन्य शक्तिशाली देशों के बड़ी संख्या में उद्यमियों ने अपनी अर्थव्यवस्था को अधिशेष की स्थिति में 'सेवा' के माध्यम से ही पहुँचाया है।

महान शूद्र होने के लिए, व्यक्ति में विचारों की उच्च परिपक्वता होनी चाहिए। शूद्र उच्च कोटि का कर्मयोगी हो सकता है, बशर्ते कि वह 'भावनात्मक तटस्थता' के सिद्धान्त को अपनाए। कृष्ण इसका वर्णन गीता के पंचम अध्याय के सातवें श्लोक में इस प्रकार करते हैं :

योगयुक्तो विशुद्धात्मा विजितात्मा जितेन्द्रियः।
सर्वभूतात्मधूतात्मा कुर्वन्नपि न लिप्तये॥

जिसने अपने मन व अन्य अंगों पर विजय पा ली है, जिसका मन निष्कलंक है, जो प्रत्येक जीव में सर्वव्यापी को देखता है, वही कार्य के परिणामों के तटस्थ रह सकता है।

यदि हम इन महापुरुषों द्वारा की गई मानवता की सेवा को ध्यानपूर्वक देखें, तो पता चलता है कि उन्होंने सेवा 'तटस्थ रस्म' की तरह की। ये सेवा की रस्में उनकी दैनिक दिनचर्या का प्राकृतिक गुण था। दूसरे शब्दों में 'समाज सेवा' उनका स्थायी भाव था। यदि इन महानुभावों ने आत्मानुभूति का अनुभव किया होगा, तो वह भी एक नैसर्गिक और रोजमर्रा की भावना रही होगी। प्रसन्नता की आंतरिक अनुभूति हमेशा सर्वव्यापी के दैवी अस्तित्व की ओर उन्मुख करती है।

यदि भारत कृष्ण, राम और बाद में शिवाजी, राणाप्रताप इत्यादि महान व्यक्तियों की भूमि था, तो क्यों उस पर विदेशियों ने आक्रमण किए और देश को भ्रष्ट कर दिया? यह कल्पना ही अत्यन्त लज्जास्पद है कि केवल पाँच हजार अंग्रेजों ने भारतवर्ष पर 150 वर्षों तक राज्य किया। क्यों इस देश ने कुछ सहस्र कृष्ण और नहीं पैदा किए, जो बाहरी खतरों से लड़कर उन्हें खदेड़ देते और अन्दरूनी भ्रष्ट तत्त्वों को समूल नष्ट कर देते? और अब एक अन्तिम असुविधाजनक यक्ष प्रश्न हमारे सामने यह है कि वर्ष 2020 में इस देश का भविष्य कैसा होगा तथा इसकी गौरवशाली परम्परा का क्या होगा? यदि हम नीचे दिए गए भारत के वर्तमान नक्शे को देखें तो सामाजिक-आर्थिक असंतुलन स्पष्ट नजर आता है :

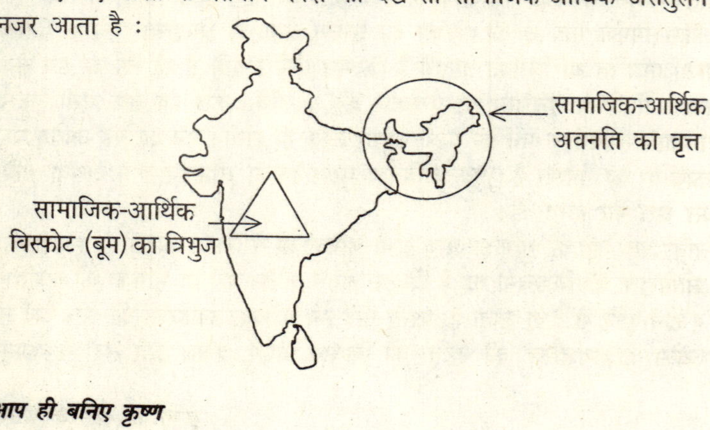

सामाजिक-आर्थिक प्रगति का त्रिभुज : सामाजिक-आर्थिक अवनति का वृत्त, जिसमें पटना (प्राचीन पाटलिपुत्र), कोलकाता, वाराणसी, इलाहाबाद (प्रयाग) आदि शुमार हैं, हमें भारत की महान धरोहर का स्मरण कराता है। आज ये नगर कहाँ और किस हाल में हैं? इन शहरों के अधिसंख्य लोग अब सामाजिक-आर्थिक उन्नति के लिए त्रिभुज की ओर आने का प्रयास कर रहे हैं, क्योंकि उन्हें अपने सुरक्षित भविष्य की कोई सम्भावना इन तथाकथित महान नगरों में नहीं दिखाई देती। हम राजनीतिज्ञों और अफसरशाहों को इस बर्बादी के लिए दोषी ठहरा सकते हैं, जिन्होंने स्वर्ग को नर्क में तब्दील कर दिया, परन्तु इससे हमें अपने मूल प्रश्न का उत्तर नहीं मिलता, कि महान यादव, पराक्रमी राजपूत, विद्वान कायस्थ और आध्यात्मिक पंडित क्यों नीचे गिरते चले गए—ये सब आपस में लड़ते रहते हैं और अपनी पैतृक पहचान को भूल बैठे हैं।

बहुत कम राक्षसी तत्त्व थे, जिनका राम और लक्ष्मण ने उन्मूलन किया। अनेक कुरुप व्यक्ति ने जिन्हें कृष्ण, अर्जुन, भीम और बलराम ने अच्छी नसीहत दी। गत पाँच हजार वर्षों में हमारी भयावह अवनति हुई है (इतिहासज्ञों के अनुसार कलियुग का आरम्भ तभी हुआ, जब पांडव व कृष्ण इस संसार से विदा हुए। यादव साम्राज्य व संस्कृति का तात्कालिक अन्त कलियुग के आरम्भ का संकेत था) हमारी चौतरफा अवनति सम्बन्धी प्रश्न का सही उत्तर गीता में प्राप्त होता है। कृष्ण कहते हैं कि सत्व गुणों से ही स्थायी प्रसन्नता और मानसिक शांति मिल सकती है। इन गुणों में तटस्थता का गुण भी शामिल है अर्थात् व्यक्ति अपने कार्यों के परिणामों से न तो अति प्रसन्न हो जाए और न अवसाद ग्रस्त हो जाए।

कालान्तर में विद्वान व शक्तिशाली ब्राह्मण, क्षत्रिय तथा वैश्य अपनी सामूहिक समृद्धि व सुविधाओं के कारण अहंकारी हो गए। यह सत्वगुणों से पतन का प्रथम चरण था जिससे राजस गुणों का आविर्भाव हुआ। राजस गुण ऐसी मनःस्थिति है, जिसमें व्यक्ति कोई भी कार्य पुरस्कार की इच्छा से करता है। जब यह इच्छा अमर्यादित हो जाती है, तब और अवनति होकर तामस गुण प्रस्फुटित होते हैं। गिरावट की इस अन्तिम स्थिति ने शूद्रों को आज के 'अछूतों' में परिवर्तित कर दिया।

इस गिरावट ने असन्तुलन की गम्भीर समस्या पैदा कर दी। ब्राह्मणों ने विकृत राजाओं और क्षत्रियों का साथ दिया। चतुर ब्राह्मणों ने राजाओं को भगवान विष्णु का अवतार घोषित कर दिया; इसके उत्तर में राजागण ब्राह्मणों का हितसंवर्धन करते रहे। वैश्य अपने वैयक्तिक प्रयत्नों से धन संचय करने में मस्त थे। क्षत्रिय ने राज्य की रक्षा के कार्य पर अपना एकछत्र अधिकार कायम कर लिया। ऐसा करके उन्होंने राजनैतिक शक्ति को अपनी छोटी परिधि में केन्द्रीकृत कर लिया। ब्राह्मण जो कभी ब्रह्म का वास्तविक अर्थ जानते व ज्ञानी थे, का पतन हुआ और वे निरर्थक तथा बलात कर्मकांडों को लोगों पर थोपने लगे। ये योजनाबद्ध कर्मकांड भोलीभाली जनता पर बलात लादे गए। वैश्यों ने प्रत्येक व्यर्थ के कर्मकांडों को अपने आर्थिक लाभ का जरिया बना लिया। (इन बेकार की अर्थहीन रस्मों ने हजारों दलित हिन्दुओं को अपना धर्म परिवर्तन करने

पर मजबूर कर दिया और उन्होंने इस्लाम या ईसाई धर्म अपना लिया। इस बीच डॉ. अम्बेडकर ने हिन्दू धर्म में सुधार करने का अनथक प्रयत्न किया, किन्तु अन्य हिन्दू सुधारकों की सहायता उन्हें न मिल सकी। हारकर तथा भग्नाशा में उन्होंने बौद्ध धर्म की दीक्षा ले ली।)

ऐसा विभाजित समाज विदेशी आक्रांताओं के लिए हमला करने और उसका शोषण करने के लिए आसान लक्ष्य था किन्तु रोचक यह है कि हिन्दुओं की अन्तर्तम आत्मा आंतरिक तत्त्वों की सहायता से हुए विदेशियों के हमलों, उनके द्वारा अपमानित होने तथा उनके भ्रष्ट आचरण के बावजूद जागृत और जीवित रही। इसी केंद्रीय हिन्दुत्व का दूसरा नाम 'सांस्कृतिक राष्ट्रवाद' है। सौभाग्य से भारत की न्यायपालिका ने भी हिन्दुत्व की व्याख्या भारतीय संस्कृति के व्यापक अर्थ में की है।

सनातन धर्म-जीवन को व्यावहारिक ढंग से जीने का-अपनी विशुद्ध संरचना व अर्थ में इतना सरल और साथ ही सम्पूर्ण या सबको अपने में समाविष्ट करनेवाला था। तो फिर उसकी पुनर्व्याख्या, उस पर शोध, उस पर नई दृष्टि से विचार क्यों न हो सका, उसकी पुनर्स्थापना क्यों नहीं हो सकी? कृष्ण ने गीता के छठवें अध्याय के पाँचवें श्लोक में कहा है :

उद्धरेदात्मनाऽत्मानं नात्मानमवसादयेत्।
आत्मैव ह्यात्मनो बन्धुरात्मैव रिपुरात्मनः॥

"मनुष्य को अपने स्वप्रयासों से स्वयं को ऊपर उठाना चाहिए। उसे ऐसा कोई कार्य नहीं करना चाहिए, जो उसे ही नष्ट कर दे। वह स्वयं ही अपना मित्र है और शत्रु भी है।" परन्तु दुर्भाग्य से हिन्दुओं ने एक विश्वास विकसित किया कि परमात्मा कल्कि नाम से अपना दशम अवतार लेंगे। अतः कल्कि ही उन्हें सब विपत्तियों से निजात दिलाएँगे। दूसरे शब्दों में प्रत्येक हिन्दू स्वयं पहल करने के अपने कर्त्तव्य को बड़ी सुविधा से भुला बैठा है। अतिव्यक्तिवाद ने हमारे सामाजिक ताने-बाने और राष्ट्रीय एकता को नष्ट कर दिया है।

अब हमें क्या करना चाहिए? इसका एकमात्र व सही समाधान यह है कि हममें से प्रत्येक राम और कृष्ण बन जाए। इन दोनों आदर्श पुरुषों की युति हमें तथा हमारे देश को समस्त चिन्ताओं से मुक्त करेगी। हम सब उन गुणों का पालन करें, जिनका आदर्श श्रीराम ने अपने जीवन में स्थापित किया था। हर कोई अपने पति या पत्नी के प्रति निष्ठावान रहे, परिवार की एकता को अखंडित रखे और हर प्रकार के दुर्गुणों तथा कुत्सित प्रलोभनों से दूर रहे। राम वैयक्तिक जीवन के लिए आदर्श है, किन्तु घर के बाहर सामाजिक तथा व्यावसायिक जीवन के लिए नहीं। इसकी वजह यह है कि सारा वातावरण ही बुरी तरह से प्रदूषित हो चुका है। आध्यात्मिक मायनों में यह कलियुग के दुष्ट तत्त्वों का सम्मिलित प्रभाव है। हममें से प्रायः प्रत्येक के अन्तस में शैतान का निवास है। अतः कोई भी युद्ध हममें से अधिकांश को मिटा नहीं सकता।

अपने सामूहिक और सामाजिक-राजनैतिक जीवन में इस बात की आवश्यकता है

कि हममें से प्रत्येक 'कृष्ण' बने। कृष्ण ने चारों वर्णों को युक्तियुक्त ढंग से अपने जीवन में उतारा था। हालाँकि अपने कामकाजी जीवन में हम किसी भी वर्ण के कार्य में विशेषज्ञता हासिल करें, किन्तु यह भी उतना ही आवश्यक है कि सभी वर्णों के कामों को करने की न्यूनतम काबिलियत सभी में होनी चाहिए। बतौर लेखक, शिक्षक व परामर्शदाता यदि मैं ब्राह्मण हूँ तो मुझमें वैश्यों का नेतृत्व करने का गुण तथा शूद्रों की नम्रता भी होनी चाहिए। ऐसी सर्वगुण सम्पन्नता ही वह सामूहिक शक्ति पैदा कर सकती है, जिससे समाज परिपक्व तथा राष्ट्र अधिक मजबूत हो सकें।

सर्वगुण के क्रियान्वयन में कृष्ण ने विभक्तीकरण तथा समकक्षता के सरल सिद्धान्तों का ही एकीकरण कर दिया। विभक्तिकरण या विभागीकरण करते समय उन्होंने दो भूमिकाओं को पृथक रखने की सावधानी बरती। इसके पीछे मकसद यह था कि भ्रम और जटिलता न उत्पन्न हो और ऐसा करते समय उन्होंने विविध भूमिकाओं को एक दिशा में सामूहिक जनकल्याणार्थ मोड़ भी दिया। उन्होंने एक भूमिका का निर्वाह दूसरी भूमिका की कीमत पर नहीं किया परन्तु उनके विभिन्न भूमिकाओं के निर्वहन में एक परिवर्तन उनकी आयु के साथ दृष्टिगोचर होने लगा। इसे समझने हेतु निम्न रेखाकृति सहायक होगी—

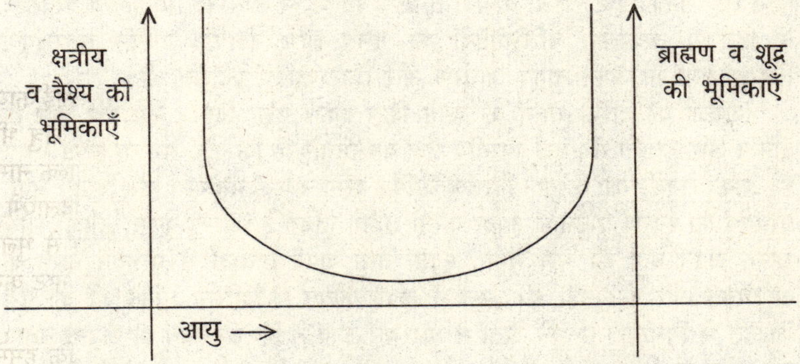

अपने जीवन के पूर्वार्द्ध में कृष्ण ने कई बड़े असुरों का संहार किया, जिनमें कंस, चाणूर, कालयवन आदि थे। एक कुशल वैश्य की भाँति उन्होंने बड़ी सफाई और चतुरता से अपने समर्थकों का संजाल देश भर में तैयार किया। उत्तरार्द्ध में पांडवों के मित्र, परामर्शदाता और दार्शनिक हो गए। वे उनके 'गुरु' थे। उन्होंने अपनी बुद्धिमत्ता को गीता के रूप में बड़े संक्षिप्त में व्यक्त किया। यद्यपि वे अपने मापदंडों पर आदर्श पुरुष हुए, लेकिन आचरण एक साधारण 'सेवक' की तरह किया। वे सफलता तथा विनयशीलता के मिश्रण का प्रदर्शन करने में निष्णात थे।

मुझे दो उदाहरणों के साथ इस अध्याय को समाप्त करने की अनुमति दीजिए। 'मित्सुई एंड कम्पनी' समूह पाँच महाद्वीपों में फैली करीब 900 कम्पनियों का प्रबन्धन

करता है। ये कम्पनियाँ अलग-अलग उत्पाद, प्रक्रियाओं एवं व्यापारिक पर्यावरण का संचालन करती हैं। समूचे समूह का प्रबन्ध पचास उच्च कार्यपालिक अधिकारियों के हाथों में है। औसतन एक कार्यपालिक अधिकारी के पास 18 कम्पनियाँ होती हैं, जिनमें पर्याप्त भिन्नता है। जब मैंने इस समूह की दो कंपनियों का अध्ययन किया तो पाया कि इन 50 में से प्रत्येक कार्यपालिक विविध भूमिकाओं का निर्वहन करने में समर्थ है। एक ब्राह्मण की भाँति वह प्रबन्ध ज्ञान, शोध व विकास को निर्देशित करेगा। एक क्षत्रिय की भाँति वह नए बाजारों पर पकड़ बनाएगा जैसे हर नया बाजार एक रणभूमि हो। एक वैश्य की तरह वह ऐसी भयंकर सौदेबाजी करेगा, लागत-लाभ का विश्लेषण करेगा और लाभ को अधिकतम स्तर तक ले जाने के लिए विविध उपायों का सहारा लेगा। एक शूद्र की तरह वह ग्राहकों, घमंडी राजनीतिज्ञों और भ्रष्ट अफसरों से निपटने में बड़ी शालीनता और विनम्रता का प्रदर्शन करेगा।

जब अंग्रेजों ने हम पर शासन किया, तब उन्होंने कृष्णनीति (ईसाइयत का समानार्थी) अपनाई। उन्होंने भारतीय-ब्रिटिश किस्म की शिक्षा पद्धति को बनाया और लागू किया। यह एक रणनीतिनिपुण ब्राह्मण जैसा काम था। उन्होंने भारतीय सेना का ढाँचा योजनापूर्वक भारतीयों पर राज्य करने हेतु बनाय। यह एक चालाक क्षत्रिय का काम था। उनकी ईष्ट इंडिया कम्पनी व अन्य निगमों ने बरतानवी व्यापार व व्यवसाय के हित में तत्कालीन परिस्थितियों का गलत लाभ उठाया। उन्होंने चतुराईपूर्ण विनयशीलता भी अपने बाहूय आचरण और शिष्टाचार में प्रदर्शित की।

अंग्रेजों की दोरंगी चालों का हमने किस प्रकार उत्तर दिया? ज्यादातर बड़ी ही दीनता और तुच्छता से। मूर्ख भारतीय सदा यह सोचते रहे कि कोई राम या कृष्ण धरती पर आकर उनकी रक्षा करेगा। निरर्थक धार्मिक रस्मों ने उन्हें मतवाला बना दिया। अपने परमात्म का स्मरण व उनका आदर करना सर्वथा उचित है। परन्तु पूर्णतः उनके भरोसे रहना, अपने कर्म को भूल जाना, मूढ़ता तथा अपने कर्त्तव्यों से पलायन करने के अतिरिक्त और कुछ नहीं है। कृष्ण ने अपने जीवन में विभिन्न भूमिकाओं को पूरी शिद्दत से निभाया। उन्होंने गीता में बार बार कहा है कि हम स्वयं ही अपना नेतृत्व करें। खुद पर विश्वास ही वह बिन्दु है जब हम दूसरों से सहायता ले सकते हैं। कृष्ण का बहुमुखी कृतित्व हमारा कार्यक्रम होगा तभी हम अपनी ऊर्जा को पुनः प्रज्वलित कर सकेंगे और भारत का पुनर्निर्माण कर सकेंगे।

कृष्ण : सम्पूर्ण नेता

नेता कौन है? जो नेतृत्व करता है। अगला सम्बन्धित प्रश्न है, कहाँ और कैसे किसी को नेतृत्व करना चाहिए? इस प्रश्न के अनेक वैकल्पिक उत्तर हो सकते हैं। 'कहाँ' और 'कैसे' समर्थकों की इच्छा और नेता की क्षमता पर निर्भर होते हैं। ज्यादातर मामलों में नेता और समर्थकों के सम्बन्ध 'केन्द्रीभूत इच्छा तथा एकल क्षमता' तक सीमित होते हैं। महात्मा गांधी ने हमारा राजनैतिक स्वाधीनता हेतु नेतृत्व किया, जबकि स्वामी विवेकानन्द ने हिन्दुत्व के सही अर्थों के लिए हमारा नेतृत्व किया। मार्टिन लूथर किंग ने अपने भोले-भाले समर्थकों को जातीयवाद के विरुद्ध संघर्ष में नेतृत्व प्रदान किया। डॉ. अम्बेडकर, भारतीय अस्पृश्यों के मार्टिन लूथर किंग थे। विन्स्टन चर्चिल, स्तालिन या माओ ने किसी लक्ष्य विशेष में अपने अनुयायियों का नेतृत्व किया। सीधे-सीधे कहें तो ये सभी लोग अपने समय के महान नेता अपने विशेष उद्देश्य के लिए थे और उनकी अपनी कठोर शैली थी लेकिन पूर्ण पुरुष थे, और इसलिए उन्होंने विविध भूमिकाओं का निर्वाह किया; यही बात उनके नेतृत्व के बारे में भी सत्य है। कृष्ण सम्पूर्ण नेता थे।

अपने छह ईश्वरीय गुणों-शक्ति, धन, ज्ञान, सौंदर्य, साफल्य और त्याग के कारण कृष्ण विभिन्न स्थानों पर नेतृत्व कर सकते थे। रोचक तथ्य यह है अपने बाल्यकाल से लेकर वृद्धावस्था तक उन्होंने विविध प्रकार के नेतृत्वों का कम या अधिक प्रदर्शन किया। उनके 'नेतृत्व अभिगम' को दो वर्गों में बाँट सकते हैं। पहले अभिगम में सीखो— 'ऊर्ज्वसित करो, क्रियाशील करो, विकसित करो' था। पहला अभिगम ज्ञान और कर्त्तव्य का मिश्रण था (ज्ञानयोग एवं कर्मयोग) और दूसरा अभिगम समर्पण तथा कर्त्तव्य (भक्ति योग एवं कर्म योग) का मिश्रण था। दोनों ही अभिगमों में 'कर्म' या 'कर्त्तव्य' समान है, क्योंकि दार्शनिक दृष्टि से प्रत्येक व्यक्ति को अपने-अपने स्वधर्म (इसे पाश्चात्य विद्वान केन्द्रित क्षमता कह सकते हैं) वे अनुसार अपना कर्त्तव्य करना ही पड़ता है।

कृष्ण के भीतर जो नेता था उसमें कार्यशील घटकों का अद्‌भुत सम्मिश्रण था। वे अत्यन्त कुशलता से नमनीयता और पवित्रता, समानता और विविधता, ईश्वरीयता और विवेकशीलता, विनम्रता और आक्रामकता, आसक्ति और विरक्ति, सहयोग और युद्ध में संतुलन स्थापित कर सकते थे। मानवीय धरतल पर मैं उनके नेतृत्व की तुलना कतिपय सुविख्यात नेताओं से करने का लोभ नहीं छोड़ पा रहा हूँ। श्री जे.आर.डी. टाटा

का नेतृत्व साख पर आधारित था, आदित्य विक्रम बिड़ला का कार्य पर, लोकमान्य तिलक जनता के सामूहिक आन्दोलन पर विश्वास करते थे, आदि शंकराचार्य ने अपनी आध्यात्मिक बुद्धिमत्ता से नेतृत्व किया, अब्राहम लिंकन ने समाज सेवा पर बल दिया, महात्मा गांधी ने प्रदर्शनों का उपयोग किया जबकि वीर सावरकर का आग्रह नर्मशक्ति के प्रति था। बिल गेट्स और धीरु भाई अम्बानी ने आम निवेशकों का नेतृत्व किया और उन्हें धनार्जन के नए अभिगमों से परिचित कराया। यही कार्य श्री नारायण मूर्ति ने भी ज्ञान, धन व विनयशीलता का एकीकरण करते हुए किया, किन्तु इनमें से कोई भी नेता कृष्ण के जैसा बहुमुखी नेतृत्व का प्रदर्शन न कर सका।

आज संसार को (विशेषतः भारत को) कृष्ण के नेतृत्व की आवश्यकता है। कारण यह है कि हमारी समस्याएँ अत्यन्त जटिल हैं। हमारे लिए एक मार्ग, एक सख्त विधान और एक विचार से काम नहीं चलेगा। विश्वभर के देशों में टकराव की इच्छा दृष्टिगत हो रही है, चाहे वह विश्व व्यापार संगठन में हो, या पैट्रोल अथवा शस्त्रों के लिए हो। हमारी समस्याएँ धर्म, अर्थशास्त्र, स्वास्थ्य, प्रभाव, आतंकवाद, शिक्षा तथा पर्यावरण जनित हैं। इन मूलभूत समस्याओं के समाधान के लिए कृष्ण जैसे नेता की नितांत जरूरत है। हम इस आदर्श या प्रतिमान को किस तरह ग्रहण कर सकते या उनके अनुकूल स्वयं को ढाल सकते हैं? हम 'नेता'—अंग्रेजी में 'लीडर' शब्द पर गौर करें तो देखेंगे कि वह सीधे श्रीकृष्ण पर लागू होता है। कृष्ण ने प्रेम और निष्ठा (लीडर शब्द का प्रथमाक्षर 'एल'—से लव और लॉयल्टी) का अद्भुत रसायन रच दिया, साथ ही उसमें ऊर्जा (एनर्जी) व जागरूकता (इनलाइटमेंट), बर्ताव (एटीट्यूड) तथा विनियोग (एप्रोप्रिएशन), ईश्वरीयता (डिविनिटी) एवं कर्त्तव्य (ड्यूटी), आराम (ईज़) व सशक्तीकरण (एम्पावरमेंट), विवेकशीलता (रेशनैलिटी) व न्यायपूर्णता (राइटफुलनेस) को भी सन्निहित कर लिया।

उनके नेतृत्व के प्रमुख मील के पत्थरों की व्याख्या निम्न आरेख से भी की जा सकती है :

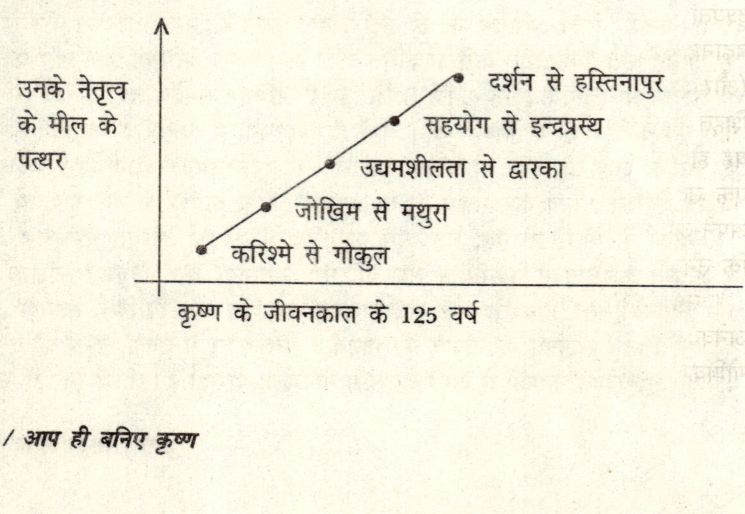

इन पाँच मील के पत्थरों को निम्नानुसार आसानी से समझा जा सकता है :

क्र.	कृष्ण के नेतृत्व के मील के पत्थर	क्षमता का प्रयोग		
		भावनात्मक	क्रियाशील	रणनीतिक
1.	गोकुल	अत्यन्त उच्च	उच्च	शून्य
2.	मथुरा	निम्न	उच्च	औसत
3.	द्वारका	निम्न	अत्यन्त उच्च	उच्च
4.	इन्द्रप्रस्थ	निम्न	उच्च	अत्यन्त उच्च
5.	हस्तिनापुर	निम्न	निम्न	अत्यन्त अत्यन्त उच्च
6.	वापस द्वारका निर्वाण	निम्न	निम्न	निम्न

जब-जब हम उनके नेतृत्व की प्रकृति का विश्लेषण करते हैं (प्रत्येक मील के पत्थर पर), तो हमें पता चलता है कि उनका नेतृत्व कभी भी अनिवार्य या बलपूर्वक लादा नहीं गया था बल्कि उसमें लोग स्वयंमेव सम्मिलित हुए तथा उनके साथ भागीदारी की। उनके नेतृत्व की सबसे महत्त्वपूर्ण विशेषता कदाचित ऐसी थी, जिससे लोग बड़ी सफलता और स्वेच्छा से जुड़ते चले गए। वह गोकुल हो या द्वारका, उन्होंने सदैव यही प्रभाव छोड़ा कि नेतृत्व जनता से ही उभरता है। ऐसा प्रभाव इसलिए सम्भव हुआ क्योंकि उनका नेतृत्व द्रष्ट और अद्रष्य एक साथ था। साथ ही वह जनभागीदारी पर आधारित तथा पृथक था। दूसरे शब्दों में उन्होंने 'कर्म-फल-त्याग' के शाश्वत सत्य को स्थापित किया—अर्थात् कर्म के परिणाम का या तो त्याग किया अथवा उससे निर्लिप्त रहे।

एक और खासियत उनमें यह थी कि उन्होंने नेतृत्व के दैवीय प्रभाव को मानवीय दृश्यता में मिला दिया। इसका कारण यह है कि वे 'अनन्यता के सिद्धान्त' को आगे बढ़ाना, उस पर प्रयोग करना तथा उसकी पुष्टि करना चाहते थे। उनके अनेक मित्रों (और शत्रुओं) के लिए भी यह बड़ा आश्चर्यजनक था कि उनके नेतृत्व को हर कोई शिद्दत से उनकी अनुपस्थिति में भी महसूस करता था। अनन्यता का एक और अर्थ यह हो सकता है कि उनमें विभागीकरण की प्रतिभा थी। उन्होंने कभी भी नेतृत्व के एक उद्देश्य को दूसरे उद्देश्य पर हावी नहीं होने दिया। इसका लाभ यह था कि अपने-अपने लक्ष्यों में उनके साझीदारों को शत-प्रतिशत खुशी इस बात की होती थी कि उनका श्रीकृष्ण से पूरा अनुराग या जुड़ाव था।

उनके लिए ऐसा करना इसलिए सम्भव हो सका क्योंकि उन्होंने नेतृत्व-शैलियों के अनेक क्रम परिवर्तन, 'मेल या संयोग' परिपूर्णता से किया। वृंदावन के गोपी और गोपिका अनुभव करते थे कि कृष्ण केवल उन्हीं के हैं, जबकि मथुरा और द्वारका के

यादवों का विचार था कि कृष्ण भगवान विष्णु के अवतार हैं जो धरती पर उनका अन्याय व शोषण के विरुद्ध नेतृत्व करने के लिए आए हैं। उनके नेतृत्व का सर्वाधिक महत्त्वपूर्ण पहलू उनकी 'तटस्थता' था। इस तटस्थता के कारण वे दुर्योधन को प्रभावित कर, उसे जो दैवी लाभ गांधारी के कारण मिलने वाला था, को क्षीण कर सके। इसी तटस्थता के प्रयोग से उन्होंने कर्ण को उसके जीवन के उद्देश्य के प्रति भ्रमित कर दिया। इसकी वजह से कर्ण को लगने लगा कि वह दुर्योधन से अपनी अटूट मैत्री के कारण गलत पक्ष की ओर से लड़ रहा है। उनकी तटस्थता मानवीय और ईश्वरीय दोनों थी। मानवीय स्तर पर वे स्वयं की साख तैयार करते थे। ईश्वरीय स्तर पर उनकी तटस्थता ज्ञात और अज्ञात उद्देश्यों की सेवा करती थी। उन्होंने अपनी यादव सेना दुर्योधन को उस अज्ञात उद्देश्य की प्राप्ति हेतु दे दी, ताकि बढ़ते हुए तामस तत्त्वों को कम किया जा सके। (तामस वह शैतानी ताकत है, जो मानव में होती है)।

उनके नेतृत्व की शैलियों व उसके घटकों के क्रम परिवर्तनों को निम्न तालिका से समझना सरल होगा :

नेतृत्व के	नेतृत्व की शैलियाँ			
घटक	भावनात्मक	आध्यात्मिक	क्रियात्मक	बौद्धिक
कार्यवाही	उच्च	—	अत्यन्त उच्च	औसत
निर्देशन	औसत	उच्च	उच्च	औसत
प्रेरणात्मक	उच्च	उच्च	औसत	उच्च
कौशलात्मक	अत्यन्त उच्च	—	उच्च	औसत
समन्वय	औसत	—	उच्च	निम्न
सामना / युद्ध	निम्न	—	उच्च	उच्च
मध्यस्थता	निम्न	—	उच्च	उच्च
निर्माण	—	—	अत्यन्त उच्च	औसत
संवर्धन	निम्न	उच्च	औसत	उच्च
निष्क्रियकरण	औसत	उच्च	उच्च	उच्च

कृष्ण के आलोचक एवं उनके उद्देश्यों के आकलनकर्ता उन्हें 'महानतम तोड़-जोड़ करनेवाला कहते हैं। उनके इस प्रबन्धकौशलीय नेतृत्व की चर्चा आगे होगी।

कृष्ण के नेतृत्व के तीन मूलसूत्र प्रयोजन थे। प्रथम एवं सर्वाधिक महत्त्वपूर्ण उद्देश्य भौतिकवाद के विवेकसंगत एवं उचित सिद्धान्तों की पुनर्स्थापना करना (प्रकृति का बाहरी प्रदर्शन)। द्वितीय उद्देश्य मानव जीवन के विविध चरणों में श्रेष्ठतम गुणों की पुनर्प्रतिष्ठा करना था। इस उद्देश्य के जरिए भौतिकवाद और आध्यात्म में संतुलन स्थापित करने का भी प्रयत्न किया गया। नेतृत्व का तृतीय उद्देश्य उस प्रक्रिया को सरल

बनाना था जिसमें व्यक्ति अपने भीतर के ईश्वरीय अंश को पहचान सके। इसके द्वारा यह सिद्ध किया गया कि किसी को ब्रह्म या परमात्मा में विलीन होने के लिए अति क्रियाशील होने की आवश्यकता नहीं है। कृष्ण ने स्पष्ट तौर पर बतलाया कि ब्रह्म अपने भीतर ही है। उसे बाहर से लाने की जरूरत नहीं है। सीधे शब्दों में नेतृत्व का तीसरा मकसद स्वतःस्फूर्त अनुभव की प्रक्रिया को सहजगम्य बनाना था। इस बिन्दु को स्पष्ट करते हुए कृष्ण कहते हैं :

बहिरन्तश्च भूतानामचरं चरमेव च।
सूक्ष्मत्वात्तदविज्ञेयं दूरस्थं चान्तिके च तत्॥

(गीता के तेरहवें अध्याय का 15वाँ श्लोक)

शाश्वत ब्रह्म या परमात्मा ब्रह्मांड के प्रत्येक तत्त्व के अन्दर और बाहर विद्यमान है। वह सक्रिय भी है और निष्क्रिय भी। उसे समझना सरल है परन्तु उसका गुण-विवेचन करना कठिन है। वह हमारे अत्यन्त निकट होते हुए भी दूर है। यह बात बड़ी रोचक है कि आज भौतिकी एवं रसायन शास्त्र का 'अणु' उसी ब्रह्म का प्रतिनिधित्व करता है।

कृष्ण अपने भावनात्मक व बौद्धिक कौशल को इस खूबसूरती से मिश्रित कर देते हैं कि सभी गोप-गोपिका गद्गद् हो जाते हैं। वे उन सबके लिए ब्रह्म स्वरूप हो जाते हैं। यह सोच हमें ईश्वरीय स्तर पर इस बात की अनुमति कराती है कि सर्वव्यापी की सर्वव्यापकता सबको अपने में समेटे हुए है क्योंकि यह तत्त्व जो चहुँ ओर व्याप्त है, वह हम सब में है।

भौतिकवाद का श्रेष्ठ उदाहरण प्रस्तुत करने के बाद कृष्ण हमें हर्ष और मौज के शिखर पर पहुँचा देते हैं। उन्होंने यादवों के लिए द्वारका की रचना की तथा उन्हें हर सुविधा उपलब्ध कराई। वहाँ के औपचारिक राजा न होते हुए भी, सभी भौतिक हितों पर उनका पूर्ण नियंत्रण था। दार्शनिक भाषा में उन्होंने प्रत्येक भौतिक सुख का भोग अवश्य किया, परन्तु उन फायदे या सुखों को अपने मन-मस्तिष्क, हृदय या आत्मा पर हावी नहीं होने दिया। आसक्ति और अनासक्ति के बीच समन्वय बनाने में वे हमारा नेतृत्व करते हैं। महाभारत के तीन अन्य सुप्रसिद्ध चरित्रों भीष्म, विदुर तथा युधिष्ठिर से भी कृष्ण की तुलना करना समीचीन होगा। इन तीन बड़े चरित्रों ने भी पदार्थवाद एवं अध्यात्मवाद में सन्तुलन कायम किया। फिर भी, उनकी क्षमता और विश्वसनीयता कृष्ण से मुकाबला नहीं कर सकती।

अविवाहित भीष्म जो पांडवों और कौरवों के पितामह थे, व्यक्तिगत रूप से नैतिक व तकनीकी दृष्टिकोण से (या क्रियाशीलता में क्षत्रिय के तौर पर) अप्रतिम थे। उनकी टक्कर का कोई योद्धा न था और उनका युद्ध शास्त्र का ज्ञान अथाह था लेकिन सामूहिक मोर्चे पर वैचारिक दृष्टि से वे भ्रमित थे और इसलिए वे अपने अन्तिम युद्ध में गलत पक्ष अर्थात् दुर्योधन की ओर से लड़े। वे भी कृष्ण के प्रशंसक थे और जानते थे कि पांडव ही विजयी होंगे। उनकी सबसे बड़ी भूल यही थी कि वे कुरु वंश की ओर

से रणभूमि में उतरे। वे न्याय और सत्य के लिए नहीं लड़े। अन्त में कृष्ण ने अपने रणकौशल से भीष्म का अन्त कर दिया।

धृतराष्ट्र एवं पांडु के सौतेले भाई विदुर अत्यन्त शालीन, विनयी तथा विद्वान व्यक्ति थे और कुरु वंश के मंत्री थे। यद्यपि अवसर पड़ने पर वे सदैव पांडवों का पक्ष लेते थे, किन्तु उनकी सहायता बौद्धिक व भावनात्मक होती थी। वह कार्यशील और रणनीतिक (एक-दो अवसरों को छोड़कर) नहीं होती थी। विदुर का आध्यात्मिक व्यक्तित्व काफी हद तक पिता व्यासमुनि के समान था। कह सकते हैं कि विदुर ज्ञानयोगी (वह योगी जो ज्ञान का उपयोग परम तत्त्व तक पहुँचने के लिए करता है) थे। उनमें क्षत्रियत्व एवं कृष्ण की उद्यमशील चतुराई का अभाव था। उन्होंने अपनी लघु भूमिका को हस्तिनापुर के मुख्यालय तक सीमित रखा।

पांडवों में ज्येष्ठ युधिष्ठिर धर्म के साकार रूप थे। उनका सत्य और पारदर्शिता पर अडिग विश्वास था। यहाँ तक कि उनके दुर्योधन तथा शकुनि जैसे शत्रुओं को भी उनकी सत्यनिष्ठा के प्रति कोई शंका नहीं थी किन्तु सत्य निष्ठा का उपयोग चुनावपूर्ण ढंग से होना चाहिए अन्यथा वह कमजोरी बन जाती है। कुंती के ज्येष्ठ पुत्र होने के कारण उन्हें स्वाभाविक नेतृत्व मिला हुआ था। उनकी सत्यप्रियता का शकुनि ने कृष्ण की अनुपस्थिति में पूरा लाभ उठाया। यदि युधिष्ठिर में पर्याप्त चातुर्य और दृढ़ता होती तो कौरवों व शकुनि को बिना युद्ध के परस्त किया जा सकता था। संक्षेप में पांडव कृष्ण के बिना अधूरे थे। यदि पांडव शरीर थे तो कृष्ण मस्तिष्क। रोचक बात यह है कि कृष्ण ने अपनी दृढ़ता से युधिष्ठिर को भी बाध्य कर दिया कि वह अस्पष्ट बोलें जब अश्वत्थामा की मृत्यु की अफवाह फैली थी।

इस प्रकार कृष्ण में भीष्म का शौर्य, विदुर का ज्ञान तथा युधिष्ठिर का सत्य एकाकार हो गए थे परन्तु यह सब 'सही उपयोग' के लिए व्यावहारिक बुद्धि के रूप में हुआ। शकुनि की धूर्तता तथा षड्यंत्रों की गति तभी अनुत्पादक हो सकी, जब कृष्ण पांडवों की ओर से सामने आए। कृष्ण ने कंस को मारकर उसके पिता को राजगद्दी पर बिठाया। भीम की क्रियाशीलता से उन्होंने जरासंध का वध किया तथा उसके पुत्र को सिंहासन पर स्थापित किया। उनके मार्गदर्शन पर पांडवों ने युद्ध जीता और इतनी शक्ति का आनन्द लिया, जिसे चुनौती देने वाला कोई नहीं बचा था। उन्होंने द्वारका का निर्माण किया और अपने भाई बलराम के हाथों में राज्य की बागडोर सौंप दी। इस तरह कृष्ण का नेतृत्व राजपद के औपचारिक रास्ते से नहीं जाता था बल्कि वह अनौपचारिक और साख पर आधारित था। जब पांडवों ने राजसूय यज्ञ किया, उन्होंने कृष्ण की अपने नेता, सलाहकार, दार्शनिक और परब्रह्म के रूप में पूजा की।

कृष्ण के 'भागीदारी नेतृत्व' के एक अन्य पहलू पर भी प्रकाश डालना उचित होगा। बिना किसी संकोच या लागलपेट के उन्होंने अपने नेतृत्व को महाभारत की पाँच महान नारियों के साथ बाँटा। ये थीं—राधा, यशोदा, रुक्मिणी, कुंती और द्रौपदी। उन्होंने हमेशा इन महिलाओं को अनुभूति कराई कि मुख्य भूमिका का निर्वाह उन्हें और

साधारण भूमिका का निर्वहन स्वयं कृष्ण को करना है। इन महान महिलाओं के साथ उन्होंने अपने नेतृत्व को भक्ति के सम्बन्ध के माध्यम से बाँटा। पाँच प्रकार की झल्लियाँ इस साझा नेतृत्व को सम्भव बना सकीं। राधा की भक्ति समर्पण की थी। वे गोप और गोपिकाओं का नेतृत्व करने में बराबर की साझीदार थीं परन्तु उनकी भूमिका कृष्ण के प्रति सम्पूर्ण समर्पण पर यकीन करती थी।

यशोदा की भक्ति वात्सल्य प्रकृति की थी। कृष्ण के कई क्रांतिकारी आन्दोलनों एवं विचारों में उन्होंने पूर्ण सहयोग दिया। कृष्ण के मामले में यशोदा सदा अपने पति नन्द को सफलतापूर्वक प्रभावित करती थीं। नन्द और यशोदा को जो पारिवारिक नेतृत्व प्राप्त हुआ उसमें कृष्ण हमेशा शामिल रहे। कृष्ण की पत्नी रुक्मिणी ने परिवार की छवि को और अधिक तेजस्विता प्रदान की क्योंकि उन्होंने परिवार प्रशासन को पूर्णरुपेण एकीकृत और पारदर्शी बना दिया। उन्होंने द्वारका में कृष्ण के सामुदायिक नेतृत्व में हाथ बटाया और उनकी अधिकांश कल्याणकारी योजनाओं का नेतृत्व किया। (यहाँ मैं महाराज शिवाजी के परिवार और पत्नियों की चर्चा करना चाहूँगा। शिवाजी आजीवन इतने व्यस्त रहे कि वे अपने परिवार और विशेषतः पुत्र संभाजी के लिए पर्याप्त समय नहीं निकाल पाते थे। उनकी पत्नियाँ इस कमी को दूर कर सकती थीं। यदि ऐसा होता तो संभाजी दूसरे शिवाजी होते। संभाजी साहसी और विशाल हृदय थे, परन्तु उनमें शिवाजी की दृष्टि एवं चातुर्य का अभाव था।

जब भी कृष्ण किसी सामाजिक और राजनीतिक उद्देश्य से द्वारका से बाहर जाते थे, तब रुक्मिणी परिवार के सम्बन्धित उत्तरदायित्वों का निर्वहन करती थीं। सबसे महत्त्वपूर्ण कार्य था कृष्ण की सभी पत्नियों को प्रसन्न रखना। कृष्ण की आठ पत्नियाँ थीं, परन्तु वे सब बहनों की तरह रुक्मिणी के नेतृत्व में खुश रहती थीं। रुक्मिणी अत्यन्त बुद्धिमती और विचारवान थीं। यद्यपि उन्होंने कृष्ण से अपने भाई की इच्छा के विरुद्ध विवाह किया था, बाद में उन्होंने कृष्ण व अपने भाई रुक्मिणी के बीच की दरार को कम कर दिया था। बाद में कृष्ण के पुत्र और पौत्र के विवाह रुक्मी के परिवार में हुए थे।

कृष्ण और कुंती (पांडवों की माता) के बीच अनेक प्रकार के रिश्ते थे परन्तु इन सम्बन्धों के कारण ही कुंती प्रत्यक्ष तथा कृष्ण परोक्ष रूप से पांडवों के मनोबल को बरकरार रख सके। कृष्ण कुंती के भतीजे थे, परन्तु कुंती को ज्ञात था कि कृष्ण मात्र मानव नहीं, ईश्वरीय शक्ति के अवतार हैं। अतः कुंती के लिए कृष्ण मार्गदर्शक तथा दार्शनिक थे। वे उसके पुत्रों के नेता थे-अनुपस्थित हों तब भी। उन्होंने कुंती का पथ-प्रदर्शन कठिन परिस्थितियों में भी किया ताकि वे अपने पुत्रों का ममतावश ही नहीं तार्किक दृष्टिकोण से भी नेतृत्व कर सकें। दूसरे शब्दों में कुंती ने विस्तारित नेतृत्व लिया जो कृष्ण से दैवी शक्ति के रूप में प्राप्त हुआ। कृष्ण ने कुंती की ममता को संयत कर दिया जिससे वे अपने पुत्रों को भावनात्मक और तर्कसंगत नेतृत्व दे सकें।

महाभारत में सबसे अधिक तेजस्वी, विजयपरक 'महिला नेतृत्व' द्रौपदी का था। उसका भी एक नाम 'कृष्ण' था। उसका जन्म द्रुपद के यहाँ एक विशिष्ट यज्ञ द्वारा हुआ

था। कृष्ण और द्रौपदी के पारस्परिक सम्बन्ध (महाभारत के दो सर्वाधिक प्रभावी व प्रेरणादायक चरित्र) दो ईश्वरीय मित्रों के समान थे। (द्रौपदी सदा कृष्ण को 'सखा' अर्थात् सर्वाधित घनिष्ठ मित्र कहती थी)। द्रौपदी की ऊर्जा के स्रोत ही कृष्ण थे। उनकी ओर से ही वे पांचों पांडवों को एक साथ रख सकीं। दूसरे शब्दों में उसने कृष्ण के दैवी आशीष का प्रतिनिधित्व 'प्रकृति' रूपी शरीर के माध्यम से किया।

द्रौपदी ने कृष्ण के 'क्षत्रिय धर्म' को मूर्त रूप देते हुए पांडवों की इच्छाशक्ति को प्रज्ज्वलित रखा ताकि वे अपने अन्तिम लक्ष्य को हासिल कर सकें। उसने कौरवों से प्रतिशोध के लिए अपनी यात्रा में, अपने सखा कृष्ण के प्रोत्साहन के चलते, कभी शैथिल्य नहीं आने दिया और पांडवों के पारिवारिक जीवन का नेतृत्व किया, जिसके लिए कृष्ण द्वारा परिभाषित तर्क एवं अनुशासन का प्रयोग किया। यदि कृष्ण के पास पांडवों के लिए दृष्टि थी तो द्रौपदी ने उद्देश्य उपलब्ध कराया।

कृष्ण ने महाभारत की इन महान महिला हस्तियों के साथ नेतृत्व का बंटवारा, अपवर्जना तथा अन्तर्निहितता के मिश्रण के साथ किया। उन्होंने यह सुनिश्चित किया कि प्रत्येक भागीदारी में उनके भागीदार को अधिक महत्त्व मिले। उन्होंने दो भागीदारियों के बीच भ्रमपूर्ण स्थिति कभी उत्पन्न नहीं होने दी। उनके व्यवहारकुशल भूमिगत अभिगम ने, विविध परिस्थितियों में, भागीदारी नेतृत्व को सदैव औचित्यपूर्ण सिद्ध किया। उनके भागीदारी नेतृत्व का कमाल उसके प्रभाव में देखा जा सकता है। प्रत्येक प्रकरण में उनकी 'असंलग्न संलग्नता' भी आश्चर्यजनक होती है। पूर्ण पुरुष की भाँति उन्होंने अपेन साझीदार को प्रकृति का प्रतिनिधि मानते हुए उसे सक्रिय सहयोग दिया, वह भी विद्रोह की सीमा तक।

मैं कृष्ण को सम्पूर्ण नेता क्यों कहता हूँ? क्योंकि उन्होंने नेतृत्व के तमाम घटकों की बदलती शैलियों में, विभिन्न परिस्थितियों के अनुकूल और पृथक उद्देश्यों से सामंजस्य स्थापित किया। जब वे सत्य तथा पारदर्शिता के गुणों को स्थापित करना चाहते, तो उनका नेतृत्व उच्च कोटि का लोकतांत्रित होता था। जब परिस्थितियाँ ऐसी होतीं कि शैतान चरित्रों को दंडित करना आवश्यक हो जाता, तब वे आम सहमति प्राप्त करने की लम्बी प्रक्रिया के लिए समय और संसाधन बर्बाद करने में विश्वास नहीं करते थे। तब वे अपने ईश्वरीय विशेषाधिकार का उपयोग करते, यद्यपि तब उनका नेतृत्व अधिनायकतंत्रीय प्रतीत होने लगता था। उनके बचपन में हमें व्यावहारिक तथा स्थितिजन्य नेतृत्व के कई दृष्टांत मिलते हैं। भाई बलराम एवं उनके मित्रों की कंस की आसुरी चालों के प्रति तात्कालिक व तीव्र प्रतिक्रिया होती थी, परन्तु जीवन के उत्तरार्ध में उनके नेतृत्व में परिवर्तन दिखाई देता है, अब उसमें व्यावहारिकता के स्थान पर रणनीतिक परिपक्वता दृष्टिगत होती है।

शाश्वत मूल्य पद्धति की पुनर्स्थापना हेतु वे प्राच्य दर्शन के परम्परावादी सिद्धान्त की ओर लौट गए। यह रूढ़िवादिता एक सोची-समझी रणनीति थी, जिससे उन्होंने सिद्ध किया कि कुछ मूल्य ऐसे होते हैं जो सदा-सर्वदा हम सब पर लागू होते हैं। उन्होंने कंस

का वध किया और उसके पिता को गद्दी पर बिठाया। वे चाहते तो स्वयं राजमुकुट धारण कर सकते थे। इसकी तुलना राम की मूल्य प्रणाली के प्रति निष्ठा से की जा सकती है। राम ने, रावण को मारने के बाद विभीषण को लंका नरेश बनाया। ऐसा ही उन्होंने सुग्रीव और अंगद के साथ बाली वध के पश्चात् किया। जरासंध को मारने के उपरांत कृष्ण ने उसके पुत्र का राजतिलक कर दिया। सन्देश एकदम स्पष्ट था। दंड जरासंध को दिया गया, उसके पुत्र को नहीं। यदि पुत्र मूल्यों की रक्षा करने के लिए तत्पर है तो उसे राजा बनाने में कोई बुराई नहीं है।

वही परम्परावादी कृष्ण तब विद्रोही बन जाते हैं जब तथाकथित धार्मिक विश्वासों के मिथकों पर प्रहार करना आवश्यक हो जाए। वे हमारे समाज के ढोंगियों के सख्त खिलाफ थे। उनके विद्रोही नेतृत्व का सर्वश्रेष्ठ उदाहरण वृंदावन के ग्रामीणों को भी दी गई उनकी सलाह है। वे इन्द्र का पूजन किया करते थे ताकि अच्छी वर्षा हो। कृष्ण की राय पर उन्होंने गोवर्धन गिरि का पूजन करना आरम्भ कर दिया। विद्रोह के पहल का दूसरा उदाहरण कृष्ण की पारिवारिक प्रशासन की परिभाषा है जैसी उन्होंने पांडवों और उनकी पत्नी द्रौपदी को समझाई थी।

कृष्ण की अनेक सुविचारित रणनीतियाँ और उनका योजनाबद्ध क्रियान्वयन उनके नेतृत्व कौशल का परिचायक है। मानवीय धरातल पर उनका नेतृत्व विस्मयकारक प्रतीत होता है। इससे यही प्रमाणित होता है कि वे दूर-द्रष्टा थे। इस बात को सिद्ध करने के लिए एक ही मिसाल काफी है। उन्हें पता था कि द्रोणाचार्य और द्रुपद (जो कभी मित्र हुआ करते थे) अब शत्रु हो गए हैं। उन्हें समझ में आ गया था कि पांडवों को कौरवों से अपने वैधानिक अधिकारों के लिए भिड़ना पड़ेगा। इसलिए यह आवश्यक था कि पांडव अपने मित्रों की संख्या बढ़ाएँ और एक प्रबल मित्र तंत्र विकसित करें। कृष्ण ने द्रुपद को सलाह दी कि वे अर्जुन को अपना दामाद बना लें। अतः द्रुपद स्वयंवर की घोषणा करें (एक प्रतिस्पर्धा जिसमें योग्य नवयुवक द्रौपदी वरण हेतु भाग लें)। स्वयंवर की शर्त इतनी कठिन रखी गई जिसे कृष्ण जानते थे कि अर्जुन ही पूरी कर सकते हैं। नेतृत्व के लिए अच्छे सूचनातंत्र का होना आवश्यक है और कृष्ण का सूचना तंत्र अद्वितीय था। अपने इस तंत्र को बनाने और मजबूत करने के लिए कृष्ण ने हर दर्जे की विनयशीलता दिखाई। उनके सहयोगात्मक तथा समन्वयक प्रयत्नों का आभास उनके शैशवकाल से ही होने लगा था। जब कभी लड़ाई-झगड़े की कोई स्थिति निर्मित होती तो वे एकदम मासूम बन जाते या कोई अनसोचा उपाय प्रयोग में लाते। तंत्रकार होने के कारण ये सही लोगों को सही जगहों पर स्थापित करते थे। युद्धक्षेत्र में उनका समन्वयक प्रयास परिणाम परक हुआ करते थे। यद्यपि वे पांडवों के ऐसे कप्तान थे जो स्वयं नहीं खेलते थे, किन्तु कुरुक्षेत्र की समरभूमि में उन्होंने सेना की संरचना तथा तैनाती की पूरी बागडोर सँभाल रखी थी। 5000 वर्ष पूर्व का उनका युद्ध नेतृत्व मु आचार्य चाणक्य द्वारा लिखित ग्रंथ 'अर्थशास्त्र' में वर्णित चालों की याद दिलाता कृष्ण ने युधिष्ठिर, सात्यकि, धृष्टद्युम्न और घटोत्कच को कौरवों के विरुद्ध उचित

पर तैनात कर दिया। अर्जुन दाहिनी ओर था जहाँ उसे भीष्म और द्रोणाचार्य जैसे महान योद्धाओं से युद्ध करना था और भीम ने अपना ध्यान दुर्योधन और उसके 99 भाइयों पर केन्द्रित कर रखा था। कृष्ण ने भीम का उपयोग कौरवों की मनोवैज्ञानिक बर्बादी के लिए किया। युद्ध के पहले दिन से लेकर अठारहवें दिन तक भीम प्रतिदिन 5-6 कौरवों का वध करता था। जब दुःशासन भी भीम के हाथों मारा गया तो दुर्योधन पूरी तरह टूट गया। अब उसमें यह इच्छाशक्ति शेष नहीं रह गई कि वह भीम से दो-दो हाथ कर सके। इसलिए वह भागकर तालाब में छिप गया था।

कृष्ण ने पांडवों को अन्तिम विजय दिलवाई तो लगा कि जैसे पुरुष, प्रकृति के साथ खेल रहा हो। पुरुष, प्रकृति के साथ होता है किन्तु उससे बँधा हुआ नहीं रहता। वह अपने लक्ष्य की प्राप्ति के लिए प्रकृति को माध्यम बनाता तो है किन्तु परिणामों के प्रति संवेदनशील नहीं होता। इसलिए कृष्ण का नेतृत्व एक 'योगी नेता' जैसा था।

श्री जैक वेल्श, मुख्य कार्यपालिक अधिकारी, जनरल इलेक्ट्रिकल्स के शब्दों में कृष्ण ने नेतृत्व का बड़ा सरल नूमना विकसित किया—कड़ी बनाओ-सुनो-सीखो, नेतृत्व करो या आज के आचरणपरक वैज्ञानिकों की भाषा में कृष्ण की लीडर (Leader) शब्द की परिभाषा या व्याख्या "भावनात्मक या मुद्रात्मक उपायों से वफादारी प्राप्त करना; जिसमें उत्साहपूर्ण सम्बन्ध आबद्ध हैं। अपने समर्थकों के लिए कृष्ण का दूसरा नाम आनन्द था।" कृष्ण पर लिखते हुए मैं उसी आनन्द से प्रकम्पित हो रहा हूँ।

जब प्रतिक्रिया करने का समय आता है, तब भी कृष्ण उतने ही सावधान रहते थे। शिशुपाल वध या पांडवों के अधिकारों के सम्बन्ध में उनकी धृतराष्ट्र से भेंट, उनकी तात्कालिक एवं तीव्र प्रतिक्रिया के श्रेष्ठ उदाहरण हैं। शायद अपनी ईश्वरीय शक्ति के कारण, भविष्य में क्या होनेवाला है, इसका वे अनुमान लगा लेते थे। इसका अर्थ यह है कि उनकी प्रतिक्रियाएँ पूर्वसुविचारित रणनीतियों की शृंखला का भाग होती थीं। इसकी तुलना सफल संगठनों के दूरदर्शी अध्यक्षों से की जा सकती है।

जब आपराधिक व आसुरी शक्तियों को नष्ट करना अपरिहार्य हो जाता था तब वे पूरी तरह निर्दयी हो जाते थे। उनके निर्णयात्मक और दंडात्मक कृत्यों से हम देखते हैं कि अपनी भावनात्मकता को वे व्यावहारिकता द्वारा संचालित करते थे। अनेक पराक्रमी और देदीप्यमान भारतीय राजाओं ने बाहरी आक्रमणकारियों को हिन्दुओं की भावनात्मक सोच के चलते क्षमा कर दिया। यही राजा जब उन्हीं हमलावरों से पराजित हुए, तब उन्होंने वह गलती नहीं दुहराई। पृथ्वीराज चौहान का उदाहरण हमारे सामने है। इस राजपूत राजा ने अपने दुश्मन को तेरह बार क्षमादान दिया। चौदहवीं बार पृथ्वीराज उसी शत्रु द्वारा मारा गया। कई भारतीय नरेशों ने अनेक युद्ध जीते किन्तु युद्धोपरान्त सौदेबाजी में हार गए। भारत ने भी पाकिस्तान से दो युद्ध 1965 और 1971 में जीते, परन्तु बाद में अपना रणनीतिक नियंत्रण कायम न रख सका। यदि भारत शत्रुओं के प्रति कृष्ण की भाँति निर्दयता बरतता तो आज भारत की स्थिति कहीं अधिक सुदृढ़ और प्रभावी होती।

कृष्ण की दंडात्मक क्रूरता, कुरुक्षेत्र के समरांगण में उनके नेतृत्व का सारतत्त्व थी। इसी क्रूरता के चलते भीष्म और द्रोणाचार्य (जो मूलतः अच्छे लोग थे) मारे गए। सम्पूर्ण महाभारत के युद्ध को हम उनके वैयक्तिक एवं सामूहिक नेतृत्व की प्रयोगशाला कह सकते हैं। अपने सामूहिक प्रयास में उन्होंने बड़ी चतुराई से युधिष्ठिर, विदुर, बलराम और घटोत्कच को बाध्य किया कि अपनी नैतिकता को किंचित नमनीय बनाएँ, क्योंकि उद्देश्य नैतिक है।

कृष्ण के वैयक्तिक नेतृत्व का आनन्द अर्जुन, राधा, भीम, द्रौपदी, अक्रूर जैसे महान चरित्रों ने उठाया। इनमें से प्रत्येक का कृष्ण ने अलग-अलग ढंग से नेतृत्व किया। अर्जुन के लिए कृष्ण पूर्ण परामर्शदाता थे। उन्होंने न केवल अर्जुन का नेतृत्व किया अपितु दूसरों का अर्जुन से नेतृत्व करवाया। राधा ने कृष्ण के सिद्धान्त-भक्ति योग के माध्यम से समर्पण का पालन किया। उनका नेतृत्व प्राप्त करने का सबसे सरल उपाय समर्पण ही है। कई दफा हम कृष्ण के बौद्धिक नेतृत्व और भावनात्मक नेतृत्व के बीच भ्रमित हो जाते हैं। ऐसा होने का कारण यह है कि हम व्यर्थ में ही उनके दैवी व्यक्तित्व तथा मानवीय व्यक्तित्व के बीच तालमेल कर देते हैं। तर्कसंगत बात तो यह है कि उनका मानवीय व्यक्तित्व ही तार्किक दृष्टि से ईश्वरीय था। इस दृष्टि से मार्टिन लूथर किंग, गौतम बुद्ध, शंकराचार्य, डॉ. अम्बेडकर भी गुणात्मक मायनों में ईश्वरीय ही थे।

हम राम के नेतृत्व की तुलना कृष्ण के नेतृत्व से किस प्रकार कर सकते हैं? दोनों के ही अपने-अपने युग में अपनी शैली, कार्यक्रम और संसाधन थे। राम की शैली आदर्शात्मक, दृढ़, पारदर्शी तथा वैयक्तिक थी। उनके संसाधन सीमित थे। उन्होंने सुग्रीव की आदिवासी सेना (वानर वास्तव में दक्षिण भारत के आदिवासी थे) का उपयोग किया। इस सेना को किसी प्रकार के शस्त्र चलाने का ज्ञान नहीं था—वे केवल गदा चला सकते थे। राम श्रेष्ठतम गुणों की मिसाल प्रस्तुत करना चाहते थे। उन्होंने सभी अच्छी या बुरी परिस्थितियों में विश्व, समाज एवं परिवार की सेवा के लिए विचार प्रक्रिया स्थापित की। तुलनात्मक दृष्टि से राम का काम कृष्ण के काम की अपेक्षा सरल था। राम को केवल रावण, उसके बन्धुओं और पुत्रों को मारना था, जबकि कृष्ण को समाज में व्याप्त असंख्य दुष्टात्माओं को समाप्त करना था।

भारतीय पौराणिक कथाओं के अनुसार कृष्ण का अवतार, राम के जीवनोद्देश्य के सौ वर्ष बाद हुआ था किन्तु इन सौ वर्षों में भारतीय समाज की भयानक अवनति हुई थी। कृष्ण यदि राम के सीधे व पारदर्शी अभिगम के अनुसार चलते तो अपने उद्देश्य में कदाचित सफल न हो पाते। इसलिए कृष्ण का नेतृत्व अधिक सामूहिक, सबको अपने में समाहित करनेवाला और आक्रामक था। जीवन के पूर्वार्द्ध में उनका नेतृत्व स्वयं कोई कार्य करनेवाला था। पूर्वार्द्ध में उन्होंने पांडवों का नेतृत्व किया और सलाहकार बने रहे। मानवीय धरातल पर उन्होंने सिद्ध किया कि सत्य की स्थापना हमेशा सत्य के मार्ग पर चलकर नहीं हो सकती। उनका सन्देश साफ था। आपको अपने अभिगम के प्रबन्ध कौशल को मज़बूती से जमे हुए दुष्टों से निपटने हेतु बदलना ही होगा।

एक और उपयोगी, रोचक तथा स्पष्ट तुलना राम और कृष्ण के बीच उनके कार्यवाद के दर्शन को लेकर की जा सकती है। राम को अपने पिता एवं सौतेली माता की इच्छा पूरी करने के लिए बहुत सहना पड़ा। उनके साथ सीता और लक्ष्मण ने भी सहा। कृष्ण का नेतृत्व कार्यवाद को लेकर बहुत व्यावहारिक था। उनका कार्य निर्दोष और पवित्र लोगों के लिए था, वे एकांगी मार्ग पर यकीन नहीं करते थे। वे सत्य विरोधी लोगों के लिए किसी प्रकार का त्याग करना उचित नहीं मानते थे, बल्कि अपनी शैली और निष्कर्ष से उन्होंने एक बड़े सत्य को स्थापित किया कि 'अहिंसा' एक दुर्बलता हो सकती है, या लोग उसे कमजोरी मानेंगे।

राम जो सन्देश देना चाहते थे, वह अपने व्यक्तिगत आचरण द्वारा देते थे। कृष्ण विविध सन्देश, विविध परिस्थितियों के लिए, विविध चरित्रों के माध्यम से देते हैं। कृष्ण नैतिक ऊहापोह के लिए व्यावहारिक समाधान प्रस्तुत करते हैं। दोनों ही महान हस्तियाँ एक बिन्दु पर सहमत हैं कि सोद्देश्य किए गए विध्वंस में निर्माण निहित होता है। विध्वंस भी समय पर होना चाहिए। राम ने सुग्रीव के अग्रज बाली का वध विश्वसनीय ढंग से नहीं किया था। कृष्ण ने भी वैसा ही किया। भीष्म को मारने के लिए उनका अभिगम धर्मयुद्ध के पैमाने पर खरा नहीं उतरता परन्तु दोनों का ही अटूट सोद्देश्य विध्वंस पर था। आज कितनी कम्पनियों के कितने मुख्य कार्यपालिक अधिकारी सोद्देश्य विध्वंस करने का साहस रखते हैं? वे ही कम्पनियाँ विश्वस्तरीय या महान बन सकीं, जिनके नेता सोद्देश्य विध्वंस में पहल करते थे। यह अभिगम समस्त व्यापार या उसके एक-दो खंडों पर लागू किया जाना चाहिए। निम्न अभिव्यक्ति को देखिए :

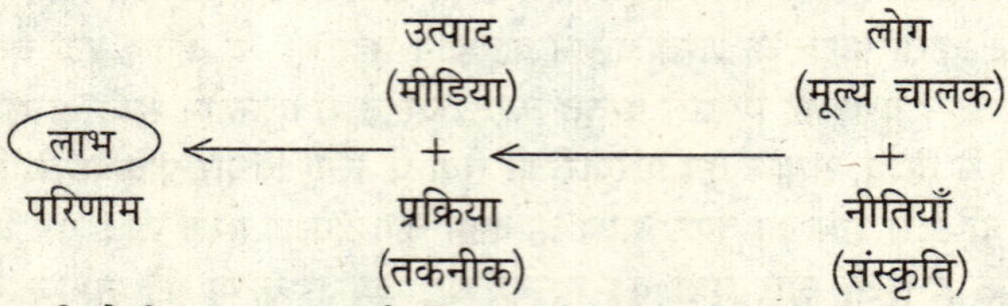

कृष्ण की श्रेणी का मुख्य कार्यपालिक अधिकारी, परिस्थितियों की माँग के अनुसार किसी पुराने घटक को बदलकर नया लगाने में हिचकेगा नहीं। यदि यह बदलाव विध्वंस और निर्माण द्वारा भी करना हो तो, बस उसकी योजना सही होनी चाहिए। ऐसे व्यक्ति के समक्ष चार तरह के लोग और काम उपस्थित होते हैं, जिनका संचालन कृष्ण कुशलतापूर्वक करते थे :

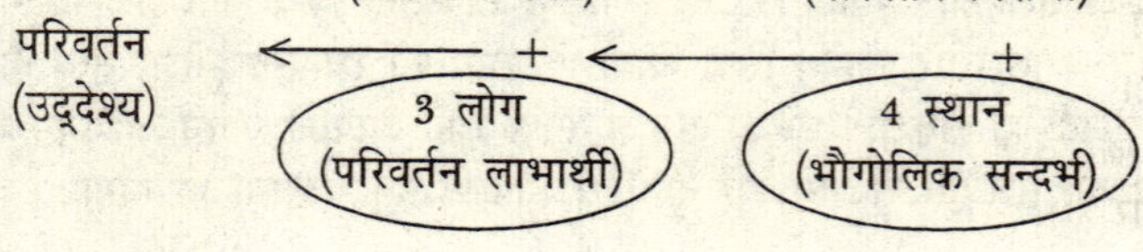

कृष्ण का नेतृत्व अत्यधिक लचीला था। हर बार उन्होंने लोगों से विध्वंस और निर्माण प्रक्रिया में योगदान दिलवाया क्योंकि अन्तिम लक्ष्य 'सकारात्मक विध्वंस' था। इस अभिगम का एक अच्छा उदाहरण कृष्ण की यादव सेना थी। उन्होंने अपनी सेना कौरवों को इस अनुभूति के साथ दे दी कि यादव समाज के बुरे तत्त्व युद्ध प्रक्रिया में स्वयंमेव नष्ट हो जाएँगे। इस पूरे प्रबन्ध में कृष्ण ने भावना को महत्त्व नहीं दिया। उनका निर्णय समाज हित पर आधारित था।

राम का आदर्शवादी नेतृत्व भावना तत्त्व को अधिक महत्त्व देता था। वे तो 'भावनात्मक हिंसा' की भी अनुमति नहीं देते थे। इसीलिए उन्हें मर्यादा पुरुषोत्तम कहा गया है (मर्यादा का अर्थ है प्रत्येक कार्य, हित या लाभ के लिए सीमा तय करना)। एक नेता के रूप में उन्होंने अपने लोगों, अनुयायियों, सम्बन्धियों और मित्रों के लिए सुसंगत आचार संहिता सुझाई थी। मजे की बात यह है कि स्वयं रावण भी सुशिक्षित राजा था तथा भगवान शिव का परम भक्त था। उसकी पत्नी मंदोदरी उसे 'आर्य' कहकर सम्बोधित करती थी (आर्य अर्थात् सुसंस्कृत व विद्वान पुरुष)। दुर्भाग्य से रावण जैसा अच्छा शासक ब्राह्मण के गलत तत्त्वों की ओर आकर्षित हो गया। इसीलिए वह राक्षस कहलाया, जिसने सभी बेकसूर लोगों के मौलिक अधिकार व सुविधाएँ छीन लीं। उसने तामसी प्रवृत्ति के लोगों का नेतृत्व किया। वेदों और उपनिषदों का ज्ञाता शैतान बन गया। कंस भी अपनी बहन देवकी को चाहता था। वह उसके लिए शैतान तब बन गया जब उसे पता चला कि उसका पुत्र कंस को मारेगा।

रावण और कंस में कुछ शैतानी प्रवृत्तियाँ निर्विवाद रूप से, आरम्भ से ही थीं। ये प्रवृत्तियाँ उनके अमर्यादित स्वार्थ के कारण बढ़ती ही चली गईं। उनके विरुद्ध राम और कृष्ण ने असहाय तथा बेकसूर लोगों का नेतृत्व किया। अब्राहम लिंकन और आर्य चाणक्य ने भी सुस्थापित तानाशाहों के खिलाफ निर्दोष लोगों का नेतृत्व किया। यहाँ प्रश्न आम जनता के भाग लेने का उठता है। आज भी लोग चाहते हैं कि राम व कृष्ण उनका नेतृत्व करें परन्तु इन सामान्य जनों में अधिसंख्य कोई परेशानी नहीं उठाना चाहते, इसलिए किसी प्रकार का त्याग करने को तैयार नहीं होते। तब राम या कृष्ण के पीछे चलने का प्रसंग आता है। पूरा सामाजिक ढाँचा इतना सड़-गल गया है कि केवल एक विशाल आन्दोलन ही वांछित सुधार कर सकता है। ऐसे आन्दोलन की हमसे यह अपेक्षा है कि (हम जो कदाचित सही सोच रखते और सही व्यवहार करते हैं) हमारे अन्दर जो राम और कृष्ण हैं, उन्हें जागृत किया जाए। कृष्ण ने बार-बार हमें यह शिक्षा दी है कि हम सबमें वह परम तत्त्व विद्यमान है, जिसे दार्शनिक 'सत्व' कहते हैं। इस सत्य को ऊर्ज्वसित करने व प्राप्त करने की आवश्यकता है। इसके लिए सामूहिक प्रयत्न करना होगा, ताकि प्रणाली को सुधारा जा सके। काश! एक लाख राम और कृष्ण बाहर आएँ।

आजकल 'परिवर्तनीय नेतृत्व' की बड़ी चर्चा है, उस पर बहस चल रही है। विश्व व्यापार संगठन का हम पर प्रभाव इतना अधिक और आकस्मिक हुआ कि परिवर्तन

प्रक्रिया हमारे लिए जल्दबाजी में की गई बाध्यता बन गई। वे नेता जो विगत दस वर्षों में अपने संगठनों में बदलाव ला सकते थे, अब नई वैश्विक व्यापार व्यवस्था के कारण उपलब्ध अवसरों को भुनाने में लगे हैं। मेरा विनम्र मत है कि कृष्ण परिवर्तनीय नेतृत्व के श्रेष्ठ उदाहरण थे। एक गोकुल के दूधवाले का लड़का मथुरा आता था और सारी व्यवस्था में आमूल-चूल परिवर्तन लाकर न्याय की पुनर्स्थापना करता है और यह शायद परिवर्तन के मार्गदर्शन विहीन, योजना विहीन तथा एकाकी प्रयास की सबसे बेहतरीन मिसाल है।

कृष्ण की रूपांतरण प्रक्रिया अत्यन्त सरल और स्पष्ट है। उन्होंने वृंदावन और गोकुल के सीधे-सरल ग्रामीणों की विचार प्रक्रिया को तर्कसंगत बनाने हेतु प्रेम भक्ति का आश्रय लिया। उन्होंने घबराए हुए और निष्क्रिय पांडवों को आक्रामक एवं आशावान क्षत्रियों में रुपांतरित कर दिया। इसके लिए उन्होंने कर्म सिद्धान्त को अपनाया। भीष्म, अक्रूर, विदुर, युधिष्ठिर, कुंती, गांधारी, कृपाचार्य और द्रोणाचार्य ने कृष्ण की लोगों को बदलने की क्षमता को स्वीकार किया। वस्तुतः कृष्ण हर व्यक्ति की सहायता की, जो परिवर्तन चाहता था। जो समाज के हित में, परिवर्तन के विरोधी थे, उन्हें या तो बदलने पर बाध्य किया गया या समाप्त कर दिया गया।

कृष्ण का सम्पूर्ण नेतृत्व 'अधिकतम लोगों को अधिकाधिक लाभ' की नींव पर आधारित था। आज की न्यायिक प्रणाली की भी वही प्रकृति है। हम उस न्याय में विश्वास करते हैं, जो सबका ध्यान रखता है, किन्तु जटिल और परस्पर विरोधी स्थितियों में 'सभी के लिए न्याय' कदाचित हमेशा सम्भव न हो। इसीलिए हम समानता को परिभाषित करते हुए कहते हैं कि यह कमजोर वर्गों के लिए बड़े फायदों का नाम है। इस लाभ को समाज के बड़े और धनाढ्य वर्ग की सहायता व अनुदान मिलना चाहिए। अधिकांश मामलों में कृष्ण ने भी यही नीति अपनाई। जॉन स्टुअर्ट मिल ने अपनी पुस्तक 'इक्विटी' में इसी सिद्धान्त का प्रतिपादन किया और उसे सार्वजनिक हित में 'शासन' का आधार कहा है।

कृष्ण अपने नेतृत्व के सबसे महत्त्वपूर्ण उद्देश्य की व्याख्या देते हुए कहते हैं :

यदा यदा हि धर्मस्य ग्लानिर्भवति भारत।
अभ्युत्थानमधर्मस्य तदाऽऽत्मानं सृजाम्यहम्॥
परित्राणाय साधूना विनाशाय च दृष्कृताम्।
धर्म संस्थापनार्थाय सम्भवामि युगे युगे॥

(गीता के अध्याय 4 के श्लोक क्र. 7 और 8)

कृष्ण अर्जुन से कहते हैं कि जब भी तामस गुण, सत्व गुणों पर भारी पड़ते हैं, तब मैं अवतार लेता हूँ। मैं समस्त बुरे तत्त्वों को नष्ट कर देता हूँ, अच्छे एवं निर्दोष लोगों की रक्षा करता हूँ और सत्व गुणों की स्थापना करता हूँ। कृष्ण (या सर्वव्यापी) अपना शुद्ध-सत्य की स्थापना का कर्त्तव्य बार-बार करते हैं। इसका मतलब है कि निर्दोष लोगों को नेतृत्व करने का पावन कर्त्तव्य बार-बार किया जाना चाहिए। हम बड़ी आसानी

से कह देते हैं कि व्यवस्था की सफाई का काम एक बार होना चाहिए। यह एकदम गलत है। पृथ्वी या ब्रह्मांड आसुरी तत्त्वों द्वारा बार-बार प्रभावित होते हैं। अतः सफाई अभियान निरन्तर चलते रहना चाहिए। हर बार एक कृष्ण (अकेले या सामूहिक रूप से) आकर हस्तक्षेप करे तथा सुधार और परिवर्तन की प्रक्रिया की निरन्तरता को गतिशील रखे।

हम प्रायः एक सवाल उठाते हैं कि आखिर हम किसी भी परिस्थिति में नेतृत्व की जिम्मेदारी क्यों लें? और यदि हम ऐसी जिम्मेदारी न लें तो क्या परमात्मा किसी अन्य नेतृत्व का प्रबन्ध करेंगे? यदि कोई आपात स्थिति निर्मित हुई, तब हम जनता का नेतृत्व कैसे करें? कृष्ण का नेतृत्व इन सभी प्रश्नों का बड़ा उत्तर देता है। किसी को भी बलात् या जबरिया लादे गए नेतृत्व की प्रतीक्षा नहीं करनी चाहिए। ऐसी जबरदस्ती का अर्थ यही होगा कि स्थिति पहले ही बहुत बिगड़ चुकी है। बेहतर यह होगा कि लोग स्वयं ही आगे आएं और नेतृत्व करें। ऐसा हो सकता है, अगर व्यक्ति सोचे कि उसका जीवन कुछ विशेष है और वह सर्वव्यापी की ओर से नेतृत्व कर रहा है। हमारे अन्दर जो परम चेतना है और जो प्रायः निष्क्रिय रहती है, हमें अभिप्रेरित करे कि हम अपनी नेतृत्व की भूमिका का निर्वाह करें।

प्राच्य दर्शन इसी सिद्धान्त का समर्थन इस सरल वक्तव्य के माध्यम से करता है कि हममें से प्रत्येक अपने माता-पिता, गुरु और समाज के ऋणी हैं। कृष्ण ने प्रत्येक नेतृत्व विविध परिस्थितियों में, विविध लोगों के लिए करके यह सिद्ध किया कि व्यक्ति समाज के ऋण को अपने सामान्य कार्यों व पूजन द्वारा उतार सकता है। कृष्ण ने पांडवों का समर्थन इसलिए नहीं किया कि वे लोग उनके रिश्ते में भाई लगते थे या उनकी बहन सुभद्रा का विवाह अर्जुन से हुआ था या द्रौपदी के प्रति उनके हृदय में विशेष स्नेह था। कृष्ण ने उन्हें समर्थन दिया और उनका पथ-प्रदर्शन एक बड़े उत्तरदायित्व के लिए किया। उन्होंने उच्च कोटि के राजनयिक और परोपकारी नेतृत्व का प्रदर्शन महाभारत के महायुद्ध से पूर्व और उसके पश्चात् किया। उन्होंने अपना नेतृत्व द्वारका या यादवों तक सीमित नहीं रखा, बल्कि उन्होंने वैश्विक नेतृत्व की शानदार मिसाल पेश की। उन्होंने गांधार के शकुनि (वर्तमान अफगानिस्तान) की प्रत्येक कुटिल चाल को विफल किया; कालयवन का वध बड़ी चतुराई से किया, जो वर्तमान बलूचिस्तान का शक्तिशाली नरेश था। उन्होंने नागों का प्रबन्ध किया (आज के नागालैंड और म्यांमार) तथा घटोत्कच जैसे आदिवासी राजाओं की सहायता कठिन स्थितियों में प्राप्त की। दूसरे शब्दों में कृष्ण के नेतृत्व ने आम जनता तथा उसके सभी वर्गों का प्रेम और सम्मान प्राप्त किया।

इस अध्याय के अन्तिम पृष्ठ पर मैं देखता हूँ कि कृष्ण में 'सम्पूर्ण नेता' के अग्रांकित दस गुण थे, जिनकी तुलना भारत एवं विश्व के अन्य नेताओं से की जा सकती है :

क्र.	नेतृत्व का गुण	तुलना योग्य नेता
1.	साहस	वीर सावरकर, राणा प्रताप
2.	प्रसन्नचित्तता	रामकृष्ण परमहंस
3.	भाषण कला	चर्चिल, लोकमान्य तिलक और विवेकानन्द
4.	शौर्य	राजा शिवाजी, सेनापति बापट
5.	क्षमाशीलता	पृथ्वीराज चौहान, ईसा मसीह, गौतम बुद्ध
6.	सेवा	बाबा आमटे, मदर टेरेसा
7.	तर्कसंगतता	शंकराचार्य, तिलक
8.	विद्वत्ता	सुभाष बाबू, वीर सावरकर
9.	निष्ठा	मार्टिन लूथर किंग, अब्राहम लिंकन
10.	चातुर्य	आचार्य चाणक्य, चर्चिल

नेतृत्व की तमाम शैलियों और चरणों में गोकुल और वृंदावन के भोले-भाले ग्रामीणों का कृष्ण द्वारा किया नेतृत्व विशेष तौर पर प्रभावित करता है। अल्प आयु के कृष्ण ने उनका कंस जैसे शक्तिशाली अधिनायक के विरुद्ध नेतृत्व किया—व्यर्थ एवं रूढ़िवादी रीतियों के विरुद्ध उनका नेतृत्व, कालिया के अतिक्रमण के विरुद्ध उनका नेतृत्व। ग्रामीणों के प्रति उनके निश्छल एवं निस्वार्थ प्रेम के जरिए उनके नेतृत्व का जो प्रभाव पड़ा, वह उल्लेखनीय है। उन्होंने अत्यन्त महत्त्वपूर्ण और फिर भी सरल नेतृत्व की स्थापना की, जो प्रत्येक के प्रति पक्षपातरहित एवं पारदर्शी प्रेम पर आश्रित था।

आज हम कलियुग के शिखर पर स्वयं को बचाने के लिए संघर्ष कर रहे हैं। मैं कहना चाहूँगा कि 'प्रत्येक के लिए शक्तियुक्त प्रेम' नेतृत्व का प्रभावी उपाय होना चाहिए। जब वह सोद्देश्य हो, तब उसमें चातुर्यपूर्ण योजना भी उन लोगों के लिए होनी चाहिए, जिन्हें बदलना कठिन है।

रणनीतिकार कृष्ण

जब मानवीय स्तर पर कृष्ण की ओर देखता हूँ तो पाता हूँ कि उनकी रणनीतिकार की भूमिका अत्यधिक आश्चर्यजनक थी। एक रणनीतिकार के पास पैनी दृष्टि, सही विश्लेषणात्मक क्षमता, स्थिति की व्यावहारिक समझ तथा कैसे भी कार्य को सरलता से करने का गुण होना चाहिए। इसके अतिरिक्त रणनीतिकार के पास सटीक सूचना देने वाले विश्वसनीय स्रोत होने चाहिए जो लागत के मान से प्रभावी भी हों। आज सूचना तकनीक एवं अन्य वैज्ञानिक कौशल के युग में 'रणनीति को व्यवस्थित ढंग से तैयार करना' एक सुव्यवस्थित विज्ञान बन गया है, जिसकी भविष्यवाणियाँ काफी हद तक सही होती हैं। निगम विविध विषयों के विशेषज्ञों तथा सामान्यीकरणकर्ताओं को नौकरी पर रणनीतिक योजनाओं को कार्यान्वित करने के लिए रखते हैं। यह एक सामूहिक कार्य बन गया है जिसमें कितने ही संदर्भों एवं कृत्यों की दरकार उस रणनीति को सुधारने के लिए पड़ती है (यदि उसमें कोई चूक हो गई हो)। प्रगत सॉफ्टवेयर पैकेजों और कृत्रिम रणनीतियों का प्रदर्शन भी अब सम्भव हो गया है, जिसमें तमाम क्रम परिवर्तन और जोड़-घटाव किए जा सकते हैं। संयुक्त राज्य अमेरिका, इंग्लैंड, फ्रांस, जर्मनी आदि की अर्थव्यवस्थाओं में जो लोग अनुकूल बाजार-स्थितियों से लाभान्वित हो रहे हैं, उनके लिए रणनीतिक योजना तैयार करना और भी सरल हो गया है।

पाँच हजार साल पहले कृष्ण को ये सब सुविधाएँ उपलब्ध नहीं थीं। बहुत ही कच्ची उम्र में भाग्य ने उन्हें एक रणनीतिकार की तरह सोचने और कार्य करने के लिए बाध्य कर दिया था। उन्होंने अग्रज बलराम सहित कुटिल कंस को भयभीत करने के लिए उचित रणनीतियाँ बनाईं। कंस के बारे में मथुरा में रहने वाले अपने मुखबिरों से सूचनाएं इकट्ठी करते रहते। अक्रूर सबसे अधिक महत्त्वपूर्ण एवं सफल सूचना स्रोत थे। वे कंस की सेवा के अधिकारियों में से एक थे। कृष्ण कंस के शक्तिशाली सहयोगियों और उनकी क्षमता के बारे में जानकारी प्राप्त कर उनका आकलन करते थे, जिन्होंने अनेक बार दोनों भाइयों की हत्या करवाने के लिए गोकुल और वृंदावन पर कई असफल आक्रमण किए।

हमें पोर्टक की 'कॉम्पीटिटिव स्ट्रेटेजी' या सी.के. प्रहलाद की 'कॉम्पीटिंग फॉर फ्यूचर' जैसी पुस्तकें पढ़ने की जरूरत नहीं है। कृष्ण की रणनीतिक तैयारियाँ हमें शिवाजी की व्यवहारकुशलता तथा आर्य चाणक्य की चतुराई-भरी सोच के मिश्रण की

याद दिलाती हैं। कृष्ण ने समाज कल्याणार्थ हर अच्छे या बुरे अवसर पर रणनीतिक दृष्टि से उपयोग किया। वे रणनीति की सरल एवं जीती-जागती परिभाषा थे। उनकी रणनीतियाँ ऐसी सफलताओं को अर्जित करने की कार्य-योजनाएँ थीं या फिर किसी दीर्घ या माध्यमिक लक्ष्य की प्राप्ति का सुविचारित अभिगम होती थी।। कभी-कभी अचरज इस बात पर होता है कि कृष्ण के जीवन का लक्ष्य किसी योजना का परिणाम था या कोई चूक थी? जो लोग उन्हें भगवान मानते हैं, उनकी तो यही मान्यता है कि उनकी प्रत्येक चाल उनकी किसी बड़ी योजना का एक हिस्सा होती थी और योजना सुविचारित होती थी, जो भगवान विष्णु द्वारा निर्धारित होती थी, जिसे क्रियान्वित करने के लिए कृष्ण के रूप में वे अवतरित हुए थे। मानवीय धरातल पर बतौर रणनीतिकार उनकी भूमिका का विश्लेषण करना भी रोचक होगा। यह तीन कारणों से जरूरी है—उनकी रणनीतिक योजना एवं उसके क्रियान्वयन का पूर्वग्रह-मुक्त आकलन, उनकी रणनीति के साथियों की संरचना का मूल्यांकन और एक 'रणनीतिक कार्यपालिक' के रूप में कृष्ण की क्षमता का ईमानदारी से परीक्षण।

हमें चाहिए कि हम मानवीय स्तर पर उनकी रणनीतिक तैयारियों की समीक्षा करें ताकि उनकी रणनीतिक योजना अधिकांश मानवों को स्वीकार्य हो। यह स्पष्ट है कि कृष्ण ने रणनीतिकार के छह महत्त्वूपर्ण घटकों या गुणों का उपयोग किया, जो थे : सैद्धान्तिक सोच, मनोवैज्ञानिक प्रभाव पैदा करने हेतु काल्पनिक सूत्र, महत्त्वपूर्ण मूल्य-चालकों के लिए सुविचारित साझीदार, रणनीतियों का निर्दयतापूर्ण क्रियान्वयन, रणनीति क्रियान्वयन से प्राप्त प्रतिफलों का उदारतापूर्वक वितरण तथा जन-प्रक्रियाओं एवं कार्यक्रम-प्रक्रियाओं में नमनीयता। वृहत समाज, जिसका मनोबल गिरा हुआ था और जो अत्याचार सह रहा था, का आकलन कृष्ण ने कैसे किया? एक रणनीतिकार की तरह उन्होंने सामाजिक व्यवस्था को सुधारने के लिए अपना कार्यक्रम कैसे तय किया? अपनी रणनीतिक योजनाओं के निर्विघ्न कार्यान्वयन के लिए उन्होंने कौन-कौन से दृष्ट और अदृष्ट अभिगमों का सहारा लिया? अपनी वरीयता सूची बनाने के लिए उन्होंने विविध व्यक्तियों के समूहों की मूल्य-शृंखलाओं की तुलना किस प्रकार की? अपने रणनीतिक आचरण के नैतिक पक्ष का निर्णय करने के लिए उनका अन्तिम दर्शन क्या था? और आखिरी सवाल कि उन्होंने अपनी रणनीति, उपाय तथा नीति के त्रिभुज में किस प्रकार संतुलन स्थापित किया?

जिस समाज को कृष्ण बदलना चाहते थे, वह बुरी तरह से विभाजित था। इसलिए जरासंध, कंस, कालयवन और धृतराष्ट्र जैसे सम्राटों के अत्याचारों को रोकने के लिए कोई सामूहिक प्रयास नहीं हो रहे थे। अनेक राजघरानों में सीधे-सादे नैतिक व्यवहार और दुविधाओं के व्यावहारिक प्रबन्धन का नितांत अभाव था। रामायण काल में ऐसी मूर्खता का प्रतिशत नाममात्र था। जब लोग उच्चादर्शों और नैतिक आदर्श पुरुषों पर अटूट विश्वास करते थे। मात्र सौ वर्षों के अन्तराल में हर स्तर पर भारतीय समाज के बड़े भाग का पतन हो गया। आज की भाँति महाभारतकालीन विश्व में भी भयंकर

तबाकी मचानेवाले संहारक शस्त्रों का संचय हो रहा था। गुरु द्रोणाचार्य जैसे महान गुरु व्यक्तिगत अहं तथा पूर्वग्रहयुक्त सम्बन्धों को महत्त्व देते थे।

अतः तुलनात्मक दृष्टि से कृष्ण का सुधार कार्य राम की अपेक्षा अधिक कठिन था। राम अपने युद्ध सीधी रणनीतियों से जीत सके। उन्हें भली भाँति पता था कि कौन उनके शत्रु हैं और उनकी ताकत कितनी है। इसके विपरीत कृष्ण को कूटनीति तथा अन्य सम्भव उपायों के जरिए पता करना होता था कि उनके शत्रुओं एवं तथाकथित मित्रों की गोचर एवं अगोचर शक्तियाँ और कमजोरियाँ क्या हैं। कृष्ण ने रणनीति, उपाय और नीति को हर तरह से संतुलित किया। अन्तिम पवित्र उद्‌देश्य के लिए उन्होंने अपने अभिगमों को उपयोजित या परिवर्तित किया ताकि प्रत्येक उपाय एवं रणनीति से वांछित लक्ष्य प्राप्त हो सके। भारतीय पौराणिक आख्यानों के अनुसार उन्होंने अपनी ईश्वरीय तथा मानवीय शक्तियों का खुलकर उपयोग किया--यह देखने के लिए कि हर रणनीतिक-उपयोजन सभी को स्वीकार्य हो सके। उन्होंने 'अधिसंख्य लोगों को अधिकतम लाभ' के व्यावहारिक सिद्धान्त का उपयोग किया। पाँच हजार साल पहले की 'अल्पसंख्यक वर्ग' या 'अल्पसंख्यक प्रतिभूति धारकों' की समस्या थी, लेकिन कृष्ण ने ऐसी सभी समस्याओं को अपने व्यक्तिगत त्याग अथवा मित्रों एवं सम्बन्धियों के सूचनातंत्र के जरिए सुलझा लिया।

कृष्ण ने अपनी रणनीतियों एवं उपायों में नैतिकता तथा स्थितिगम्य व्यावहारिकता का पुट देकर उन्हें किंचित् नमनीय बना दिया, लेकिन हर बार यह मिश्रण नैतिक दुविधाओं से बचने के लिए होता था। एक सरल रेखाचित्रीय अभिव्यक्ति कुछ इस प्रकार हो सकती है :

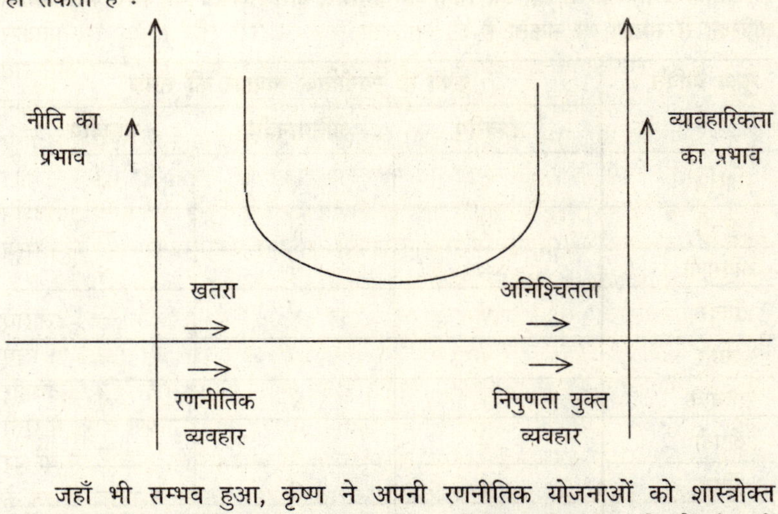

जहाँ भी सम्भव हुआ, कृष्ण ने अपनी रणनीतिक योजनाओं को शास्त्रोक्त नैतिकता के विस्तृत ढाँचे में प्रयुक्त किया। सुधार के लिए रूढ़िवादी रस्मों और रिवाजों

में परिवर्तन आवश्यक होता है। कृष्ण ने खतरा उठाकर अनिश्चितता का सामना करते हुए ऐसे परिवर्तन किए। अत्यधिक व्यावहारिकता का उपयोग करते हुए उन्होंने तमाम अज्ञात, अगोचर अनिश्चितताओं को ज्ञात, गोचर तथा प्रबन्धनीय खतरों में बदल दिया। ऐसे परिवर्तन के लिए कृष्ण ने निम्नांकित गुणात्मक व मात्रात्मक सांचे का इस्तेमाल किया :

परिवर्तन के गुणात्मक	**वैयक्तिक**		**लक्ष्य**	**सामूहिक**		**लक्ष्य**
और मात्रात्मक मिश्रण	रणनीति	उपाय	नीति	रणनीति	उपाय	नीति
प्रक्रिया में परिवर्तन (तकनीक)	नीचा	उच्च	शून्य	उच्च	औसत	औसत
लोगों में परिवर्तन (प्रतिभूतिधारक)	उच्च	उच्च	नीचा	औसत	औसत	उच्च
कार्यक्रम में परिवर्तन (कभी-कभार होने वाली घटनाएँ)	उच्च	उच्च	उच्च	औसत	उच्च	उच्च

कृष्ण के रणनीतिक व्यवहार को महाभारत के कतिपय प्रमुख चरित्र समझ सके, उसका विश्लेषण कर सके तथा उसकी पुष्टि भी उन्होंने की। इनमें अर्जुन, कुंती, रुक्मिणी, विदुर, अक्रूर, सात्यक्ति, द्रौपदी, भीष्म एवं बलराम विशेष हैं। कृष्ण के रणनीतिक प्रभाव की समझ, इन लोगों के अनुसार, अलग-अलग थी, जिसे निम्नांकित तालिका से समझा जा सकता है :

मुख्य व्यक्ति	**कृष्ण के रणनीतिक व्यवहार की समझ**		
	ईश्वरीय	**अतिमानवीय**	**मानवीय**
अर्जुन	√	√	√
कुन्ती	√	√	—
रुक्मिणी	—	√	√
विदुर	√	√	—
अक्रूर	√	—	—
सात्यकि	—	√	√
द्रौपदी	√	√	—
भीष्म	√	√	—
बलराम	√	√	√

राधा	√	—	—
नन्द	—	√	√
यशोदा	—	√	√
वासुदेव	√	—	—
देवकी	√	—	—
कंस	—	√	√
दुर्योधन	—	√	√
जरासंध	—	√	√
व्यास मुनि	√	√	√
कर्ण	—	√	√
गांधारी	—	√	√

जिन्होंने अत्यन्त निकट से कृष्ण की ईश्वरीय योजनाओं में भाग लिया, वे ही उन्हें तीन स्तरों पर समझ सके—ईश्वरीय, अतिमानवीय और मानवीय। ये स्तर कृष्ण की रणनीति और व्यवहारकुशलता के अलग-अलग खण्ड थे। परिस्थिति के अनुसार वे इन खंडों का अकेले या दूसरों को साथ लेकर उपयोग करते थे। किसी व्यापारिक संस्थान का कोई विनयी और परिपक्व सी.ई.ओ. ऐसा कर पाएगा, ये वे मुख्य कार्यपालिक अधिकारी (सी.ई.ओ.) हैं जो अच्छे और बुरे समयों में अपने उद्यमों का प्रबन्धन कर सके और उन्हें विकसित कर सके। कृष्ण की तरह कई नेता अपनी दृष्टि को स्वयं के लिए तथा अपने संगठनों के लिए परिभाषित करने की कोशिश करते हैं, परन्तु उनमें से अधिकतर मनचाही सफलता नहीं प्राप्त कर पाते, क्योंकि वे दृष्टि और उद्‌देश्य, उद्‌देश्य और रणनीतिक योजना, रणनीति और क्षमताओं आदि के बीच के अन्तर को पाट नहीं पाते।

कृष्ण भली भाँति अपने उद्‌देश्यों एवं दृष्टि का निर्णय ले और उनकी व्याख्या कर सकते थे। जो उन्हें एक मानव समझते हैं, कम से कम, एक अतिकुशल युद्धनीतिकार के बतौर उनके प्रदर्शन तथा उनकी कार्यपालिक बुद्धि की सराहना कर सके, परन्तु जो लोग एक प्रतिभावान के रूप में उन्हें स्वीकार करते हैं, वे उनकी दृष्टि व उद्‌देश्यों को भी समझ सके। यदि हम पिछले एक हजार साल के विश्व के व्यापार, राजनीति, समाजकार्य और आध्यात्मिक क्षेत्र के नेताओं को देखें तो पाते हैं कि उन्होंने अपनी शैली, क्षमता, वरीयता और नैतिकता के अनुरूप एक विशेष प्रकार की रणनीतियों का उपयोग किया, लेकिन कृष्ण ने भिन्न-भिन्न प्रकार की रणनीतियों का अलग-अलग स्थितियों में इस्तेमाल किया। कृष्ण की रणनीतिक सोच, उसके क्रियान्वयन एवं निर्धारण में गजब का जो लवीलापन था, उसका कारण यह था कि पूर्ण पुरुष होने से उन्हें कभी

भी प्रतिफल या पुरस्कार की चिन्ता नहीं रही, बल्कि उन्होंने हमारे समक्ष एक ऐसे रणनीतिकार का उदाहरण प्रस्तुत किया, जो अलग-अलग स्थितियों में, विविध प्रकंपन वाली समस्याओं से एक जैसी सहजता एवं परिपक्वता से निपटते थे।

आज के सी.ई.ओ., नौकरशाह या राजनीतिक नेता ऐसी बहुमुखी परिपक्वता एक सी सहजता से प्रदर्शित नहीं कर पाते, क्योंकि वे प्रतिफल के पीछे पागल रहते हैं। यह सच है कि भौतिकवादी जगत में परिणाम बहुत महत्त्वपूर्ण होते हैं, परन्तु क्या हम उन्हें अपने मन एवं हृदय को चोट पहुँचाए बिना प्राप्त कर पाते हैं? क्या हम ऐसी सुदृढ़ आन्तरिक व्यवस्था विकसित कर पाते हैं जो ब्रह्मांड की सभी संभावित प्रतिक्रियाओं को आत्मसात् कर सके? क्या हम अपनी हर उपलब्धि से उसी चैतन्य और प्रसन्नता को निरन्तर महसूस कर पाते हैं?

यदि नहीं कर पाते तो हम उस 'नियंत्रण प्रणाली' को किस प्रकार बना पाएंगे, जो हर परिस्थिति में आनन्द का कभी समाप्त न होनेवाला स्रोत बन सके? कृष्ण इस सवाल का उत्तर देते हुए 'समतुल्यता की संरचना' को परिपक्व रणनीतिकारों के लिए बोधगम्य बनाते हैं :

सुखदुःखे समे कृत्वा लाभालाभौ जयाजयौ।
ततो युद्धाय युज्यस्व नैवं पापमवाप्स्यसिक॥

(गीता के द्वितीय अध्याय का 38वाँ श्लोक)

व्यक्ति को चाहिए कि वह आनन्द और दुःख, विजय और पराजय, लाभ और हानि को एक सी सहजता एवं शांत मन से स्वीकार करे। ऐसी समतुल्यता विकसित करने पर वह किसी बुरे विचार को आमंत्रित नहीं करेगा। कृष्ण की सलाह है कि एक रणनीतिकार को 'परिणाम का भार' परमात्मा के ऊपर छोड़ देना चाहिए और केवल कार्य समाप्त हुआ, इसका आनन्द लेना चाहिए। ऐसी मानसिक तैयारी तभी सम्भव होगी, जब व्यक्ति अपने मन, शरीर, हृदय, मस्तिष्क और आत्मा को पवित्र लक्ष्य की प्राप्ति के लिए एक बिन्दु पर मिला और समन्वित कर देता है।

एक सम्पूर्ण 'कार्पोरेट नागरिक' भी अपने भौतिकवादी लक्ष्य को उचित पवित्रता से हासिल कर सकता है, यदि वह दूसरों के हितों का भी ध्यान रखे। पाश्चात्य देश की 'कार्पोरेट गवर्नेन्स' के नाम से किसी पवित्र समतुल्यता की बातें कर रहे हैं। जब तक रणनीतिकार 'अधिसंख्य लोगों को अधिकाधिक लाभ' की बात करता है तो उसकी मंजिल 'सभी लोगों के लिए सम्पूर्ण लाभ' होकर उसे प्राप्त करने के लिए उसे निरन्तर कार्यरत रखती है।

परिपूर्णता के लिए चल रही इस कसरत में व्यक्ति को प्रतिफल की चिन्ता नहीं पालनी चाहिए। ऐसी मनःस्थिति 'आनन्द से भरे पात्र' के समान होती है, जिससे व्यक्ति लाभ और हानि से निर्विकार रहकर तटस्थता का सुख प्राप्त कर सकता है।

कृष्ण की रणनीतिक योजना एवं उसका क्रियान्वयन 'परिवर्तन प्रबन्धन' प्रक्रिया की समतुल्यता पर व्यावहारिक ढंग से आधारित थे :

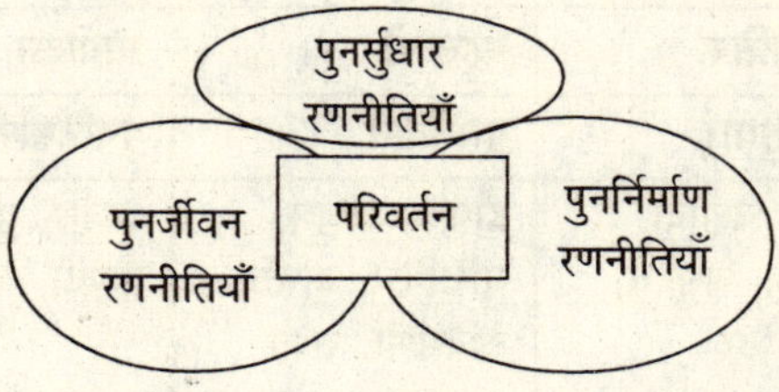

सीधे शब्दों में वे निर्माण, सुधार और सशक्तीकरण पर एक साथ काम करते थे। पुनर्निर्माण हेतु वे आक्रामक रणनीतियों का प्रयोग करते थे। सामाजिक, राजनीतिक तथा सामाजिक-आर्थिक सिद्धान्तों एवं अभ्यास में सुधार लाने के लिए उन्होंने कई बार विद्रोह किए। 'सामुदायिक जीवन' तथा 'वैयक्तिक स्वतंत्रता' के शाश्वत सिद्धान्तों को पुनर्जीवित करने के लिए उन्होंने अनेक नायाब और रोचक जन-प्रक्रियाओं का अधिकाधिक लोगों के सशक्तीकरण के लिए उपयोग किया। मन एवं शरीर, शरीर एवं मस्तिष्क तथा मस्तिष्क एवं मन में तारतम्यता स्थापित करने के अपने गुणों के चलते उन्होंने सभी के लिए समानता का काल्पनिक परन्तु द्रष्ट प्रभाव उत्पन्न किया। वे जानते थे और सभी को इस बात का विश्वास दिलाया कि पवित्र तथा व्यावहारिक विचार का काल्पनिक दृश्य ही हमें व्यावहारिक वास्तविकता की ओर ले जाता है।

तीनों प्रकार के प्रथमोद्योगों में कृष्ण के अलग-अलग भागीदार थे और उन सब की तैयारी की लब्धियाँ भी अलग-अलग थी। रणनीति के निर्धारण और उसके कार्यान्वयन के लिए सहायक पर्यावरण करने के लिए कृष्ण ने चारों लब्धियों का न्यायसंगत मिश्रण बनाया। लब्धियों के विविध संयोगों के संक्षिप्त आकलन को निम्नानुसार प्रस्तुत किया जा सकता है :

लब्धि	**पुनर्सुधार**	**पुनर्जीवन**	**पुनर्निमाण**
भावनात्मक	उच्च	मध्यम	अल्प
बौद्धिक	उच्च	मध्यम	उच्च
उद्यमशील	अल्प	अल्प	उच्च
सामाजिक	उच्च	उच्च	मध्यम

अब यदि हम उनके रणनीतिक भागीदारों की ओर देखें तो बड़ा रोचक और उपयोगी परिदृश्य उभरता है :

लब्धि	रणनीतिक	पहल में	भागीदार
	पुनर्सुधार	**पुनर्जीवन**	**पुनर्निर्माण**
भावनात्मक	नन्द, यशोदा, देवकी, वसुदेव, युधिष्ठिर	द्रौपदी, अर्जुन, युधिष्ठिर, कुन्ती, रुक्मिणी, राधा	अर्जुन, युधिष्ठिर, द्रौपदी, बलराम
बौद्धिक	बलराम, सांदीपनि, अर्जुन, धृष्टद्युम्न	द्रौपदी, अर्जुन, विदुर, द्रुपद, सात्यक्ति	बलराम, वसुदेव, नन्द, अर्जुन
उद्यमशीलता	विदुर, युधिष्ठिर, अर्जुन	कुंती, द्रौपदी, सुदामा, सत्यभामा	अर्जुन, भीम, बलराम सात्यक्ति, विश्वकर्मा, द्रुपद
सामाजिक	नन्द, अक्रूर, विदुर, कुंती, द्रौपदी, राधा	कुंती, बलराम, सांदीपनि, रुक्मिणी, द्रौपदी, राधा	द्रौपदी, अर्जुन, युधिष्ठिर, सुदामा, सांदीपनि

अब यदि हम कृष्ण के द्वारा रचित और क्रियान्वित रणनीतियों का जायजा लें तो हमें कुशलतम रणनीतिकार के गुणों का विस्मयकारी उपयोग होता दिखाई देता है। कृष्ण अपने समकालीन रणनीतिकारों से तुलनात्मक दृष्टि से सर्वश्रेष्ठ थे। कोई कृष्ण की इस नंबर एक स्थिति को उनकी दैवी शक्तियों का प्रतिफल कह सकता है, किन्तु इन ईश्वरीय शक्तियों को 'व्यक्ति की अन्तर्निहित ऊर्जा का ईश्वरीय कारणों के लिए उपयोग' कहना ज्यादा उपयुक्त है। यही कृष्ण ने किया। यदि तर्क के लिए हम मान भी लें कि वे भगवान विष्णु के अवतार थे, तो सवाल उनके मानवीय व्यवहार का उठता है। हिन्दू धर्मशास्त्रानुसार वे विष्णु के अवतार होंगे, परन्तु उन्होंने सार्वजनिक रूप से ऐसा कभी नहीं कहा। (उन्होंने स्वयं को विष्णु या सर्वव्यापी केवल एक बार अर्जुन के साथ हुए बौद्धिक वार्तालाप के समय कहा था)।

कृष्ण ने अपने 125 वर्षों के सुदीर्घ तथा स्वस्थ जीवनकाल में भीमकाय उद्देश्य को प्राप्त किया। अब हम 'कर्मयोगी' के तौर पर उनके द्वारा संपादित अति महत्त्वपूर्ण कार्यों की ओर दृष्टिपात करें :

लब्धि	रणनीतिक पहल में साझीदार		
	पुनर्सुधार	पुनर्जीवन	पुनर्निर्माण
सामाजिक	–शासन को देय कर –स्त्री की सैन्य स्थिति	–भक्ति का स्वरूप व प्रकार –खांडव वन का वितरण	–पांडवों के लिए धन तथा शक्ति –विद्वान ब्राह्मणों के प्रति सम्मान
बौद्धिक	–शकुनि व अन्य रोगियों की पराजय –शासन के नियम	–योगी व श्रद्धालु की परिकल्पना –जन्मजात शक्ति व अर्जित गुणों का सम्मिश्रण	–व्यक्ति के जीवन व उद्देश्य का अभिप्राय –पुरुष और प्रकृति की परिभाषा
उद्यमशीलता	–मथुरा, मगध और और हस्तिनापुर की नागरिक प्रणालियों का सुधार –अर्जुन व युधिष्ठिर के मजबूत सूचनातंत्र	–युधिष्ठिर, कुंती, सुदामा व द्रौपदी जैसे निर्दोष लोगों के दैवी अधिकार –कर्मकांडों के स्थान पर भक्ति को वरीयता	–द्वारका व इन्द्रप्रस्थ का निर्माण –दुष्ट तत्त्वों का नाश
भावनात्मक	–पारस्परिक सम्बन्ध –भूमिका की स्पष्टता और उसका अभिप्राय	–सुशासन के गुण –प्रेम व अनुराग की पवित्रता	–पारिवारिक प्रशासन पद्धति –मन और मस्तिष्क पर नियंत्रण

गौर से देखें तो कृष्ण की रणनीतिक भूमिकाओं के अनेक उदाहरण हमें सरलता से मिल जाएंगे। मानवीय स्तर पर उनमें एक रणनीतिकार के सभी गुण या क्षमताएं थीं। आज भी वे अधिकतर लोगों के लिए एक अनुकरणीय आदर्श हैं, जो विविध कार्यों एवं दायित्वों का निर्वहन कर रहे हैं। मेरे अनुभव के अनुसार किसी रणनीतिकार के निम्नांकित छह प्रमुख गुण होते हैं :

क्रम.	रणनीतिकार के गुण	रणनीति निर्धारण व क्रियान्वयन पर संभावित प्रभाव
1.	अच्छी दृष्टि (पहचान)	विकास के यात्रापथ का निर्णय
2.	विश्लेषणात्मक पकड़	क्रियान्वयन की सूक्ष्मतम बातों को निर्धारित करना और युक्ति/कुशलता

3.	निर्णय लेने की कुशलता	सही रणनीति को निर्णयात्मक ढंग से तय करना, अवसरों को भुनाना
4.	नेतृत्व की कुशलता	टीम के सदस्यों को प्रेरित करना, अति लघु घटकों की सहायता करना व उनसे काम लेना
5.	समय और संसाधनों के प्रबन्धन की कुशलता	जितने संसाधनों की आवश्यकता हो, उतने उपलब्ध कराना तथा कार्यक्रमानुसार सूक्ष्म गतिविधियों में तालमेल बैठाना
6.	विनम्रता और एक–सूचना	टीम के सदस्यों के साथ बुद्धि और प्रतिफलों को बाँटना

अब हम कृष्ण के रणनीतिक गुणों तथा उनके प्रमुख चरित्रों द्वारा क्रियान्वयन के रोचक प्रसंगों की चर्चा करेंगे। कृष्ण के पास वह गहन दूरदृष्टि थी, जिससे उन्होंने समझ लिया था कि पांडवों और कौरवो के बीच एक महायुद्ध अवश्यंभावी है। इसलिए उन्होंने पांडवों का युद्धतंत्र विस्तारित करना आरम्भ कर दिया। उन्होंने द्रौपदी से अर्जुन के विवाह को सफलतापूर्वक संपन्न करवाया। परोक्ष रूप से इससे सम्बन्धित घटनाओं को क्रियान्वित किया। उनकी रणनीतिक सूचना प्रणाली से इस बात की पुष्टि की कि धृष्टद्युम्न और द्रौपदी का जन्म यौगिक प्रार्थनाओं के माध्यम से हुआ है। ये प्रार्थनाएँ द्रुपद द्वारा द्रोणाचार्य से बदला लेने के लिए की गई थीं। कृष्ण ने यह भी अनुमान लगा लिया कि कुरुवंश की सेवा में होने के कारण द्रोणाचार्य कौरवों की ओर से लड़ेंगे और हम जानते हैं कि अन्ततः धृष्टद्युम्न ने ही द्रोणाचार्य का वध किया। कृष्ण को यह भी पता था कि महान भीष्म (देवव्रत) अपनी मूर्खतापूर्ण जिद एवं गलत निष्ठा के चलते कौरवों की ओर से शस्त्र धारण करेंगे। यह आश्चर्य की बात है कि महान योद्धा और विद्वान क्षत्रिय होने के बावजूद भीष्म सत्य एवं निष्ठा के बीच अन्तर न कर सके। सत्य पांडवों की ओर था। यदि भीष्म किंचित् भी सामान्य ज्ञान का उपयोग करते तो युद्ध रोका जा सकता था, परन्तु ईश्वरीय स्तर पर क्या हम ऐसा नहीं सोच सकते कि कृष्ण स्वयं यह युद्ध चाहते थे ताकि बढ़ते हुए दुष्टों की संख्या से इस पवित्र धरती को मुक्त किया जा सके? हमारा निष्कर्ष जो भी हो, कृष्ण ने भीष्म को मात देने की बड़ी चतुराई-भरी चाल खेली। अतः उन्होंने द्रुपद के दूसरे पुत्र शिखंडी की ओर ध्यान केन्द्रित किया। पिछले जन्म में शिखंडी अम्बा नामक राजकुमारी थी। उसी कठोरता और दर्प से भीष्म ने उसे अपमानित किया। उसका द्रुपद के पुत्र के रूप में पुनर्जन्म भीष्म से बदला लेने के लिए हुआ। कृष्ण ने उसका उपयोग भीष्म को मारने के लिए किया। भीष्म को मारना लगभग असम्भव था, क्योंकि उन्हें इच्छा-मृत्यु का वरदान प्राप्त था।

कृष्ण की सर्वाधिक चातुर्यपूर्ण चालों में से एक उनका युद्ध में न खेलनेवाले कैप्टन के रूप में भाग लेना था। उन्होंने अर्जुन का रथ हाँकने का दायित्व स्वीकार किया। इसे

कृष्ण की रणनीतिक दृष्टि तथा चातुर्यपूर्ण उद्देश्य की पराकाष्ठा कहा जा सकता है। ऐसा करके उन्होंने एक ही पत्थर से अनेक चिड़ियों का शिकार किया है। इस चाल का सबसे बड़ा प्रभाव यह था कि कौरवों ने-विशेषतः दुर्योधन ने पांडवों की ताकत को कम करके आंका, क्योंकि कृष्ण का क्रियात्मक सहयोग उन्हें नहीं था और उन्होंने शस्त्र अपने हाथों में नहीं लिया। अतः उन पर अपनी ही सेना को मारने का दोष नहीं मढ़ा जा सकता। कृष्ण के पास युद्ध सम्बन्धी चालों पर ध्यान केंद्रित करने के लिए पर्याप्त समय था। वे पर्दे के पीछे रहकर पांडवों की चालों को बुद्धिमत्तापूर्ण एवं चालाकी से संचालित कर सकते थे।

कृष्ण की एक और सुविचारित रणनीति अपनी बहन सुभद्रा का विवाह अर्जुन से कराना था। इस घनिष्ठ सम्बन्ध ने बलराम को दुर्योधन की सहायता करने से रोक दिया। दुर्योधन ने गदायुद्ध की बारीकियाँ बलराम से सीखी थीं। कृष्ण के सात्यक्ति जैसे अन्य सम्बन्धी भी उनके निर्देश पर पांडवों के पक्ष में आ गए। सात्यक्ति महान सेनानायक और समन्वयक था।

कृष्ण के परामर्श पर पाँचों पांडवों ने विराट के राजप्रासाद में शरण ली और अपने वनवास का अन्तिम वर्ष कौरवों से छिपकर व्यतीत किया। इससे विराट एक और साथी पांडवों को मिल गया। कृष्ण ने भीम और हिडिंबा के पुत्र घटोत्कच का सुदपयोग कर्ण के सबसे भयानक अस्त्र को खपाने के लिए किया। एक परिपक्व और चालाक रणनीतिकार के बतौर उन्होंने अपने वफादार मुखबिरों को युद्ध के दौरान कौरवों के शिविरों के आसपास तैनात कर दिया था। ये मुखबिर कौरवों की योजनाओं तथा अंदरूनी राजनीति की सूचना तुरन्त कृष्ण तक पहुँचाते रहते थे।

महान दूरदर्शिता का परिचय देते हुए, उन्होंने युद्ध आरम्भ होने के ठीक पहले अर्जुन को आध्यात्मिक उपदेश दिया। बाद में व्यास मुनि ने चालीस मिनट के इस संवाद को विश्व प्रसिद्ध ज्ञानग्रंथ 'गीता' के रूप में कागज पर उतारा। यहाँ एक प्रश्न उठता है कि कृष्ण ने अपने मित्र, जीजा, अनुयायी अर्जुन को ही पृथ्वी के लगातार बढ़ रहे दुष्ट तत्त्वों से मुक्ति दिलाने के लिए क्यों चुना? इस प्रश्न के अनेक उत्तर हैं। ईश्वरीय स्तर पर कृष्ण और अर्जुन नर और नारायण के अवतार के रूप में पैदा हुए थे या वे मानवता के उच्चादर्शों की पुनर्स्थापना के लिए प्रकृति और पुरुष थे। अर्जुन कुंती और इन्द्र का पुत्र था। देवताओं का राजा (या तर्कसंगत भाषा में वह ऐसे लोगों का शासक रहा होगा, तो तकनीकी दृष्टि से अत्यधिक विकसित थे और स्वर्ग या सु-वर्ग जैसे बेहतर स्थान में रहते थे और अर्जुन के लिए अधुनातन शस्त्र उपलब्ध करा सकते थे। अर्जुन में क्षत्रिय के समस्त गुण थे, क्योंकि वह इन्द्रपुत्र था। अतः ईश्वरीय एवं मानवीय दोनों स्तरों पर अर्जुन कृष्ण का सर्वोत्तम शिष्य था।

कृष्ण का रणनीतिक आचरण उनके बाल्यकाल से ही स्पष्ट था। उनकी सबसे पहली रणनीति कंस के साथ मनोवैज्ञानिक संघर्ष छेड़ने की थी। कृष्ण और बलराम ने एक के बाद एक कंस के समस्त सहायकों को मारकर उसे अपनी बौद्धिक एवं शारीरिक

शक्ति का स्पष्ट सन्देश दिया। कृष्ण ने अपनी रणनीतियों तथा योजनाओं के निर्धारण के लिए सूचना के अत्यन्त नाजुक और भरोसेमंद स्रोत का सहारा लिया। उनका सूचना स्रोत अक्रूर कंस का बुद्धिमान सेनाधिकारी था। कृष्ण की वृंदावन से मथुरा की यात्रा एक बुद्धिमान बालक का सहज, पवित्र रूपांतरण था, जो अद्वितीय रणनीतिकार बन गया। जब-जब भी कृष्ण ने किसी दुष्ट का वध किया, तब उन्होंने बड़ी सावधानी के साथ सम्बन्धित राज्य में नागरिक अनुशासन लागू किया और मृतक के अगली पीढ़ी के योग्य प्रतिनिधि का राज्याभिषेक किया। कृष्ण का जीवन के प्रति दार्शनिक दृष्टिकोण 'निःस्वार्थ प्रेम, निःस्वार्थ निष्ठा और निःस्वार्थ श्रृंखला' पर आधारित था।

कंस को मारने के बाद कृष्ण का अगला लक्ष्य कालयवन था। यह दुष्ट राजा असामान्य रूप से बहादुर और चालाक था। अपनी कठोर तपस्या के बल पर उसने देवताओं से कुछ वरदान प्राप्त कर रखे थे। कालयवन को सीधी लड़ाई में मारना कठिन था। युद्ध में सैकड़ों निर्दोष मारे जाते। अपने अनुसंधानों से कृष्ण ने इस दुष्टात्मा को मारने का उपाय ढूंढ़ लिया। गजब की विनयशीलता और नमनीयता से कृष्ण उसे एक ऐसे धन्यभाग राजा के सामने ले आए, जिसकी क्रोधाग्नि में वह जलकर भस्म हो गया। ऐसा करके कृष्ण ने एक ही पत्थर से कई शिकार कर लिए। उन्होंने समय, ऊर्जा एवं अन्य संसाधनों को व्यर्थ नष्ट होने से बचा लिया। उन्होंने 'तपस्या की शक्ति के सदुपयोग' के आध्यात्मिक सिद्धान्त को भी स्थापित कर दिया। सबसे बड़ी शिक्षा जो उन्होंने हमें दी, वह थी कि 'विनयशीलता से सदा लाभ ही होता है।'

कृष्ण का सरल, व्यवहारकुशल आचरण भावनात्मक एवं बौद्धिक लब्धियों का मिश्रण था। इस मिश्रण से वे गोकुल और वृंदावन के ग्रामीणों के आचरणात्मक आदर्शों में समरूपता भी कायम कर सके। उन्होंने प्रत्येक गोप और गोपिका को यह आश्वासन दिया कि वैयक्तिक रूप से वे केवल उन्हीं के हैं और सामूहिक रूप से सबके हैं। उनकी सुधार सम्बन्धी रणनीतियाँ प्रेम, विश्वास और धैर्य पर आश्रित थी। ज्ञातव्य हो कि अनेक प्राच्य दार्शनिक एवं संत विश्वास और धैर्य के सिद्धान्तों का प्रचार करते रहे हैं। उनमें सबसे ताजा उदाहरण शिरडी के साईं बाबा का है, जिन्होंने हममें से अधिकांश को अपने प्रेम तथा सादगी से प्रभावित किया। उन्होंने प्रसन्नचित्तता के सत्य से हमें अवगत कराया जो विश्वास तथा धीरज के संतुलित मिश्रण का उचित उपयोग है।

बतौर रणनीतिकार कृष्ण के पास व्यास मुनि की दृष्टि, विदुर की बुद्धि, युधिष्ठिर की अनुशासित सोच, अर्जुन का शौर्य, भीम का मनोबल, भीष्म का साहस, राम की निष्ठा, कर्ण की दानशीलता, शकुनि का चातुर्य, भरत की नेत्रत्व शैली, ब्रह्म का रचनात्मक सहजज्ञान, विष्णु की पोषक युक्ति, शिव की संहारक युक्ति, गणेश की तीक्ष्ण बुद्धि तथा हनुमान का महान सामान्य ज्ञान था। जीवन के प्रत्येक पहलू में उन्होंने साबित किया कि उनका रणनीतिक अभिगम सही था। ऐसा वे इसलिए कर सके, क्योंकि उन्होंने बुद्धि का व्यावहारिकता के साथ उपयोग किया। (इसीलिए हममें से कई

जिनमें छात्र तथा कृष्ण के भक्त शामिल हैं, उन्हें सबसे अधिक व्यावहारिक और दैवीय नेता स्वीकार करते हैं।)

कृष्ण की अपनी मूल्य शृंखला विकसित करने की सूचना-तंत्र युक्तियाँ अद्‌भुत थीं। जरासंध को सोलह बार पराजित करने के पश्चात् उन्होंने सामाजिक-आर्थिक वातावरण का आकलन किया, उसका उपयोग भीम के द्वारा जरासंध को मारने के लिए किया। यहाँ उन्होंने अपनी अत्यन्त व्यावहारिक एवं सामाजिक युक्ति का उपयोग किया। जरासंध द्वारा बंदी बनाई गई राजकुमारियों को उन्होंने मुक्त किया। इतने महीनों तक जरासंध की कारा में रहने के बाद इन निर्दोष युवतियों के सामने बहुत बड़ा खतरा यह था कि उनका सामाजिक बहिष्कार होगा। कृष्ण ने अपनी सही और क्रांतिकारी सोच के चलते, उन्हें अपना नाम, 'मध्य नाम' की तरह उपयोग करने का अधिकार देकर उनकी व्यर्थ के दंड से रक्षा की तथा उन्हें जिल्लत-भरी जिंदगी व्यतीत करने से बचा लिया।

कृष्ण की द्वारका अरब सागर में एक द्वीप नगर है। यह भी कृष्ण की कमाल की दूरदृष्टि एवं रणनीति व्यवहार का उदाहरण है। वे चाहते थे कि द्वारका एक महान सभ्यता का आदर्श नगर बन जाए। इसकी तुलना केवल राम की अयोध्या से की जा सकती है। द्वारका की नागरिक संरचना, लोगों की आचरण संहिता तथा समस्त नागरिक सुविधाओं की तुलना राम की अयोध्या, कुबेर की अमरावती या इन्द्र के स्वर्ग से ही की जा सकती है। कृष्ण ने अनुशासन के उस सिद्धान्त की स्थापना की कि नागरिक आचरण प्रणाली से बड़ा कोई नहीं है। कुछ मौकों पर उन्होंने इन प्रणालियों की पवित्रता को बचाने के लिए विशेष प्रयत्न भी किए।

एक और बहुत ही रोचक तथा उपयोगी निरीक्षण का यहाँ उल्लेख करना उचित होगा। आजकल पश्चिम की शैली में हम 'कार्पोरेट गवर्नेन्स' तथा 'इन्टरप्राइस गवर्नेन्स' की बातें बहुत करते हैं। ऐसी सरकारों के मूल विचार कृष्ण द्वारा राजनीतिक दृष्टि से स्थापित किए गए थे। इसके लिए वे राम द्वारा प्रदर्शित नैतिक आचरण की सीमा तक नहीं आए। एकतरफा नैतिक अभिगम अनुत्पादक और अनुत्साहित करनेवाला हो सकता है। इसीलिए कृष्ण के रणनीतिक व्यवहार का सार तत्त्व 'किसी भी कीमत पर सबके लिए पक्षपातहीनता' पर आश्रित था। इसलिए उन्होंने पूर्वी सभ्यता के नमूनों के सर्वाधिक व्यावहारिक संस्करण का प्रदर्शन किया। बड़ी हद तक चंद्रगुप्त के गुरु चाणक्य ने वैसा ही किया था। कृष्ण के पराक्रम, बौद्धिकता, उद्यमशीलता और समाजसेवा के सिद्धान्त इतने अनुपम हैं कि वे आज के लिए भी आदर्श आचार संहिता हेंतु आदर्श हैं। उनकी समग्र रणनीतियां अन्ततः व्यक्तिवाद एवं समुदायवाद के उचित सामंजस्य पर आधारित थी। यह कम आश्चर्य की बात नहीं है कि मानवीय स्तर पर आचरण की सादगी तथा परिपक्व मस्तिष्क की बौद्धिकता का कृष्ण ने आम जन के साथ जुड़कर इतनी व्यावहारिकता से प्रदर्शन किया।

हम कृष्ण की राजनीति तथा रणनीतिक व्यवहार की तुलना वर्तमान के देश-विदेश

के तमाम नामचीन नेताओं से किस प्रकार कर सकतें हैं? चलिए, हम कोशिश करके देखते हैं, यद्यपि यह एक दिमागी कसरत ही हो सकती है :

क्र.	वर्तमान युग के ख्यात नेता	कृष्ण से तुलना
1.	श्री जे.आर.डी. टाटा	श्री टाटा महान दूरद्रष्टा थे। उनके व्यापारिक अभिगम पूर्णतः नैतिक थे, किन्तु कार्यशीलता में उनके पास कृष्ण जैसी चालाकी और निर्दयता नहीं थी।
2.	श्री धीरूभाई अम्बानी	श्री अम्बानी में एक सफल उद्यमी की सभी चालाकी व अन्य खूबियाँ थीं, परन्तु उनमें कृष्ण के आत्मसाती नेतृत्व का अभाव था, जो सामूहिक उद्यमशीलता के लिए परमावश्यक है।
3.	श्री चर्चिल	उनमें कृष्ण की निर्दयता, दूरदृष्टि और साहस थे, परन्तु वे नेतृत्व के आध्यात्मिक उद्देश्य और अपने बरतानवी नागरिकों की भौतिक आकांक्षाओं में अन्तर न कर सके।
4.	श्री अब्राहम लिंकन	श्री लिंकन में कृष्ण के सभी सामाजिक गुण थे, किन्तु चातुर्यपूर्ण कूटनीति व उद्यमशीलता में वे कृष्ण के समकक्ष नहीं थे।
5.	महात्मा गांधी	गांधीजी में सफल सामाजिक-राजनीतिक नेता के सभी गुण थे, परन्तु उनमें पर्याप्त दूरदृष्टि और कूटनीतिक चतुराई नहीं थी।
6.	डॉ. बाबा साहेब अम्बेडकर	डॉ. अम्बेडकर का बौद्धिक व सामाजिक नेतृत्व निर्विवाद था, पर उनमें व्यावहारिक दृष्टि तथा उद्यमशीलता की तीक्ष्ण बुद्धि नहीं थी।
7.	वीर सावरकर	उनमें तीव्र दृष्टि व अस्पष्ट स्थितियों के विश्लेषण की क्षमता थी, परन्तु भावनात्मक लब्धि का उपयोग करने की चालाकी नहीं थी।
8.	स्वामी विवेकानन्द	स्वामीजी ने वैश्विक मानवतावाद के सन्दर्भ में हिन्दुत्व की पुनर्व्याख्या की। उन्होंने भारतीय मूल्यों की पुनर्प्रतिष्ठा भी की, परन्तु सनातन धर्म की श्रेष्ठता में स्पष्टतः स्थापित न कर सके।

		उनमें कृष्ण के कूटनीतिक विश्लेषण का अभाव था।
9.	आदि शंकराचार्य	उन्होंने निष्क्रिय हिन्दुओं को ऊर्जावान नेतृत्व प्रदान कर बौद्धधर्म के बढ़ते प्रभाव के विरुद्ध उन्हें जाग्रत किया। वे हिन्दुत्व की व्यावहारिक संरचना को प्रस्तुत न कर सके। कृष्ण ने सनातन धर्म के व्यावहारिक पक्ष का प्रतिपादन किया।
10.	गौतम बुद्ध	बुद्ध ने भारतीय उपमहाद्वीप में शांति स्थापित की, परन्तु उनके बुद्धवाद ने भारत को निष्क्रिय देश बना दिया। उसने अन्याय के खिलाफ लड़ने के लिए सामान्य व्यक्ति को सक्रिय ऊर्जा प्रदान नहीं की। कृष्ण ने सक्रिय आशावाद पर विश्वास ही नहीं किया, उसका प्रदर्शन भी किया, जो बुद्ध न कर सके।
11.	वर्धमान महावीर	महावीर का अहिंसा का सिद्धान्त सर्वथा अनुचित था। उसने राजाओं और उनकी प्रजा के क्षात्रधर्म को लगभग क्षतिग्रस्त कर दिया। कृष्ण ने वीर पुरुष की अहिंसा का उदाहरण प्रस्तुत किया।
12.	लोकमान्य तिलक	तिलक ने आम जनता के राजनीतिक सम्मेलनों को व्यावहारिक धर्म में बदल दिया। उन्होंने स्वतंत्रता प्राप्ति के लिए लोगों की भावनाओं को उभारा, किन्तु उनके पास कृष्ण की रणनीतिक युक्तियों एवं चालाक कूटनीति का अभाव था।
13.	श्री जेक वेल्च	श्री वेल्च ने कृष्ण के चातुर्यपूर्ण नेतृत्व का प्रदर्शन अवश्य जनरल इलेक्ट्रिक कम्पनी के रूप में किया, लेकिन वे प्रतिभूतिधारकों के मूल्य गुण विवेचन तथा अमेरिका के सी.एम.डी. सामान्य व्यक्ति की सामाजिक सुरक्षा में समतुल्यता स्थापित नहीं कर सके।
14.	श्री जॉर्ज डब्ल्यू. बुश, अमेरिका के राष्ट्रपति	बुश अमेरिका के सर्वाधिक आक्रामक राष्ट्रपति भले ही हों, परन्तु वे अपने देश का वास्तविक सम्मानजनक स्थिति नहीं दिला सके, क्योंकि वे गरीबों की आवश्यकताओं से सहयोग न कर

		सके। कृष्ण ने अपनी ऊर्जा का प्रयोग हमेशा निर्धनों और निर्दोषों के लिए किया।
15.	आर्य चाणक्य (कौटिल्य)	चाणक्य भारतीय राजाओं को मगध राजवंश के एक-छत्र के नीचे लाने में सफल हुए। उनमें कृष्ण के नेतृत्व के ईश्वरीय स्पर्श का अभाव था इसलिए वे सभ्यता का टिकाऊ आधार न बना सके।
16.	श्री आदित्य विक्रम बिड़ला	श्री बिड़ला ने देश एवं देश के बाहर उत्तम व्यावसायिक उद्यम स्थापित किए, लेकिन कृष्ण की तरह अनुरक्ति व विरक्ति के महीन मिश्रण पर आधारित धनार्जन के बहुमुखी अभिगम का उनमें अभाव था।
17.	श्री अटल बिहारी वाजपेयी	कठिन अवसरों पर श्री वाजपेयी ने देश को उत्तम नेतृत्व प्रदान किया। फिर भी उनमें क्रियात्मक चातुर्य एवं भूमिका में लचीलेपन की कमी थी। इसीलिए अच्छा कार्य करने के बावजूद उनका दल चुनाव में पराजित हुआ।
18.	श्रीमती इंदिरा गांधी	श्रीमती इंदिरा गांधी के नेतृत्व ने भारत की अन्तर्राष्ट्रीय स्थिति को पुख्ता किया। वे अपने प्रदर्शन की निरन्तरता को कायम न रख सकीं, क्योंकि उनमें चतुर रणनीतिकार के गुणों का अभाव था, जो जनता, प्रक्रियाओं तथा बोधगम्यता को वास्तविक लाभ हेतु जोड़ सकें।
19.	पं. जवाहर लाल नेहरू	उन्होंने 'गरीबों के लिए अर्थशास्त्र' को बढ़ाने हेतु मिश्रित अर्थव्यवस्था का मार्ग प्रशस्त किया, किन्तु भारत की अन्तर्राष्ट्रीय स्थिति को उभारने के लिए उनमें अच्छे राजनयिक के गुण नहीं थे।
20.	महाराणा प्रताप	प्रताप भारतीय शौर्य तथा राष्ट्रीय आकांक्षा के श्रेष्ठ प्रतीक थे। दुर्भाग्य से उनमें कृष्ण की व्यवहारकुशल कूटनीति एवं राजनीतिक चातुर्य का अभाव था।

कृष्ण के रणनीतिक व्यवहार की कुछ सुविख्यात नेताओं से तुलना मुझे एक महत्त्वपूर्ण नतीजे पर पहुँचाती है कि किसी भी रणनीतिक प्रदर्शन को सभी के लिए समृद्धि के लक्ष्य तक जाना चाहिए। पश्चिम का पूँजीवाद 'जो परिणाम देते हैं, उनके

लिए समृद्धि' की रणनीतिक नमूने पर आधारित है। यह अन्ततोगत्वा डार्विन के सिद्धान्त 'योग्यतम की उत्तरजीविता' की ओर ले जाता है। दूसरी ओर साम्यवाद अतिवाद का दूसरा सिरा है, जो 'बिना सभी के लिए प्रदर्शन की बाध्यता के सभी के लिए समृद्धि' पर विश्वास करता है।

कृष्ण ने सदैव अपनी रणनीतियों को दबे-कुचले वर्ग के हित में लागू किया। इसके लिए उनका रणनीतिक व्यवहार 'उच्च-समृद्ध वर्ग' की स्वार्थी सहायता पर कभी निर्भर नहीं रहा। उन्होंने ऐसी बुद्धिमत्तापूर्ण स्थिति निर्मित की, जिसने अहंकारी एवं चालबाज नेताओं को या तो अपने रणनीतिक कौशल के समक्ष समर्पण करने को बाध्य कर दिया या वे सामाजिक अर्थशास्त्र के परिदृश्य से पलायन कर गए। कृष्ण पहले वैश्विक रणनीतिकार थे, जिन्होंने तथाकथित रणनीतिक प्रशासन के समर्थकों को ललकारा और सभी स्थितियों के लिए सरल किन्तु ऐसा रणनीतिक प्रादर्श तैयार किया, जिस पर अमल किया जा सकता था। उनके प्रादर्श में उद्देश्य पर बल दिया गया। प्रक्रियाएं भी महत्त्वपूर्ण थीं, परन्तु वे प्राथमिकता के दूसरे क्रम में थीं।

अन्त में यहाँ एक प्रश्न उठता है जिसका कोई उचित जवाब प्रबन्धन के प्रसिद्ध स्कूलों के पास नहीं होगा। वास्तविक रणनीतिकार कौन है? वास्तविक रणनीतिकार वह है जो 'सभी के कल्याण' की श्रेष्ठ व्यावहारिक व्याख्या करता है और सभी परिस्थितियों में सर्वाधिक दोषरहित व्याख्या करता है।

दार्शनिक कृष्ण

आज वैश्विक समस्याओं के उत्तर कहाँ मिलेंगे? और भारत की जटिल दुविधाओं के समाधान कहाँ है? आम आदमी के लिए अपनी वास्तविक एवं काल्पनिक चिन्ताओं से निजात पाने का इलाज किसके पास है? सनातन या शाश्वत धर्म का सही एवं सम्पूर्ण चित्र कहाँ दिखाई दे रहा है। सबका उत्तर एक ही हैः कृष्ण का दर्शन। कृष्ण का दर्शन चारों पुरुषार्थों (कर्त्तव्यों)-धर्म (कर्त्तव्य), अर्थ, काम एवं मोक्ष की सर्वाधिक व्यापक संरचना प्रस्तुत करता है। यहाँ धर्म से अभिप्राय कठोर, अपरिवर्तनीय धर्म से नहीं है जैसा इस्लाम और ईसाइयत में सिखाया जाता है। व्यापक अर्थ में धर्म का अर्थ स्वधर्म होता है, अर्थात् व्यक्ति का कर्त्तव्य। एक सम्पूर्ण व्यक्ति अपने कर्त्तव्यों का निर्वाह पिता, पति, भाई, मित्र या अपने पेशे में दक्ष पेशेवर के रूप में करता है। ऐसा करते समय वह ध्यान रखता है कि उसकी दो भूमिकाओं में टकराव न हो। यदि टकराव हो भी तो कमजोर पक्ष को लाभ मिलना चाहिए।

मेरी मान्यता है कि कृष्ण ही एकमात्र दार्शनिक हैं, जिन्होंने अपने दर्शन को पूरी तरह से जी कर दिखलाया। दूसरे शब्दों में वे अपने दर्शन के प्रत्येक घटक के श्रेष्ठ उदाहरण थे। यदि आज कृष्ण हमारे देश के प्रधानमंत्री होते, तो वे आतंकवाद की समस्या से बड़ी चतुराई और निर्दयता से निपटते। आतंकवाद की घटनाओं की जाँच-पड़ताल तथाकथित मानवाधिकारों का पालन करने से नहीं की जा सकती। जो लोग निर्दोषों के अधिकारों की चिन्ता नहीं करते, उन्हें मूर्खतापूर्वक नहीं छोड़ा जाना चाहिए। पृथ्वीराज चौहान ने मुहम्मद गोरी के प्रति अनावश्यक दया दिखाई और फलस्वरूप अपने को ही बर्बाद कर लिया। 1971 के युद्ध के बाद जो चर्चाएँ हुईं उनमें भी भारत ने मूर्खता का परिचय देते हुए पाकिस्तान को अपने ऊपर हावी होने दिया। 1971 का पाकिस्तान अत्यन्त विनीत था। चाणक्य की भाषा में इस स्वर्णिम अवसर को भारत द्वारा भुनाते हुए पाकिस्तान को इतना पंगु बना देना चाहिए था कि वह भारत को परेशान करने का दुःसाहस कभी न करता। यदि ऐसा होता तो आज का बांग्लादेश (जो पाकिस्तान के खूनी पंजों से भारत द्वारा मुक्त किए जाने के बावजूद भारत के प्रति कृतज्ञता का कोई भाव प्रदर्शित नहीं करता) भी जिम्मेदाराना आचरण करता। यदि पाकिस्तान को कमजोर कर दिया जाता तो कश्मीर की समस्या विस्मृत इतिहास बन चुकी होती और सबसे खास बात यह कि अहंकारी संयुक्त राज्य अमेरिका

और खतरनाक चीन को यह अवसर न मिल पाता कि वे पाकिस्तान को भारत के विरुद्ध प्रायोजित करें।

यह सब बड़ी आसानी से मुमकिन हो सकता था, यदि हमारे नेता कृष्ण नीति का उपयोग सही ढंग से और पूरी तरह करते (अर्थात् कृष्ण का दर्शन)। कृष्ण ने अपने दर्शन का दिग्दर्शन अपने व्यवहार और कार्यों से इतनी साफगोई से कराया कि उनके मित्र, सम्बन्धी एवं अनुयायी उन्हें भली-भाँति समझते थे। कृष्ण ने अपने जीवन के हर पल का पूरा आनन्द उठाया। वे अपने मन, मस्तिष्क और शरीर को परिणामों से पृथक रखने के लिए निर्देशित भी कर सकते थे। वे ऐसा कर सके इसलिए अपनी तमाम भूमिकाओं की छोटी या बड़ी यात्राओं का भरपूर आनन्द उठाया। वे सभी भूमिकाओं का औचित्य सिद्ध करते हैं, इसलिए वे लोग जो अनुभव करते थे कि कृष्ण उनके ही हैं, एकदम सही है।

कृष्ण की धर्म की व्याख्या सरल थी—'धनीत धर्म इत्याहु', अर्थात् धर्म वह स्व अनुशासन है, जिसे व्यक्ति अपनी भूमिका के औचित्य को सिद्ध करने के लिए मानता है। दूसरे शब्दों में धर्म का मतलब है व्यक्ति का वह नैतिक कर्त्तव्य जो वह पूर्ण निष्ठा से करता है। यह कर्त्तव्य नैतिक दृष्टि से सही होना चाहिए, यद्यपि उससे बचने के लिए व्यक्ति के पास कोई कानूनी रास्ता हो सकता है। कृष्ण की दार्शनिक संरचना की सबसे बड़ी विशेषता थी 'सबसे कमजोर का कल्याण' और 'दुष्टों को दंड'।

उनके दर्शन का निचोड़ यह था कि 'अपनी पूरी क्षमता से जीवन जियो और सभी को सुखी बनाओ।' पूरी क्षमता में आंतरिक, अदृश्य ऊर्जा भी समाहित होनी चाहिए। हर व्यक्ति को चाहिए कि वह अवसरों को ढूंढ़े, उनका पूरा दोहन करके अधिकतम लोगों को, बिना किसी के उचित हित को क्षति पहुँचाए, लाभांवित करे। इस सरल घटना को जिसे स्वयं कृष्ण ने प्रदर्शित किया, इस प्रकार प्रस्तुत किया जा सकता है :

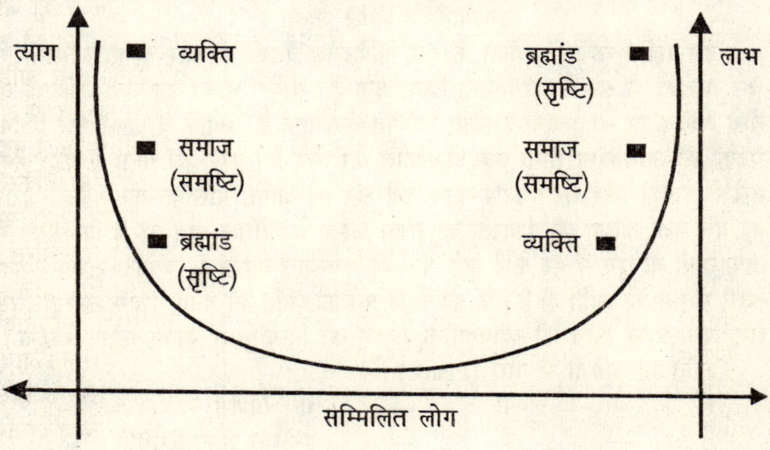

प्रस्तुत रेखाचित्र समझाता है कि व्यक्ति का त्याग, उसके समाज के त्याग से अधिक होना चाहिए, और समविष्ट (या समाज) का त्याग, ब्रह्मांड के त्याग से अधिक होना चाहिए। लाभ की स्थिति में यह क्रम उलटा चलता है।

इन लोगों को जो इस प्रक्रिया में शामिल हैं, प्राच्य भाषा में 'व्यक्ति', 'समष्टि' और सृष्टि। अधिकतम लोगों के लिए अधिकतम त्याग व्यक्ति (आत्मा) को सर्वव्यापी (परमात्मा) की ओर ले जाएगा। इस सर्वव्यापक को परमेष्ठि भी कहा जाता है।

व्यक्ति अपनी पूरी क्षमता से तभी कार्य कर सकता है, जब वह 'सम्पूर्ण मानव' के सर्वोच्च शिखर (स्थिति) तक पहुँच जाए। कृष्ण ने इसे परिभाषित करते हुए कहा कि वह हमारे चार कार्यशील घटकों—शरीर, मस्तिष्क, मन एवं हृदय के श्रेष्ठ संगम की स्थिति है। मैं कृष्ण के दर्शन की इस अवधारणा को 'कृपा' नाम देना चाहूँगा। कृष्ण का अर्थ है कृष्ण का दार्शनिक आकलन। आज के आधुनिक प्रबन्धन की भाषा में मैं इसे निम्नानुसार प्रस्तुत करता हूँ :

मस्तिष्क

—		भावनात्मक लब्धि		+
+	स्वार्थ केन्द्रित भौतिकवादी व्यक्ति		सम्पूर्ण मानव अर्थात माधव	+
कार्यात्मक लब्धि		मानव		बौद्धिक लब्धि
—	मर्कट		निर्दोष या वह व्यक्ति जो अपना स्वत्व छोड़ देता है	—
—		आध्यात्मिक लब्धि आत्मा		+

इस रैखीय सांचे में व्यक्ति के चार क्रियाशील घटकों को चार चलित लब्धियों के चार चालकों के रूप में अभिव्यक्त किया गया है। सम्पूर्ण मानव इन चारों लब्धियों के बीच अधिकतम समतुल्यता इसलिए स्थापित कर पाता है, क्योंकि वे अपने चार ऐंद्रिक घटकों को अधिकतम सीमा तक क्रियाशील कर लेता है। कृष्ण की गीता में यह 'कृपा प्रादर्श' इसका और सरलीकरण करके इसे मन की शांति, मस्तिष्क की शक्ति, शरीर का बल तथा आत्मा का ईश्वरत्व का संगम कहता है। रोचक बात यह है कि आज के आपाधापी के युग में हर कोई इन्हें मन की समस्याएं कहता है, क्योंकि सबसे ज्यादा खतरे में मन की शांति ही है। मैं, कृष्ण की मन की शांति को बनाए रखने, उसे सुधारने तथा पुनः प्राप्त करने की व्यावहारिक सलाह को निम्नानुसार व्यक्त करना चाहूँगा।

शांति या अंग्रेजी में पीस (Peace)

P — पी — धैर्य (पेशेंस)

E — ई — प्रबोधन (इनलाइनमेंट)

A	—	ए	—	क्रियाशीलता (एक्टिविटी)
C	—	सी	—	साहस (करेज)
E	—	ई	—	ऊर्जा (एनर्जी)

शांति के लिए आवश्यक इन पाँच तत्त्वों को विकसित करना व्यक्ति के लिए आवश्यक है। आज के सभी मनोचिकित्सक, रासायनिक तथा भौतिक उपायों से इस मानसिक शांति को बढ़ाने का प्रयत्न अनेक गोचर एवं अगोचर अभिगमों द्वारा करते हैं, परन्तु मेरा बीस वर्षों का अनुभव यह है कि कृष्ण के शांति के सिद्धान्त का अभ्यास करना सबसे आसान है। धैर्य तभी सम्भव होगा, जब व्यक्ति को स्वयं पर विश्वास होगा—और इस प्रकार ईश्वर पर विश्वास होगा। ऐसा विश्वास प्रबोधन (ज्ञानवर्धन) का सीधा परिणाम होता है। (आज लोग संचार में अधिक व्यस्त हैं, इसलिए वास्तविक ज्ञान की अनदेखी की जा रही है।) प्रबोधन 'अपनी ऊर्जा की अनुभूति' का दूसरा नाम है (ई-अंग्रेजी का 'पीस' में अन्तिम अक्षर)। इस ऊर्जा का उपयोग समस्त उत्पादक गतिविधियों में त्याग एवं लाभ के लिए किया जाना चाहिए (उसी क्रम में जैसा पूर्व में परिभाषित किया गया है)। जब तक व्यक्ति मन की चरम शांति की अवस्था में नहीं पहुँच जाता, तब तक उसे अपने जीवन के सत्यनिष्ठ सिद्धान्तों को परिभाषित एवं लागू करने के लिए अधिकतम 'साहस' से काम लेना चाहिए।

जैसा कि मैंने पहले ही कहा है लब्धियों का सम्पूर्ण उपयोग तभी हो सकेगा, यदि कोई सभी चारों पुरुषार्थों (मूल गुणों) या ब्राह्मण, क्षत्रिय, वैश्य एवं शूद्र के कार्यों को पूरी निष्ठा से संपादित करेगा। इन चार गुणों को चार भूमिकाओं के तौर पर भी व्यक्त किया जा सकता है, जिनका निर्वाह व्यक्ति करता है :

भूमिका	मुख्य विशेषता	पुरुषार्थ
नागरिकता	संस्कृति	ब्राह्मण
नेतृत्व	साहस	क्षत्रिय
उद्यमशीलता	व्यवसाय	वैश्य
समागम	संवेदना	शूद्र

एक ब्राह्मण के रूप में व्यक्ति को चाहिए कि वह संस्कृति का संवर्धन करे एवं उसके अनुसार आचरण करे। क्षत्रिय के रूप में वह सामना करे और आश्वस्त करे। वैश्य के रूप में वह रचे और सहयोग करे। अन्त में शूद्र के रूप में वह साज-सँभाल और उपचार करे। मानव अपनी मातृभूमि के प्रति अपने नागरिक कर्त्तव्यों का निर्वहन निरन्तर करता रहे; वह अपने देश के भाई-बहनों को सम्पूर्ण समृद्धि की मंजिल तक ले जाए, वह धन वृद्धि और उसके उपयोग के नैतिक अभिगमों की स्थापना करे और संवेदना तथा प्रेमपूर्वक दूसरों की सेवा करे। एक सम्पूर्ण पुरुष के नाते कृष्ण ने इन भूमिकाओं के अधिकतम निर्वहन का प्रदर्शन किया।

वह पद्धति जो व्यक्ति के चारों ऐंद्रिक घटकों का संगम रचती है, को निम्न विवरण से समझा जा सकता है–

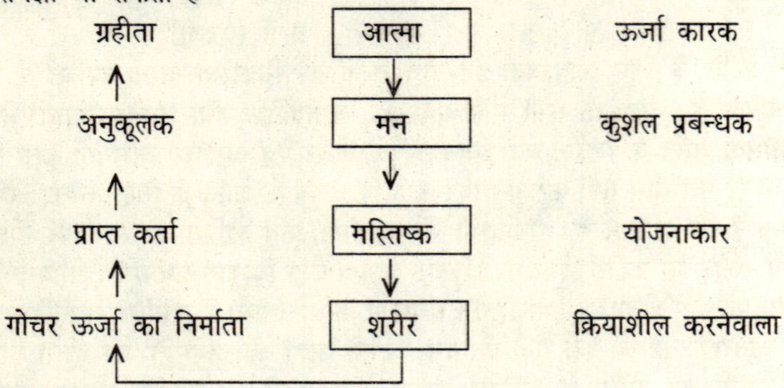

इस स्पष्टीकरण का सबसे रोचक तथ्य यह है कि आत्मा ऊर्जा कारक है (जो प्रणाली को प्रज्ज्वलित करती है) तथा उसी ऊर्जा को ग्रहण भी करती है। एक बार जब आत्मा प्रणाली को प्रज्ज्वलित कर देती है तो मन उसका कुशल प्रबन्धन मात्रात्मक एवं गुणात्मक दोनों प्रकार से करता है। इसका कारण यह है कि मन ही तमाम पर्यावरणीय मामलों और प्राथमिकताओं को ग्रहण करने में मुख्य भूमिका का निर्वाह करता है। मस्तिष्क ऐसी प्रबन्धक ऊर्जा को विविध भूमिकाओं के विभिन्न कार्यों को आवंटित करने की योजना बनाता है। अन्त में शरीर (मस्तिष्क के सहयोग से) ऊर्जा को कार्य में परिवर्तित करता है। फिर इस ऊर्जा का कार्य रूपांतरण गोचर ऊर्जा की वृद्धि के क्रमबद्ध प्रयत्न को चिरस्थायी बनाता है, और इस प्रकार यह ऊर्जा से कार्य तथा कार्य से ऊर्जा की निरन्तर यात्रा है। ऊर्जा और कार्य की यात्रा की इस निरन्तरता को आइन्स्टाइन के सूत्र '$E = MC^2$' के रूप में भी परिभाषित किया जा सकता है।

इस निरन्तरता को ऊर्जा के रूपांतरण के वैज्ञानिक सिद्धान्त की भाँति भी परिभाषित किया जा सकता है। गोचर विश्व का विज्ञान कहता है कि कुछ भी मरता नहीं, हर चीज रूपांतरित होती है। तो ऊर्जा की मृत्यु नहीं होती, वह केवल रूपांतरित होती है। यदि आत्मा का प्रबोधन सम्पूर्ण है और मन द्वारा उसका प्रबन्धन कल्याण की सही दिशा में हो रहा हो तो इसका रूपांतरण अत्यन्त लाभकारी कार्य होना चाहिए।

अब अगला अत्यन्त महत्त्व का सवाल व्यक्ति की चारों लब्धियों के बीच व्यावहारिक सम्बन्ध, चार ऐंद्रिक घटकों और चार मूलभूत इच्छाओं एवं कार्यों के बारे में है। कृष्ण इस जोड़ को अत्यन्त सरल ढंग से स्थापित करते हैं, जो अन्ततः वेदांत के सारतत्व का वर्णन है अर्थात् मानव जीवन के शाश्वत मार्गदर्शक सिद्धान्त। कृष्ण उन्हें इस प्रकार जोड़ते हैं :

अंग	लब्धि	क्रिया	शुद्धता प्रदायक
आत्मा	आध्यात्मिक	धर्म	स्पष्टता
मस्तिष्क	बुद्धि	अर्थ	कर्त्तव्य
शरीर	क्रियाशील	काम	पवित्रता
मस्तिष्क	भावनात्मक	मोक्ष	भक्ति

मुझे कृष्ण के अंगबद्ध सिद्धान्त और शिरडी के साईं बाबा के आम जन को व्यावहारिक सन्देश में सम्बन्ध दिखाई देता है। साईं बाबा इन चार मूलभूत गुणों को सत्य, धर्म, शांति और प्रेम कहते हैं। ये चार गुण सदा से वैश्विक रहे हैं और उनका अस्तित्व इस्लाम, ईसाई और बौद्ध धर्म से भी पहले का है, बल्कि हम आसानी से इस नतीजे पर पहुँच सकते हैं कि सभी धर्म, मत, वाद, पंथ एवं विचार अन्ततः इन चार गुणों तक ही पहुँचने चाहिए।

कृष्ण का पूरा जीवन और उद्देश्य इन चार गुणों द्वारा आंदोलित, अन्वेषित तथा क्रियाशील रहा। अपने हर कार्य से उन्होंने सत्य की सही तस्वीर की पुनर्स्थापना की। बाल्यावस्था में उन्होंने अपने ग्रामीण बंधुओं से कहा कि वे गोवर्धन पर्वत की प्रशंसा करें न कि इन्द्र की। उन्होंने 'जियो और जीने दो' के अधिकार के सत्य को, जरासंध को समाप्त करके तथा उसकी कारा में बंद राजकुमारियों को मुक्त कराके प्रतिस्थापित किया। उन्होंने महाभारत युद्ध का संचालन कर धर्म की पुनर्प्रतिष्ठा की। धर्म क्या है, यह अर्जुन को सविस्तार अपने संभाषण में समझाया, जिसे बाद में व्यास मुनि ने 'गीता' के रूप में लिपिबद्ध किया। कृष्ण ने हमेशा अपनी चालों को शांति को कायम रखने एवं उसका आनन्द उठाने के लिए प्रयुक्त किया, जब भी ऐसा करना आवश्यक हुआ। इसी शांति के लिए उन्होंने कालिया को क्षमा किया तथा उसे अनुशासित भी किया। युद्ध रोकने के लिए उन्होंने कौरवों से केवल पाँच ग्राम देने का निवेदन किया। उन्होंने कालयवन से आमने-सामने की एकल लड़ाई का प्रबन्ध किया। कालयवन तथा जरासंध को उन्होंने बड़ी युक्तिपूर्वक मारा, ताकि निर्दोष जनता की शांति नष्ट न हो।

उनके जीवन का चौथा गुण 'प्रेम' था। कृष्ण स्वयं प्रेमावतार थे। उनका समग्र जीवन विशुद्ध तथा निःस्वार्थ प्रेम का दृष्टांत था। वे सभी से प्रेम करते थे और सभी उनसे प्रेम करते थे। भीष्म से अर्जुन तक, कुंती से द्रौपदी, नन्द एवं अक्रूर हर किसी ने कृष्ण के पारदर्शी प्रेम का आनन्द लिया। कृष्ण ने सत्य की पुनर्स्थापना के लिए धर्म को स्थापित किया। शाश्वत शांति के लिए प्रेम के सिद्धान्त की वकालत की। प्रेम से शांति स्थापित होती है और शांति प्रेम को प्रेरित करती है। प्रेम एवं शांति का रिश्ता द्विमार्गी है, जैसा कारण और परिणाम में होता है। सत्य, कर्त्तव्य, शांति और प्रेम का उद्घाटन सही ढंग से और लगातार जारी रह सकता है, बशर्ते मन का प्रबन्धन सही हो। मस्तिष्क का शुद्ध तर्क एवं आत्मा द्वारा प्रस्तावित पवित्रता विचलित होती है, यदि मन अशांत हो। इसलिए

कृष्ण ने गीता के अध्याय छह श्लोक 35वें में हमें याद दिलाया है :

असंशयं महाबाहो मनो दुर्निग्रहं चलम्।
अभ्यासेन तु कौन्तेय वैराग्येण च गृह्यते॥

मन अस्थिर होता है और मर्कट की तरह व्यवहार करता है। हम इसे अभ्यास द्वारा नियंत्रित कर सकते हैं और अनासक्ति की भावना से और भी नियंत्रित कर सकते हैं। उनका कहना है कि जब परिणाम या पुरस्कार की आकांक्षा हो, तब मन अस्थिर हो जाता है। यदि इन आकांक्षाओं को सर्वव्यापी पर छोड़ दिया जाए, तब व्यक्ति 'बाध्य किए गए परिणामों' की दासता से खुद को मुक्त कर सकता है। कृष्ण ने सभी की सहायता की और हर बार जब प्रतिफल की बात आई तो स्वयं को उनसे अलग कर लिया। इसीलिए हम उन्हें एक से दूसरे उद्देश्य को प्राप्त करते, बिना किसी कष्ट के आनंदित मन से सतत यात्राएँ करते देखते हैं। प्रत्येक उपलब्धि के पश्चात् वे किसी इनाम, प्रशंसा या प्रतिफल में उलझकर नहीं रह गए। उसी अनासक्ति की भावना से वे एक के बाद दूसरी मंजिलें तय करते गए। ऐसा करते समय उन्होंने सदैव एक 'योगी' की छवि प्रस्तुत की, जो जीवन को दूर से देखता है। योगी सभी के साथ अपनी एकात्मता से आनंदित होता है और वह सभी से अलग तथा विरक्त भी रहता है।

मन, शरीर, मस्तिष्क और आत्मा का संगम सम्भव है, यदि मनुष्य कुछ गुणों को विकसित करे। इसे कृष्ण ने निम्नानुसार स्पष्ट किया है :

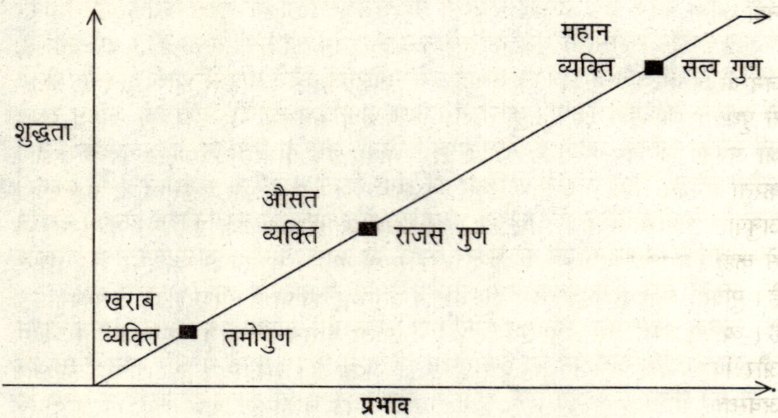

जिस व्यक्ति में सत्व गुण हों, उसकी पहचान त्याग और आध्यात्मिक आचरण गुणों से हो सकती है। सत्व गुण अन्तिम आनन्द की स्थिति तक व्यक्ति को पहुँचा देता है और उसे आह्लादित कर देता है। यदि यह प्रसन्नता उसकी स्थायी आकांक्षा बन जाए तो वह राजस गुणों के जाल में उलझ जाता है। ऐसे व्यक्ति राजस गुणों से वेष्ठित होते हैं, जो प्रत्येक कार्य प्रतिफल की इच्छा से करते हैं। कदाचित ऐसा व्यक्ति अधिक कुछ न करे यदि उसे पता हो कि बदले में कुछ मिलने वाला नहीं है। दूसरे शब्दों में व्यक्ति

तब सात्विक कहलाएगा जब वह अनासक्ति और आसक्ति को एक समान सहजता से ग्रहण करे। राजसी व्यक्ति मन और शरीर के सभी सुखों के प्रति आसक्त हो जाता है। उस व्यक्ति में तमोगुण होता है, जो दूसरों को हानि पहुँचाने में प्रसन्न होता है। उसे राक्षस कहा जा सकता है। राजा विश्वामित्र 'ऋषि' या 'मुनि' बनना चाहते थे अर्थात् आध्यात्मिक गुरु। अपने अथक प्रयासों से वे ऋषि बन गए, परन्तु उन्हें राजर्षि कहा गया, क्योंकि उनके मन में ऋषि कहलाने की तीव्र लालसा थी। जिस क्षण उन्होंने इस इच्छा को तिलांजलि दे दी, उनके समकालीनों ने उन्हें 'महर्षि' कहना आरम्भ कर दिया।

कृष्ण के जीवन की ओर देखता हूँ तो पाता हूँ कि प्रत्येक महान कार्य के अवसर पर वे सांसारिक आकांक्षाओं से अनासक्त रहे। जब भी उन्होंने किसी राक्षस राजा को मारा, उन्होंने उसी के पुत्र को राजसिंहासन पर बिठा दिया। यदि वे इन राज्यों को यादव वंश के राज्य में मिलाना चाहते तो बड़ी आसानी से ऐसा कर सकते थे। उन्होंने नर्क को स्वर्ग में बदलने के लिए विश्व की स्व-अनुशासन प्रणाली में सुधार किया। यहाँ एक दिलचस्प तुलना करना उचित होगा। भारत ने पूर्वी पाकिस्तान को पाकिस्तान के राक्षसी पंजों से मुक्त कराया। बांग्लादेश नाम से एक नए देश का अविर्भाव हुआ। भारत ने बांग्लादेश को वहाँ के नागरिकों को सौंप दिया। राम ने रावण को मारकर लंका विभीषण को सौंप दी। भारत की सांस्कृतिक पद्धति पक्षपातहीनता की विशुद्ध अवधारणा पर आधारित है। मुझे पाश्चात्य देशों के इतिहास में, इसके समकक्ष कोई उदाहरण नजर नहीं आता है।

वेदों की दार्शनिक भाषा में, व्यक्ति तभी 'योगी' होता है जब वह प्रकृति को आम जन के लाभार्थ क्रियाशील करता है। ऐसा करते समय वह स्वयं को प्रकृति के प्रभाव से पृथक रखता है। वह 'पुरुष' की तरह आचरण करता है, अर्थात् परम चैतन्य मानव जो अपनी पूर्ण क्षमता से कार्य करता है। 'भोगी' वह होता है जो प्रकृति को क्रियाशील करता है और उसके प्रभाव में लिप्त हो जाता है। जब राक्षसी प्रवृत्तियों के कारण यह अनुपात गड़बड़ा जाता है तब वह 'रोगी' बन जाता है। कृष्ण ने गीता में स्पष्ट रूप से कहा कि एक रोगी भी सामान्य आकांक्षाओं सहित मुक्ति के मार्ग पर चल सकता है। मुक्ति की इस सरल इच्छा को मन में उतारना कठिन है। परन्तु यह असम्भव नहीं है। व्यक्ति जब किसी योगी के संपर्क में आता है तब वह शनैः शनैः रोगी से भोगी और फिर भोगी से योगी में रुपांतरित हो जाता है। इसे स्वयं को जानने की तीन अवस्थाएं भी कहा जा सकता है। पश्चिम ने अनेक वैज्ञानिक शोध किए और कई ऐसे उपकरण बनाए, जिन्होंने मौलिक जीवन को सुविधाजनक बना दिया। उसने विचार करने की वैज्ञानिक विधि का विकास किया। सीधे शब्दों में उसने मस्तिष्क और शरीर की भूमिका का समाधान किया। उसने मन को अनुशासित करने के अनेक अभिगम भी विकसित किए, परन्तु मन एवं आत्मा, मस्तिष्क एवं आत्मा तथा शरीर और आत्मा का समाधान न कर सका। प्राचीन भारतीय शोध ने यथेष्ठ रूप से प्रमाणित किया कि अन्ततः आत्मा ही मुख्य विषय-वस्तु है। आत्मा ही मस्तिष्क, शरीर एवं मन जैसे नश्वर

घटकों को ऊर्ज्वसित करती है। इस प्रकार पूर्व ने भावनात्मक लब्धि की परिधि से आगे जाकर अपने शोध द्वारा हमें आध्यात्मिक उपलब्धि तक पहुँचा दिया। इस आध्यात्मिक उपलब्धि को विस्तारित करने और उसमें गहरे उतरने पर व्यक्ति परम चेतना की स्थिति तक पहुँच सकता है। आत्मा, परमात्मा में विलीन हो सकती है। यह विलय बाहरी लोगों के लिए बाह्य, द्रष्ट या मापने योग्य हो, यह जरूरी नहीं है। यह केवल एक साधारण आत्मा का असाधारण आत्मा में अलंकरण है। एक असाधारण आत्मा के रूप में जो चिह्न अंकित होता है, वह ऐसी स्व-क्रियाशील प्रणाली निर्मित कर सकता है, जो पूर्ण-पुरुष जैसा कार्य करे। ऐसी श्रेष्ठ आत्मा तब कह सकती है-'अहं ब्रह्मास्मि'। मैं ही सर्वव्यापी तत्त्व हूँ।

कृष्ण ने इस साधारण आत्मा की असाधारण आत्मा बनने की यात्रा को इन शब्दों में व्यक्त किया है :

निर्माणमोहा जितसंगदोखा
अध्यात्म नित्या विनिवृत्तकामाः।
द्वन्द्वैविमुक्ताः सुखदुःखसंज्ञै-
गर्च्छन्त्यमूढ़ाः पदमव्ययं तत्॥

वह जिसने स्वयं को अभिमान, आकांक्षाओं एवं अन्यान्य इच्छाओं से मुक्त कर लिया है और सुख तथा दुख को समान सहजता से स्वीकार करता है; अपने अंगभूत घटकों का समाधान आध्यात्मिक परिपक्वता को अमल में लाकर कर सकता है। ऐसा व्यक्ति परमात्मा के उच्चतम सोपान तक पहुँच सकता है।

तत्पश्चात् कृष्ण साधारण आत्मा के असाधारण आत्मा में रूपांतरण के लिए तीन वैकल्पिक रास्ते बतलाते हैं। यह रूपांतरण क्रमिक प्रक्रिया द्वारा निम्नानुसार होता है:—

संगठन — प्रतिफल या पुरस्कार की चिन्ता किए बगैर अपनी क्षमताओं का अधिकतम उपयोग।

मुक्ति — स्वयं को भौतिक भावनाओं से मुक्त करना जो व्यक्ति को भोगी की स्थिति पर पहुँचा देती है अर्थात् भौतिक सुखों का अधिकतम उपयोग।

अनुभूति — अनुभव करो कि तुम परम चेतना के विशुद्ध एवं शक्तिमान के प्रतिनिधि हो। तुम अनश्वर आनन्द के वाहक हो।

रूपांतरण — उपरिवर्णित स्व-अनुभूति को स्वयंमेव रूपेण आत्मा को क्रियाशील करना चाहिए (इसमें विवेकी मस्तिष्क, शक्तिशाली शरीर तथा कुशल प्रबन्धक मन अपना-अपना एकबद्ध सहयोग करेंगे) और आत्मा का परमात्मा में विलय हो जाएगा। यही परमात्मा की अन्तिम स्थिति है। जब व्यक्ति को यह अनुभूति हो कि परमात्मा उसके भीतर है, तब यह आध्यात्मिक रूपांतरण का परिचायक है।

यहाँ एक दिलचस्प निरीक्षण का उल्लेख किया जाना चाहिए। संस्कृत में परमात्मा

को 'आलम' कहते हैं (अर्थात् वह जो सर्वव्यापी है)। वह आलम अंग्रेजी में All तथा उर्दू में 'अल्लाह' हो गया। अतः परमात्मा के विषय में शाश्वत सत्य, सभी धर्मों में एक ही है।

कृष्ण के रूपांतरण के तीनों मार्ग अत्यन्त द्रष्ट और सरल होते हुए भी अन्य धार्मिक पैगम्बरों एवं गुरुओं द्वारा दिए गए उपायों की बनिस्बत, विस्तृत है। ये अभिगम इसलिए सरल है, क्योंकि वे किसी एक कठोर पथ की वकालत नहीं करते, जिस पर चल कर ही मोक्ष, रूपांतरण या मुक्ति मिल सकती है। यह हमें पुनः उसी निष्कर्ष की ओर ले जाता है कि वेदांत या सनातन धर्म, मन, शरीर, मस्तिष्क एवं आत्मा के आध्यात्मीकरण को परिभाषित करने का सर्वाधिक लचीला उपाय है। यहाँ यह जान लेना आवश्यक है कि पूर्वी दर्शन की उदार संरचना एवं पद्धति, प्रत्येक सह-अस्तित्व का आश्वासन देती है। वह उन लोगों में भेद नहीं करती, जो मुक्ति या आध्यात्मीकरण के अन्य मार्गों के अनुयायी हैं। इसके विपरीत पिछले दो हजार साल में उदित हुए कुछ धर्मों या पंथों की कट्टरता सह-अस्तित्व के लिए बड़ा खतरा सिद्ध हो रही है।

कोई सीधा-सरल और अशिक्षित व्यक्ति स्वयं का आध्यात्मीकरण किस प्रकार कर सकता है और कैसे परमात्मा की स्थिति की अनुभूति कर सकता है? या कोई अतिवादी तार्किक व्यक्ति जो ईश्वर की अवधारणा पर विश्वास नहीं करता है, प्रदर्शन के उच्चतम बिन्दु को कैसे छू सकता है? हम सर्वव्यापी के आशीष का आनन्द कैसे उठा सकते हैं, जब हम दिन-प्रतिदिन की चिन्ताओं और भ्रमजाल में इस कदर उलझे हुए हैं? कृष्ण इन प्रश्नों का उत्तर बड़ी सहजता किन्तु विस्तारपूर्वक अर्जुन से हुए अपने संवाद के माध्यम से देते हैं, जिसे संत ज्ञानेश्वर ने अपनी 'ज्ञानेश्वरी' में विलक्षण टीकाओं द्वारा व्यक्त किया है।

पहला अभिगम कर्म है। जो अपने निर्धारित कार्य को अपनी पूरी क्षमता से सम्पन्न करेगा, वह उच्चतम चेतना की स्थिति तक पहुँच सकता है। इसके लिए कर्म करनेवाले के लिए आवश्यक है कि वह इस महत्त्वपूर्ण सिद्धान्त में आस्था रखे और कर्म से प्राप्त होने वाले प्रतिफल की फिक्र न करे। प्रतिफल या पुरस्कार स्वचालित है। महान उद्योगपति, वैज्ञानिक, खिलाड़ी एवं नेता एक के बाद एक मील का पत्थर अपने प्रदर्शन से पार करते जाते हैं और पूर्व उपलब्धियों से चिपके नहीं रहते। एक उपलब्धि के बाद वे दूसरी की ओर बढ़ जाते हैं। यह सब सरलता से होता जाता है, क्योंकि वे सफलता की एक सीढ़ी पर ही स्थिर नहीं हो जाते। एक महान बल्लेबाज एक शतक लगाकर, दूसरे के लिए तैयार हो जाता है। उसके लिए हर पारी एक नई शुरुआत होती है। जब कोई बल्लेबाज अपने शतक के निकट पहुँचता है, तब उसे दबाव महसूस होने लगता है कि वह शतक पूरा कर पाएगा या नहीं। इस दबाव के कारण ध्यान केंद्रित करने की मन की शक्ति कम हो जाती है। अस्तु उसे स्वयं को आश्वस्त करना चाहिए कि शतक उसके प्रदर्शन का स्वयंसिद्ध परिणाम है। एक सफलता पर ही उसे रुक नहीं जाना चाहिए। यात्रा एक मील के पत्थर से दूसरे की ओर निर्भय होकर एवं शांत चित्त से

जारी रहनी चाहिए। एक असफलता से हम रुक न जाएँ और एक सफलता से अहंकारी तथा अति-आत्मविश्वासी भी न बन जाएँ। विचार करने के लिए मन की असंलग्नता आवश्यक है और यह सोच-विचार हमारी सारी व्यवस्था को उच्चतम बिन्दु तक पहुँचने के लिए तैयार करता है।

कृष्ण कर्म को स्वधर्म कहते हैं। व्यक्ति, पति, पिता, पुत्र, मित्र, पेशेवर कर्मचारी अथवा नियोक्ता के तौर पर अपने स्वधर्म का पालन उच्चतम क्षमता से करे। पश्चिम इसे 'बेंचमार्किंग' या 'प्रदर्शन का अधिकतमीकरण' कहता है। अर्जुन स्वधर्म का अभ्यास करनेवालों का स्वाभाविक मानव रूप था। जब वह कुरुक्षेत्र में अपना स्वधर्म भूल गया, कृष्ण ने उसे याद दिलाया। अर्जुन के मन ने उसके मस्तिष्क पर भावनात्मक प्रभाव डाला, जिसके कारण वह कमजोर पड़ने लगा। कृष्ण ने उसकी आन्तरिक शक्ति को जाग्रत किया। अर्जुन को जाग्रत करने के लिए कृष्ण ने उसे अपने विराट रूप का दर्शन कराया। उन्होंने उसे आश्वस्त किया कि वे दो पृथक आत्माएँ नहीं हैं। जब आत्मा व्यक्ति की क्रमबद्धता के सर्वोच्च सोपान पर पहुँचती है, तब वह स्वचालित रूप से उच्चात्मा बनकर परमात्मा में विलीन हो जाती है। ऐसा तभी होता है जब व्यक्ति स्वयं को स्वधर्म के प्रतिफल से पृथक कर ले।

स्वधर्म का पालन सभी के अधिकतम लाभ के लिए किया जाना चाहिए। ज्यादातर अंग्रेज अधिकारी, जब वे भारत पर शासन करते थे, तब अपने कर्त्तव्य का ठीक से पालन करते थे, परन्तु उनका प्रदर्शन केवल ग्रेट ब्रिटेन के अवैधानिक और अनुचित हित के लिए था। वह चूँकि भारत के लिए नहीं था, अतः सभी के उच्चतम हित में नहीं था। हमारे राजागण एवं उनके परामर्शदाता भी ऐसा ही उदाहरण प्रस्तुत करते हैं। भारतीय इतिहास के मध्यकाल में शासन करनेवाले क्षत्रियों तथा दबंग ब्राह्मणों ने छोटे एवं सम्पन्न वर्ग के लिए अच्छा प्रदर्शन किया, पर सभी के हित में नहीं। आज के श्रम संगठन एवं राजनीतिक कार्यकर्त्ता अपने-अपने वर्ग के हित में अच्छा प्रदर्शन करते हैं, पर वह देश के हित की कीमत पर करते हैं। एक आतंकवादी माफिया का सेवक भले ही अपने स्वधर्म का उचित रीति से पालन करता हो, परन्तु समष्टि के हित में नहीं करता। ऐसी ही भूल भीष्म एवं द्रोणाचार्य ने की थी। उन्होंने अपने कर्त्तव्य को हस्तिनापुर के प्रति निष्ठा कहकर परिभाषित किया। उनकी परिभाषा गलत थी, क्योंकि वह बहुसंख्यकों के हित में नहीं थी, ऊपर से वह गलत नींव पर स्थित थी, क्योंकि वह नींव पांडवों के प्रति अन्याय से पड़ी थी। अन्ततः दोनों ही युद्ध में वीरगति को प्राप्त हुए।

कर्म या कर्त्तव्य मानवता के तीन तत्त्वों को आगे बढ़ाएँ-स्वाधीनता, पक्षपातहीनता और बंधुत्व। फ्रांस की क्रांति के भी यही तीन प्रेरक तत्त्व थे। डॉ. बाबा साहेब अम्बेडकर ने भी लोकतांत्रिक व्यवस्था में 'कल्याणकारी अर्थनीति' के इन्हीं तीन मूलभूत लक्ष्यों पर बल दिया था। यहाँ एक महत्त्वपूर्ण तथ्य की ओर ध्यान देना चाहिए। पश्चिम ने अपने ईसाइयत के सिद्धान्त के चलते स्वतंत्रता को चरम बिन्दु तक पहुँचा दिया। इस्लाम ने भाईचारे के सिद्धान्त का प्रतिपादन किया, जबकि बौद्ध धर्म ने मुख्यतः पक्षपातहीनता

की आवश्यकता को रेखांकित किया। कृष्ण अपने कर्मयोग के सिद्धान्त में इन तीनों मूलभूत तत्त्वों को समाहित करते हैं। चूंकि वे स्वयं कर्मयोगी थे, सो उन्होंने स्वतंत्रता, पक्षपातहीनता तथा बंधुत्व, तीनों का ही प्रदर्शन किया।

पुरुषोत्तम या परमात्मा की स्थिति तक पहुँचने का कृष्ण का दूसरा अभिगम, कदाचित कलियुग में हमारे लिए सर्वाधिक सुगम है। उनका अभिगम भक्तियोग है। भक्ति सर्वव्यापी की मानसिक अनुभूति है। इसका क्रमबद्ध अर्थ है, सर्वव्यापी के प्रति आदर व्यक्त करने की भौतिक रस्म। इसका परिपक्व अर्थ है यह अनुभव करना कि परमात्मा का निवास ब्रह्मांड के पाँच घटकों—जल, वायु, पृथ्वी, आकाश और अग्नि में है। इन्हें लोकप्रिय भाषा में पंचतत्त्व भी कहा जाता है। वैज्ञानिक दृष्टि से ये पाँच तत्त्व मिलकर जीवन-तत्त्व का निर्माण करते हैं अर्थात् जीने का सार। अतः तार्किक और वैज्ञानिक दृष्टि से परमात्मा और आत्मा एक ही हैं। भक्ति से इसकी धीरे-धीरे अनुभूति होती है। परिपक्वता की प्रारम्भिक अवस्था में श्रद्धालु को परमात्मा के एक नज़र आनेवाले प्रतीक की आवश्यकता होती है। परमात्मा की भाववाचकता को कम करने के लिए और उसे समझने के लिए ऐसे द्रष्ट प्रतीक का होना जरूरी है। इसलिए सनातन धर्म प्रत्येक व्यक्ति को छूट देता है कि वह परमात्मा के अपने प्रतीक का चुनाव कर ले। जो व्यक्ति अपनी माता या पिता में इस परम तत्त्व को देखता है, वह भी श्रद्धालु है। इस प्रकार कृष्ण के भक्ति सिद्धान्त में जो छूट भक्त को दी गई है, वह असीमित है।

जब हम कृष्ण के जीवन तथा उद्देश्य के विषय में पढ़ते हैं तो उनमें अनेक प्रकार की श्रद्धा एवं श्रद्धालुओं के दर्शन होते हैं। राधा की श्रद्धा अर्जुन की श्रद्धा से अलग प्रकार की थी। कुंती की श्रद्धा और द्रौपदी की श्रद्धा में अन्तर था। सुदामा की श्रद्धा अक्रूर की श्रद्धा से भिन्न थी। भक्ति मन की वह सरल अवस्था है जो व्यक्ति की आत्मा को आश्वस्त करती है कि पुरुष एवं प्रकृति एक ही है। पुरुष कर्ता है, प्रकृति माध्यम है। कर्ता माध्यम सहित अस्तित्व में रहता है और दोनों एक-दूसरे के बिना अधूरे हैं। भगवान शिव के भक्त इसे शिव और शक्ति का सम्बन्ध कहते हैं। जब शिव एवं शक्ति की एक साथ कल्पना की जाए तो पुरुष तथा प्रकृति की एकात्मकता को समझना सरल हो जाएगा।

ईश्वर के अस्तित्व के सम्बन्ध में भक्ति एक व्यक्तिगत अनुभूति हो सकती है, जिसे सनातन धर्म मानता है। जो लोग कहते हैं कि ईश्वर का कोई अस्तित्व नहीं है और वह मात्र कवि की कल्पना है या भय के कारण लोग उसे मानते हैं, वे दरअसल आत्मा और मन, मन और मस्तिष्क तथा मस्तिष्क और शरीर के बीच समतुल्यता को नकारते हैं। ये लोग स्वयं को चेतना के अत्यन्त उच्च शिखर की कल्पना करने एवं वहाँ पहुँचने से वंचित कर देते हैं। इसलिए विचार की भाषा में भक्ति या श्रद्धा एक सरल अभ्यास है, जिसमें व्यक्ति खुद को परम चैतन्य के नजदीक महसूस करता है। भक्ति के शिरोबिन्दु में व्यक्ति में स्व-अनुभूति होती है जो कि उसे चेतना और परम चेतना के

विलय की ओर ले जाती है। अहम् ब्रह्मास्मि वह पूर्ण परिपक्व मनोदशा है, जो व्यक्ति को अपनी पूर्ण क्षमता से कार्य करने के लिए प्रेरित करती है। अगर हम अनेक सफल नेताओं की सफलता की कहानियों का विश्लेषण करें तो पता चलता है कि उन्होंने अपनी अधिकतम क्षमता से कार्य किया था। उनमें से कइयों ने तो जटिल समस्याओं को सुलझाने के लिए अपनी अदृश्य या अप्रयुक्त ऊर्जा की तलाश की थी। उनमें से कई के प्रदर्शन साधारण मानवीय प्रदर्शनों के हिसाब से अविश्वसनीय थे। जो शिवाजी ने दक्षिणी और पश्चिमी महाराष्ट्र के निर्दोष लोगों के लिए किया, जो मार्टिन लूथर किंग ने अमेरिका के बेकसूर अश्वेतों के लिए किया या डॉ. अम्बेडकर ने भारत के अस्पृश्यों के लिए किया, वह उच्च चेतना के कार्य थे। इसीलिए डॉ. अम्बेडकर अपने अनुयायियों के लिए ईश्वर हैं, जैसे राम या कृष्ण उनके अनुयायियों के लिए भगवान हैं। निष्कर्ष यह है कि परम चेतना को ईश्वर कहा जा सकता है। इसी कारण से स्वर्ग का तार्किक विश्लेषण सु-वर्ग अर्थात् बेहतर सभ्यता होगा। स्वर्ग के निवासी या सदस्य ही देव या भगवान कहलाते हैं। ये भगवान और देवगण श्रेष्ठ इनसान हैं जो परिपक्वता और आध्यात्मिकता में बेहतर हैं। इसलिए अब यह तर्कसंगत दृष्टि से स्वीकार्य होगा कि कुंती ने अपने महान पुत्र इन्द्र, वायु, यम और सूर्य जैसे देवताओं से प्राप्त किए थे। महाभारत में ऐसे भी सन्दर्भ हैं, जिनसे पता चलता है कि अर्जुन की शिव से, भीम की हनुमान से और व्यास मुनि की गणेश जी से भेंट हुई थी। शिव, हनुमान और गणेश सभी उसी परम-चेतना के विविध द्रष्ट रूप हैं। राजकुमार सिद्धार्थ गौतम बुद्ध बन गए और वर्धमान महावीर बन गए, क्योंकि उन्होंने परम चेतना की स्थिति का स्पर्श कर लिया था। यद्यपि बौद्ध और जैन धर्म बाहर से देखने में ईश्वर की अवधारणा में विश्वास नहीं करते, परन्तु बुद्ध और महावीर के अनुयायी उन्हें भगवान मानते हैं। इसलिए सरल शब्दों में निष्कर्ष निकलता है कि भगवान परम-आत्मा हैं। परम से तात्पर्य व्यक्ति की परिपक्वता की अन्तिम या उच्चतम स्थिति है।

अस्तु भक्ति योग वह क्रमिक अभ्यास है, जो माधव (ईश्वर) तथा मानव (व्यक्ति) के बीच भावनात्मक सम्बन्ध बनाता है। जैसे-जैसे यह सम्बन्ध गहरा होता जाता है, माधव और मानव के बीच का फासला घटता जाता है और संगम के अन्तिम बिन्दु पर मानव, माधव में विलीन हो जाता है। स्वामी रामकृष्ण परमहंस का उदाहरण हमारे सामने है जो भगवान से एकाकार हो गए थे और इससे भक्तियोग की व्यावहारिक उपयोगिता सिद्ध होती है जो मन को समस्त प्रलोभनों, आकांक्षाओं और चिन्ताओं से मुक्त कर देता है। यही वह भक्ति का विशुद्ध रूप है, जिसका प्रतिपादन एवं प्रचार आगे चलकर स्वामी विवेकानन्द ने किया।

कृष्ण के दर्शन और (सनातन धर्म) की महानता, उसकी व्यावहारिक नमनीयता है। कृष्ण भक्ति की किसी एक प्रक्रिया या विधि की अनुशंसा नहीं करते, न जोर-जबर्दस्ती करते हैं। वे स्पष्ट कहते हैं कि भक्ति से समस्त मार्ग अन्त में परम चेतना में विलीन हो जाते हैं। दूसरे शब्दों में वे अनेकता में एकता की बात करते हैं। इसलिए परम्परागत

रूप से और व्यावहारिक दृष्टि से सनातन धर्म के वर्तमान हिन्दुत्व रूप का किसी देवता विशेष या विशेष धर्मग्रंथ अथवा विशेष पूजा स्थल के प्रति आग्रह नहीं है। परन्तु दुर्भाग्य से भक्तियोग की इस नमनीयता को गलत अर्थ हिन्दुत्व के आलोचकों तथा कर्मकांड करनेवाले रूढ़िवादियों, दोनों के द्वारा निकाला जा रहा है।

फिर भी यह सच है कि उन श्रद्धालुओं के लिए, जो अभी चेतना के प्रारम्भिक चरण में है, सरल एवं दिखाई देने वाली रस्में क्रमबद्ध सहजता उपलब्ध कराती है। इसलिए मंदिर जाना, ध्यान करना या संध्या भजन करना भक्ति के कुछ सरल उपाय हैं, जिनका पालन करना श्रद्धालु के लिए सुगम है। प्राच्य यौगिक अभ्यासों की एक महानता यह भी है कि उन्होंने आध्यात्मिक उपलब्धि को बौद्धिक एवं क्रियात्मक उपलब्धियों से जोड़ दिया है। उदाहरण के लिए सूर्य नमस्कार को लें। इसकी समूची योगिक प्रक्रिया शारीरिक एवं मानसिक मजबूती तो प्रदान करती ही है, उससे ब्रह्मांड की आध्यात्मिक संतुष्टि एवं अनुभूति भी प्राप्त होती है।

भक्तियोग की भारत में शास्त्रीय गायन एवं वाद्य संगीत की शक्तिशाली प्रक्रिया से भी युति है। संगीतात्मक भक्ति या आराधना व्यक्ति की संगीत प्रतिभा तथा आध्यात्मिक परिपक्वता के साथ शारीरिक सुदृढ़ता के मिश्रण का श्रेष्ठ उदाहरण है, जबकि अधिकांश पाश्चात्य संगीत प्रक्रियाएँ कुछ हद तक शरीर को व्यवस्थित करती है, मन को नहीं। पाश्चात्य संगीत शैली शरीर-मस्तिष्क-मन-आत्मा का संगम नहीं बनाती। भारतीय संगीत चाहे वह वाद्य संगीत हो या गायन, ऐसे संगम की रचना बड़ी सहजता से करता है।

भक्तियोग की अन्य खासियत उसका व्यक्ति की खानपान की आदत के प्रति सुझाव है। शरीर-मस्तिष्क-मन-आत्मा क्रियात्मक दृष्टि से परस्पर संबद्ध हैं, अतः खाद्य वस्तु तथा उसकी मात्रा का सन्देश भी 'गीता' में उपलब्ध है। प्रश्न है कि मस्तिष्क-शरीर-मन और आत्मा के उत्तमोत्तम एवं स्थायी सामंजस्य हेतु श्रेष्ठ आहार क्या है? वैज्ञानिक नजरिए से भी सात्विक आहार अर्थात् संतुलित आहार सबसे अधिक स्वाभाविक है और मनुष्य तथा पशुओं के अन्तर को स्पष्ट करता है। वह मानव को परम चेतना के सन्निकट जाने के लिए प्रोत्साहित करता है। यह मस्तिष्क द्वारा संचालित तथा शरीर द्वारा क्रियान्वित रासायनिक प्रतिक्रियाओं को प्रभावित करता है। इस प्रकार यह मस्तिष्क की अधिक सरलता से केंद्रित करने में सहायता करता है तथा मस्तिष्क को पुष्ट करता है ताकि वह कुशल प्रबन्धक मन को दिशा-निर्देश दे सके।

भक्तियोग तथा उसका असर आनन्दमय वातावरण निर्मित करते हैं। पुनः सनातन धर्म कुछ सरल क्रियाओं तथा नैसर्गिक पर्यावरण की सलाह देता है, जिससे भक्तियोग के लिए व्यक्ति तैयार हो सके। भारतीय मंदिरों की संरचना, भक्ति अभ्यासों के लिए अत्यधिक सहायक होती है। ये मंदिर तत्काल आपके मन और शरीर को तनावपूर्ण वातावरण से पृथक कर देते हैं। कुछ और भी कारण हैं जो हिन्दू मंदिरों को अन्य पूजा स्थलों से श्रेष्ठ प्रमाणित करते हैं।

वार्तालाप के दौरान आगे चलकर कृष्ण सहज रूप से निष्कर्ष प्रस्तुत करते हैं कि व्यक्ति का श्रेष्ठ प्रदर्शन या कर्त्तव्य की इतिश्री (कर्मयोग के ध्येय की पूर्ति) एक तरह की भक्ति ही है। अपनी पूर्ण क्षमता से, अधिकाधिक जनसंख्या के अधिकतम हित के लिए काम करना सम्पूर्ण भक्तियोग है। दूसरे शब्दों में कर्म का सम्पूर्ण प्रदर्शन अपने आप में भक्ति है। भगवान सिद्धेश्वर ने इसे बड़ी खूबसूरती से व्यक्त किया है कि 'काया कावे कैलाश' अर्थात् कर्त्तव्य ही भक्ति है। इसे और स्पष्ट करते हुए वे कहते हैं कि 'अपना कर्त्तव्य करना ही पूर्ण भक्ति है।' निष्कर्ष यह कि कर्मयोग और भक्तियोग एक ही सिक्के के दो पहलू हैं, बशर्ते उनकी समतुल्यता को ठीक से समझा जाए। वे मिलकर अविभाज्य हो जाते हैं, जब व्यक्ति अपने कर्म को अपनी भक्ति मानकर चले। वे एक-दूसरे में समाहित होकर अभिन्न हो जाते हैं जब कोई अपने कर्मफल एवं भक्ति को सर्वव्यापी को अर्पित कर देता है अर्थात् जो व्यक्ति अपने कर्मों और भक्ति के प्रतिफल की चिन्ता नहीं पालता, वह स्वचालितरूपेण परम चेतनावस्था अर्थात् परमात्मा तक पहुँच जाता है।

तीसरा अभिगम जिसकी अनुशंसा कृष्ण ने की है, वह बुद्धि का अधिक ऊँचा उपयोग है, कि परमात्मा की सर्वव्यापकता का विश्लेषण कर उसे ग्रहण किया जाए। इस अभिगम का श्रेष्ठतम उदाहरण (जिसे 'ज्ञानयोग' कहा गया है) महर्षि व्यास का दैवीय प्रयास है, जिसमें उन्होंने कृष्ण-अर्जुन संवाद को गीता के लघु आकार में सरल ढंग से उतार दिया है। उसके बाद (तुलनात्क दृष्टि से आधुनिक) आदि शंकराचार्य ज्ञानयोगी के उदाहरण हैं। तत्पश्चात संत ज्ञानेश्वर और स्वामी विवेकानन्द श्रेष्ठ उदाहरण हैं।

ज्ञानयोंग परम चेतना या परम-तत्त्व को समझने का लयबद्ध अभ्यास है। योगी अपनी समझ को क्रमशः सुधारता चलता है। संत ज्ञानेश्वर तथा आदि शंकराचार्य जैसी हस्तियाँ जिनमें जन्मजात प्रतिभा थी, समझ के उच्चतम सोपान तक कहीं अधिक तीव्र गति से पहुँच सकते थे और जो ज्ञान को भक्ति के साथ जोड़ते हैं, वे भी उच्च शिखर तक शीघ्र पहुँच सकते हैं। जो कर्म के माध्यम से (अर्थात् अनुभव से) सीखते हैं, वे भी उचित समय पर ज्ञानयोगी बन जाते हैं।

कृष्ण तीनों रास्तों के मिश्रण की विविध प्रकार के लोगों के लिए अनुशंसा करते हैं :

वे जिनमें उच्च कार्यशील या क्रमबद्ध लब्धि है	इनके लिए कर्मयोग अधिक उचित होगा।
वे जिनमें उच्च भावनात्मक या सामाजिक लब्धि है	इनके लिए भक्तियोग पहली पसंद होगा।
वे जिनमें सुदृढ़ बौद्धिक लब्धि है।	इनके लिए ज्ञानयोग आदर्श होगा।

मैं इन तीनों योगों तथा किसी भी व्यावसायिक संगठन के सशक्तीकरण (या

उत्तरदायित्व) के तीन मुख्य स्तरों में बड़ा साम्य दिखता है, जो इस प्रकार है :

ज्ञानयोग का अभ्यास करने (मेधावी उद्यमशीलता) वाले	शीर्ष कार्यपालिक अधिकारी (रणनीतिक प्रदर्शन)
भक्तियोग का उपयोग करने वाले (भावनात्मक और सामाजिक उपलब्धियों में मजबूत)	मध्यम व कनिष्ठ कार्यपालिक (लोग-प्रक्रियाएँ)
कर्मयोग का प्रदर्शन करने वाले (पद्धतियों और नैतिक मानदंडों के आज्ञाकारी अनुयायी)	सुपरवाइजर व श्रमिक (संहित या क्रमबद्ध प्रदर्शक)

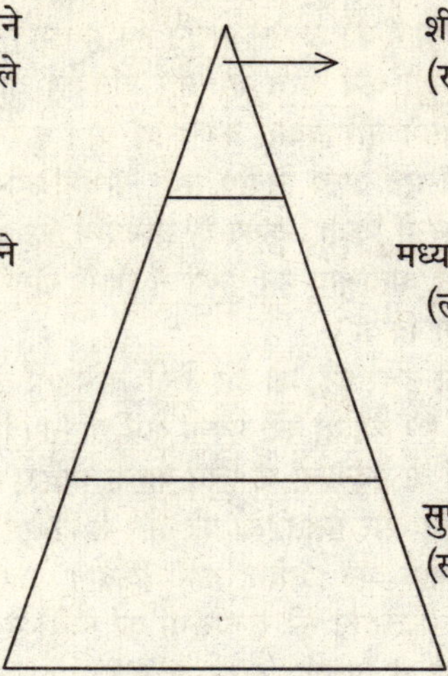

अन्त में जो प्रश्न उठना चाहिए, वह है कि क्या तीनों योगों की अभिबिन्दुता सम्भव है? यदि हाँ, तो ऐसे संयम का सबसे अच्छा, स्वीकार्य, दृष्ट और ग्रहणीय उदाहरण कौन सा है? आज के पर्यावरण में ऐसे संगम की क्या उपयोगिता है? और इन तीनों योगों को जोड़ने का सर्वश्रेष्ठ उपाय क्या होना चाहिए, जिसे अपनाना एक सामान्य व्यक्ति के लिए भी कठिन न हो?

हाँ, इन तीन योगों का सुन्दर समन्वय अवश्य होना चाहिए, बल्कि आज तो इनके मिलन की और भी अधिक आवश्यकता है, जिससे हम बच सकें, बढ़ें और उस वृद्धि को बरकरार रख सकें। ऐसे संगम का सर्वश्रेष्ठ उदाहरण स्वयं श्रीकृष्ण हैं। उनका उदाहरण ग्रहणीय (और स्वीकार्य) है, बशर्ते कि हम उनकी ओर मानवीय स्तर पर देखें। जिस क्षण हम मान लेते हैं कि कृष्ण भगवान विष्णु के अवतार थे और इसलिए उनके लिए सब कुछ सम्भव था, तो हम बड़ी सहजता से उनके जीवन एवं उद्देश्य की ओर गम्भीरता से नहीं देखेंगे। व्यावहारिक दृष्टि से हम उनके जीवन एवं उद्देश्य का आकलन एक 'आदर्श व्यक्ति' के रूप में करें, विशेषतः कलियुग के माहौल में अर्थात् अशांत, भ्रम, भ्रष्टाचार और संघर्ष के समय में।

हर अवसर और हर अभियान के लिए कृष्ण ने बड़े कलात्मक ढंग से इन तीन योगों को जोड़ा। पश्चिम का अन्तर्वैयक्तिक सम्बन्ध (या व्यावहारिक विश्लेषण) व्यक्ति की तीन क्रियाशील भूमिकाओं—शिशु, वयस्क और अभिभावक को स्पष्ट करता है। कृष्ण ने इन तीनों भूमिकाओं का निर्वहन प्रत्येक उपलब्धि के लिए अत्यन्त सहजता से किया। बच्चे की भूमिका में उन्होंने भक्ति का प्रदर्शन किया और बड़ों का सम्मान तथा

साधनहीनों की देखभाल की। विश्वास, श्रद्धा और विश्वास का दूसरा नाम भक्ति हो सकता है। कृष्ण ने मित्रों और शत्रुओं दोनों से व्यवहार करने में कर्मयोग अर्थात् वयस्क का मार्ग अपनाया। इसी कर्म को उन्होंने अर्जुन को समझाते हुए 'स्वधर्म' की संज्ञा दी। प्रत्येक परिस्थिति में वे यही कर्म करते रहे और प्रतिफल या पारितोषिक में उलझ कर नहीं रह गए। यह उच्चतम परिपक्वता का कार्य था। कृष्ण ने ज्ञानयोग का उपयोग अपने मित्रों, अनुयायियों एवं अन्य निर्दोष तथा साधनविहीन लोगों को रास्ता दिखाने एवं उनकी सहायता करने में किया। कृष्ण के ज्ञानयोग का श्रेष्ठ उदाहरण उनका अपने मित्र एवं शिष्य अर्जुन से वार्तालाप है। कृष्ण ने तीनों योगों का समांन नमनीयता एवं तर्कसंगत ढंग से उपयोग किया।

अब अगले प्रश्न का उत्तर ढूंढें, जो इन तीनों अभिगमों को जोड़ने की हमारी क्षमता और इच्छा से सम्बन्धित है। व्यक्ति को अपना कर्म भक्तिपूर्वक करना चाहिए और ज्ञान का प्रयोग उन अभियानों के उद्देश्यों के लिए करना चाहिए। भीष्म और द्रोण ने अपने कर्म गलत उद्देश्य के लिए और गलत पक्ष की ओर से किए। ऐसा इसलिए हुआ क्योंकि उन्होंने बुद्धि या ज्ञानयोग का प्रयोग नहीं किया। अक्रूर (कंस के दरबार का सेनाधिकारी) और विदुर (धृतराष्ट्र की राज्यसभा का मंत्री) ने बुद्धि या ज्ञान का उपयोग किया और बड़ी सूझ-बूझ से अन्याय करने से बचे।

ज्येष्ठ पांडव युधिष्ठिर महान ज्ञानी योगी था। वह परमात्मा का अनन्य भक्त भी था। उसने बतौर राजा अच्छे कर्म किए। फिर भी उसने दुर्योधन एवं उसके मातुल शकुनि की अवैधानिक एवं अवैध चालों पर भरोसा करने की भयानक गलती की। इस गलती के दो कारण थे-गलत तरीकों से खेले जा रहे द्यूत में अपनी इच्छाओं पर अंकुश रखने की अक्षमता और हर बात पर अपने सीधेपन के कारण आँख मूँदकर विश्वास कर लेना। इसका कारण यह हो सकता है कि उसने बुद्धि का उपयोग व्यावहारिकता से नहीं किया।

इन तीनों योगों पर एक साथ काम करने का अर्थ है तीन सुप्रसिद्ध अभिगमों—कार्यशील (कर्म), भावनात्मक (भक्ति) और बौद्धिक (ज्ञान) पर एक साथ काम करना। ऐसा करते समय व्यक्ति को चाहिए कि वह व्यावहारिक कूटनीति या 'उद्यमशीलता उपलब्धि' के साथ उन्हें संयोजित करे। कृष्ण सामूहिक तथा वैयक्तिक उद्यमशीलता का श्रेष्ठ उदाहरण प्रस्तुत करते हैं। उनका लक्ष्य कभी मुकुट, सिंहासन या राजत्व नहीं रहा, बल्कि उन्होंने 'न्यास सिद्धान्त' का आदर्श उदाहरण पेश किया, जिसकी वकालत महात्मा गांधी ने भी की थी। कृष्ण ने हमेशा 'सभी की सम्पूर्ण भलाई' का विचार किया। इसीलिए उनकी सारी चतुराई, नीतियाँ और छल को अन्याय से लड़ने हेतु विवेकपूर्ण युक्तियाँ माना गया।

उन मुख्य कार्यपालिक अधिकारियों ने, जिन्होंने अपने संगठनों को विश्वस्तरीय संस्थानों में बदल दिया, तीनों योगों के उद्यमशील मिश्रणों का उपयोग किया। उनमें अपने अभियान के प्रति असीम भक्ति थी। उन्होंने इस दृष्टि को काम लायक अभियान एवं रणनीतिक योजनाओं में अपने ज्ञान का प्रयोग करते हुए बदल दिया। उन्होंने

कर्मयोगी की भाँति सभी बड़े या छोटे मोर्चों पर समस्त प्रक्रियाओं, कार्यक्रमों एवं लोगों का नेतृत्व किया। उन्होंने तब तक आराम नहीं किया, जब तक कार्य संपादित नहीं हो गया। एक कर्म की समाप्ति के साथ ही वे दूसरा कर्म आरम्भ कर देते थे। उनकी कर्म यात्रा निरन्तर चलती थी। वे प्रत्येक पारी को एक-सी सहजता तथा ऊर्जा की ताजगी से लेते थे। हम फिर कृष्ण की ओर लौटते हैं। कृष्ण बतौर सी.ई.ओ. कैसे और कहाँ थे? वाकई बड़ा दिलचस्प सवाल है।

आज की कार्पोरेट भाषा में कृष्ण ने स्वामित्व और अधिकार अपनी साख से हासिल की, अध्यक्ष की कुर्सी पर बैठ कर नहीं। यह साख उनकी कर्त्तव्य, भक्ति और ज्ञान के मिश्रण को युक्ति पूर्ण ढंग से प्रयुक्त करने की प्रतिभा का प्रत्यक्ष परिणाम था। अपने कर्त्तव्य का निर्वहन विपरीत परिस्थितियों में तथा शक्तिशाली कुटिल राजाओं के विरुद्ध करने के लिए उन्होंने उत्तम एवं योग्य समर्थकों का जाल तैयार कर दिया था। यह व्यक्तिगत एवं सामूहिक कर्मयोग का द्रष्ट प्रदर्शन उनके लिए था, जो अपने-अपने क्षेत्रों में औरों से आगे निकलना चाहते हैं। एक आदर्श सी.ई.ओ. की तरह कृष्ण ने सरल किन्तु प्रभावी प्रदर्शन का पिरामिड निम्नानुसार बनाया :

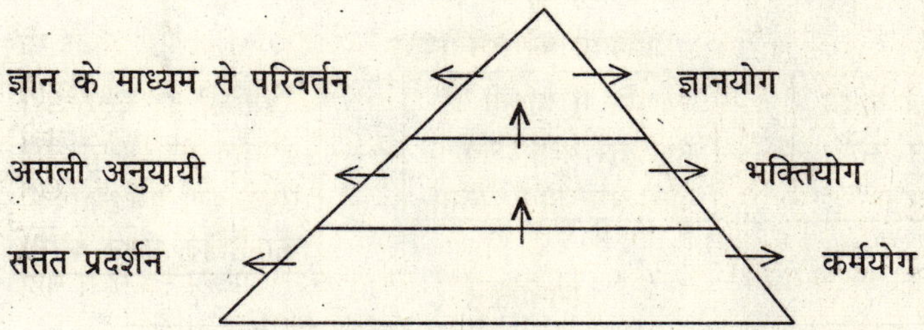

सबसे बेहतर उदाहरण जो कृष्ण की सी.ई.ओ. छवि को प्रस्तुत करता है, वह है महाभारत का युद्ध। एक दूरदर्शी सी.ई.ओ. की भाँति उन्होंने भविष्यवाणी कर दी थी कि पांडवों के लिए यह युद्ध अवश्यंभावी है ताकि वे अपनी खोई हुई प्रतिष्ठा हासिल कर सकें एवं दोषियों को दंडित करें। यदि मूल्यों की पुनर्स्थापना कर सुधार एवं संरक्षण के लिए कोई वृहद एवं महती योजना बनानी है तो यह आवश्यक है कि प्रत्येक सूक्ष्म से सूक्ष्म बात पर ध्यान दिया जाए। यह भी जरूरी था कि रणनीतियों एवं युक्तियों को पर्याप्त लचीलेपन के साथ जोड़ा जाए। नमनीयता प्रक्रियाओं को लेकर थी। कृष्ण ने बड़ी महत्त्वपूर्ण विचार-प्रक्रिया 'ध्येय की पवित्रता' तथा 'प्रक्रिया की नमनीयता' के सन्दर्भ में स्थापित की। अपनी रणनीतिक योजनाओं को क्रियान्वित करने के लिए उन्होंने अधिकतम सावधानी, आक्रामकता तथा नई पद्धतियों का प्रयोग किया। उनके पवित्रता एवं नमनीयता के दर्शन पर एक नजर डालें :

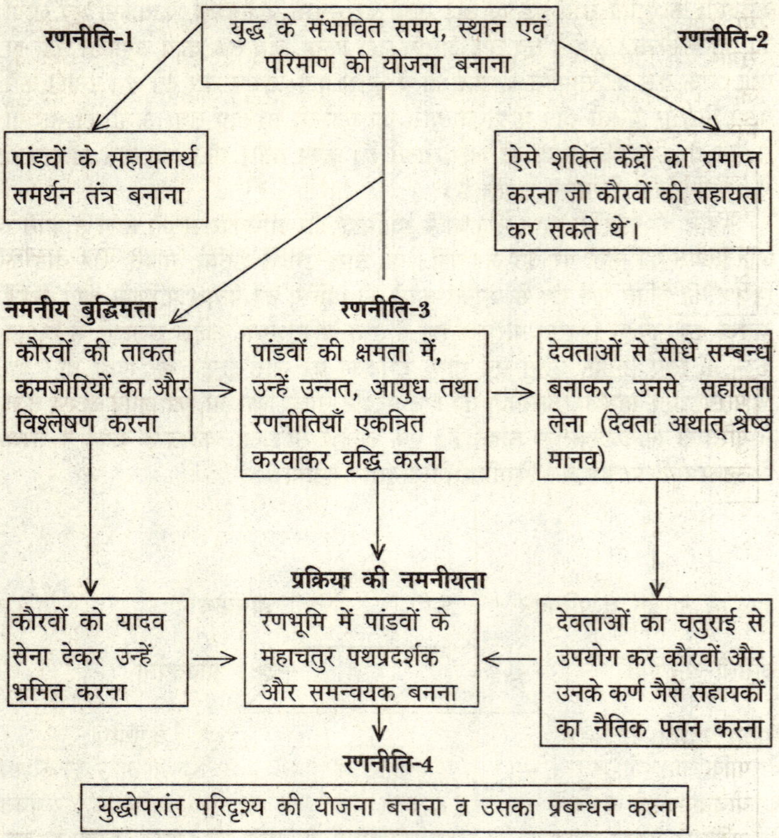

जब भी हमने कृष्ण के दर्शन के अनुसार कार्य किया अर्थात् ध्येय की पवित्रता को कायम रखते हुए 'उद्देश्यों और प्रक्रियाओं में नमनीयता' को अपनाया, तब हम दुष्ट तत्त्वों को नष्ट कर सके। आर्य चाणक्य ने वही किया, प्रतिपादन उन्होंने कौटिल्य 'अर्थशास्त्र' में किया है। वे नन्द परिवार के क्रूर वंश को नष्ट कर सके। राजा शिवाजी ने अपनी युक्तियों और युद्ध कौशल को नमनीय बनाते हुए आदिलशाही और मुगलशाही के दाँत खट्टे कर दिए। कृष्ण को राम की अपेक्षा कहीं अधिक जटिल सामाजिक-राजनीतिक परिदृश्य का सामना करना पड़ा। इसीलिए हम देखते हैं कि राम अपने दार्शनिक सोच और उसे लागू करने में एकदम स्पष्टवक्ता और पारदर्शी थे। कृष्ण को दार्शनिक सिद्धान्तों में व्यावहारिक बदलाव करना पड़ा, क्योंकि उनके समक्ष विराट एवं जटिल सामाजिक- राजनैतिक समस्याएँ मुँह बाए खड़ी थीं।

आज भी वही परिस्थितियाँ पैदा हो गई हैं। किस तरह की 'दार्शनिक कूटनीति'

या 'कूटनीतिक दर्शन' का प्रयोग भारत को पाकिस्तान द्वारा प्रायोजित आतंकवाद की समस्या से निपटने हेतु, करना चाहिए? इस ज्वलंत प्रश्न का उत्तर जो बार-बार पूछा जा रहा है, कृष्ण के व्यावहारिक दर्शन में मिलता है। इसे और स्पष्ट करने के लिए उत्तर निम्नानुसार प्रस्तुत है :

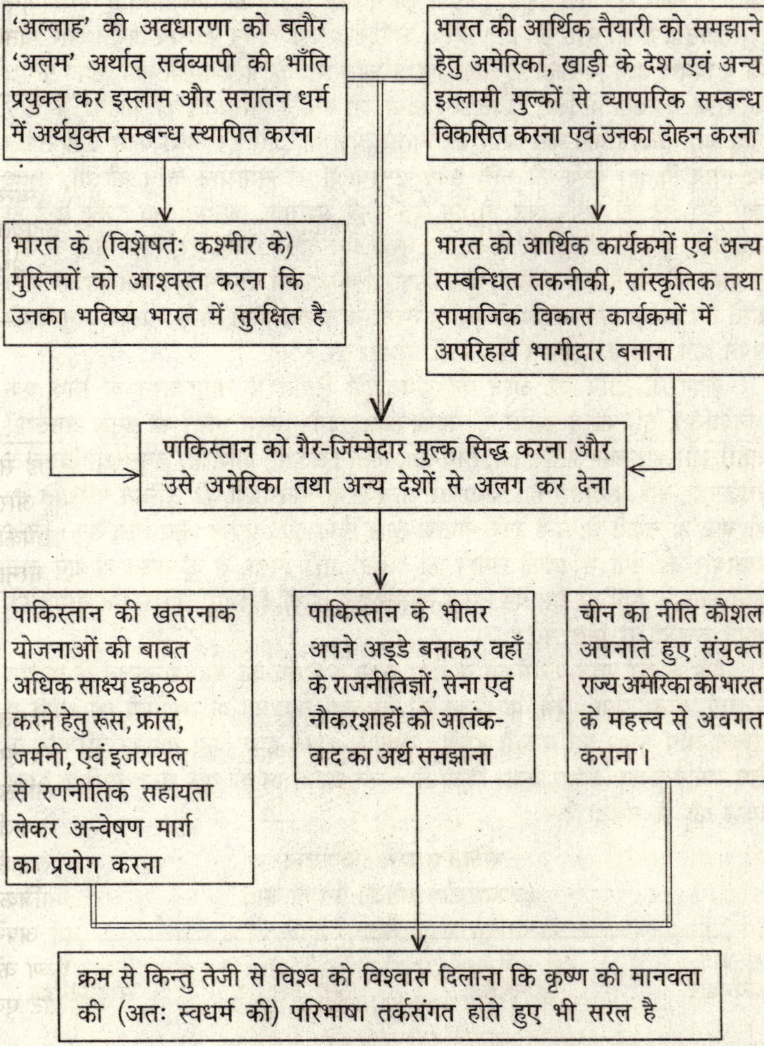

चंद्रगुप्त, शिवाजी एवं अर्जुन ने अपने महाशक्तिशाली शत्रुओं के प्रति पूर्व नियोजित

तथा आक्रामक नीति का सफलतापूर्वक अनुसरण किया। इसके उलट पृथ्वीराज चौहान और महाराणा प्रताप को केवल उनके शौर्य के लिए याद और सम्मानित किया जाता है। यदि उनके शौर्य में चतुराईपूर्ण कूटनीति का भी मिश्रण हो जाता है तो भारत का इतिहास कुछ और होता। फिर भी यह संभाव्य था कि यदि भारत के राजागण बिना किसी अहंकार एवं मूर्खतापूर्ण पूर्वाग्रहों को तजकर एकता प्रदर्शित करते।

ज्ञानयोगी की तरह कृष्ण ने कौरवों के विरुद्ध युद्ध जीतने का श्रेय अर्जुन और भीम को दे दिया। उसी विनम्रता के साथ उन्होंने महाभारत की प्रत्येक स्त्री को उसकी प्रत्यक्ष या परोक्ष सहायता के लिए उचित श्रेय दिया, जो उन्होंने 'परिवर्तन की प्रक्रिया' के लिए दिया था। उन्होंने कर्म-फल-त्याग की मिसाल पेश की और हर अच्छे काम के प्रतिफल का त्याग किया। कृष्ण की रुचि सदैव समस्याओं का समाधान करने की थी, उसके लिए श्रेय लेने की नहीं। फिर भी हम जैसे उनके प्रशंसक, अनुयायी या दर्शक उन्हें ही महाभारत युद्ध में पांडवों की विजय का मुख्य श्रेय देते हैं। यहाँ पर गौतम बुद्ध के कर्म सिद्धान्त को भी देखना चाहिए। बुद्ध क्रिया-प्रतिक्रिया की वैज्ञानिक अवधारणा को लागू करते हैं। प्रत्येक कर्म या प्रदर्शन का परिणाम या प्रभाव होता ही है। प्रत्येक मनुष्य को अपने कर्म फल का सामना करना ही पड़ेगा।

कृष्ण के दर्शन को आज की दुविधापूर्ण स्थिति में लागू करने के लिए एक सुनियोजित, सुविचारित पद्धति की आवश्यकता होगी। आज भारत की प्रमुख समस्याएँ बाहरी और अंदरूनी आतंकवाद, निर्धनता, जल की कमी, अशिक्षा, जनसंख्या विस्फोट, बेरोजगारी और भ्रष्टाचार है। भ्रष्टाचार अन्य सभी समस्याओं की अन्तिम परिणति है। जो भ्रष्ट हो सकते थे, उन्हें सारे भौतिक लाभ बिना कोई प्रयत्न किए मिल गए। जिन्हें भ्रष्टाचार की गंगा में डुबकी लगाने का अवसर नहीं मिला, वे कुंठाग्रस्त हो गए तथा आतंकवाद के मार्ग पर चल पड़े। उन्हें आतंकवादी कृत्यों के लिए धार्मिक एवं सामाजिक बहाने सरलता से मिल गए।

देश के इस पतन को रोकने के लिए कृष्ण के दर्शन को जन आन्दोलन के माध्यम से लागू करना होगा। ऐसे आन्दोलन की रूपरेखा, सफलता के स्थायित्व को ध्यान में रखकर सोच समझ कर बनानी पड़ेगी। कृष्ण ने अपने द्वारा किए गए हर परिवर्तन के लिए स्थायित्व का आधार तैयार किया था। जन आन्दोलन की एक सरल रूपरेखा निम्न प्रकार की हो सकती है—

परिवर्तन कर्ता (कैटेलिस्ट)
(अशासकीय संगठन-एन.जी.ओ.)

↓

कार्यमंडल ज्ञानमंडल अर्थमंडल संस्कृतिमंडल

गत 60 वर्षों से (जब भारत स्वतंत्र हुआ) हम सरकार में अक्षमता और भ्रष्टाचार

को भुगत रहे हैं। अतः जन आन्दोलन ऐसी कमजोर सरकार द्वारा संचालित या प्रायोजित नहीं हो सकता। प्रभावी 'परिवर्तन प्रक्रिया' की बागडोर किसी अशासकीय संगठन के हाथों में होनी चाहिए। इन संगठनों का मार्गदर्शन और संचालन 'क्षेत्रीय प्रशासकीय परिषदों' द्वारा किया जाना चाहिए। ये क्षेत्रीय परिषदें 'राष्ट्रीय परामर्शदात्री एवं संचालन दल' के अधीन काम करेंगी। क्षेत्रीय परिषद तथा राष्ट्रीय दल के सदस्य बहुमुखी प्रतिभा सम्पन्न व्यक्ति होंगे, जो चारों प्रकार की पृष्ठभूमियों—क्रियाशील, आर्थिक, बौद्धिक एवं सांस्कृतिक से लिए जाएँगे।

यदि हम कृष्ण के व्यावहारिक दर्शन को लागू करें तो एक शक्तिशाली भारत का उदय होगा। ऐसी व्यावहारिकता को तीनों मोर्चों पर एक साथ हासिल करना होगा :

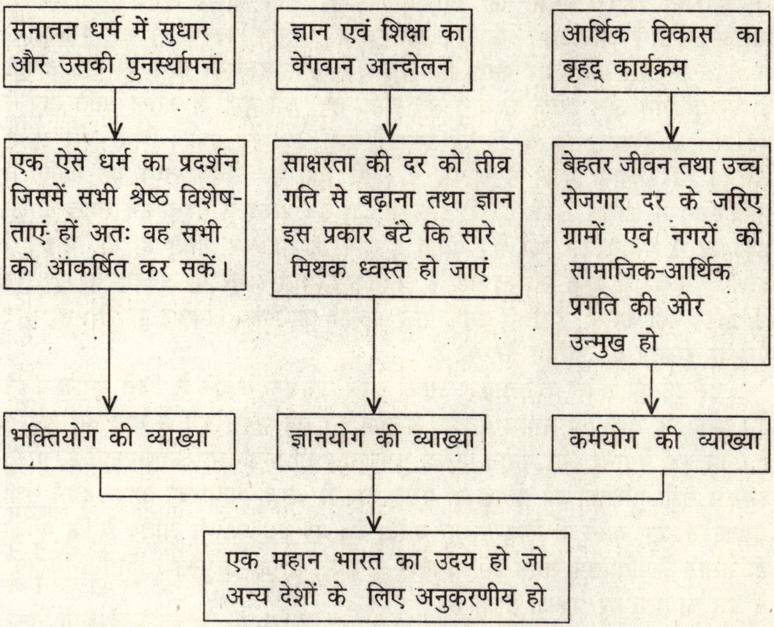

श्रीगणेश करने के लिए श्रीकृष्ण के तीन योगों का क्रियान्वयन वरिष्ठ नागरिकों (भक्तियोग), युवा (ज्ञानयोग) तथा महिलाएँ (कर्मयोग) के द्वारा हो। यदि इन तीन समूहों को आश्वस्त करके **क्रियाशील किया** जाए तो विविध वर्गों तथा धर्मों के लोग बड़ी संख्या में जुड़ जाएँगे **और तब आर्थिक** विकास सम्भव हो पाएगा।

यदि हम धर्म **की आदर्श** अवधारणा को पुनर्स्थापित करें तो ऐसी बड़ी अभिबिन्दुता सम्भव है। यद्यपि आज के हिन्दुत्व में आदर्श धर्म की अनेक अच्छी विशेषताएँ हैं, लेकिन उसमें कई गम्भीर बुराइयाँ भी हैं जैसे जाति प्रथा, भक्तियोग की गलत व्याख्या कि वह एक कर्मकांड है तथा स्व-सन्तोष का तथाकथित सिद्धान्त, जो प्रगति के जज्बे को कुंद

कर देती है, परन्तु तुलनात्मक दृष्टि से अन्य धर्मों या वादों में इनसे भी अधिक बुराइयाँ हैं। इसलिए सभी धर्मों, वादों, पंथों की अच्छी बातों को मिलाकर एक व्यावहारिक धर्म की रूपरेखा तैयार करनी चाहिए। यह व्यावहारिक धर्म सरल तथा ऐसा हो जो सदियों तक स्थायी रह सके। यह संस्कृत में सनातन–अर्थात् जीवन की एक शैली हो सकता है, जो निरन्तर है और जिसका कोई आदि या अन्त नहीं है। वह व्यावहारिक हो ताकि आवश्यकता पड़ने पर उसमें पर्याप्त नमनीयता हो और वह बदली हुई परिस्थितियों के अनुकूल स्वयं को ढाल सके।

कुछ महत्त्वपूर्ण धर्मों, पंथों, वादों पर विचार करें और देखें कि उनमें क्या अच्छाइयाँ और बुराइयाँ हैं। हम इस्लाम से शुरुआत करते हैं, क्योंकि हाल के वर्षों में वही ऐसा धर्म है, जिसे ठीक से समझा नहीं गया। इस्लाम की गलत व्याख्या इसलिए हुई, क्योंकि वह अन्तर्मुखी है और उसमें अत्यधिक प्रतिबंध हैं। इस्लाम विश्वभर में फैले मुसलमानों में सुदृढ़ भाईचारे का प्रचार करता है। बंधुत्व निःसंदेह इस्लामी सोच की एक ताकत है, परन्तु ईरान और इराक के बीच लंबे समय तक चले युद्ध के कारण भ्रांति उत्पन्न हुई और अमेरिका इराक के विरुद्ध इस्लामी देशों को बाँट सका। शिया और सुन्नी लगभग हर इस्लामी मुल्क में आपस में लड़ते रहते हैं? रोचक तथ्य यह है कि वे पाकिस्तान में अधिक लड़ते हैं, जो इस्लामी देश है। भारत में बहुत कम लड़ते हैं, जो हकीकत में पंथनिरपेक्ष देश है। यद्यपि इस्लाम का मतलब शांति है, यह भाईचारा इस्लामी मुल्कों में बहुत मजबूत नहीं है, क्योंकि इस्लाम ईश्वर या अल्लाह के मूर्त रूप में यकीन नहीं करता। इसलिए उसके पास अल्लाह का गोचर अवतार नहीं है। मोहम्मद पैगम्बर इस्लाम के अन्तिम पैगम्बर हैं।

इस्लाम की सबसे बड़ी ताकत उसकी सरल उपासना पद्धति है, जिसे नमाज कहते हैं। कोई भी, कहीं भी नमाज पढ़कर अल्लाह को बड़े सहज ढंग से याद कर सकता है। अल्लाह, पैगम्बर और कुरान प्रत्येक मुसलमान की पवित्रतम अवधारणाएँ हैं, परन्तु इस्लाम सभी मुस्लिमों को प्रत्यक्ष या परोक्ष रूप से अरबी भाषा का आदर करने तथा उसका उपयोग करने के लिए मजबूर करता है। वह इस पर भी अडिग है कि मक्का ही संसार में पवित्रतम स्थान है। विद्याधर नायपाल ने अपनी पुस्तक 'बियाँड बिलीफ' में इस बाध्यता पर प्रकाश डाला है।

अपनी कट्टरता के कारण इस्लाम ने अपने अनुयायियों की वैज्ञानिक उन्नति का कभी स्वागत नहीं किया। यह इस्लामी देशों और वहाँ के नागरिकों के लिए अत्यन्त घातक और विकास विरोधी सिद्ध हुआ है। यदि इस्लाम ने विज्ञान को कम से कम भौतिक फायदों और सामूहिक सुरक्षा के मामलों में बढ़ावा दिया होता तो अफगानिस्तान और इराक की अमेरिका और ब्रिटेन द्वारा ऐसी दुर्गति न हुई होती, उन्हें इस कदर नीचा नहीं देखना पड़ता। पाकिस्तान की अर्थव्यवस्था पहले ही औंधे मुँह गिर चुकी है। खाड़ी के देशों में क्या हो रहा है? सभी खाड़ी के देश सच कहा जाए तो यंत्रवत अमेरिका और ब्रिटेन जैसे विकसित देशों द्वारा चलाए जा रहे हैं। इन देशों के लोग

अक्षम, अशिक्षित तथा अपने भविष्य के प्रति एकदम लापरवाह हैं। जब इन देशों के तेल के कुएँ पूरी तरह से सूख जाएँगे, तब ये क्या करेंगे? पश्चिम की तकनीक और भारतीयों के हाथों के कारण उनकी तेल-आधारित समृद्धि कायम है। यू.ए.ई., ओमन, ईरान, सऊदी अरब, इराक आदि में वैसे ही बेरोजगारी है तथा पारम्परिक राजस्व के स्रोतों का क्षरण हो रहा है। सम्पदा का क्षरण, धनार्जन, क्षमता में गिरावट इत्यादि वहाँ की वास्तविकताएँ हैं, क्योंकि उनके पास ऐसा कोई द्रष्ट प्रतिभा नहीं है, जिसकी ओर से उसे पूर्ण पुरुष मानकर देख सकें या परम चेतना का व्यावहारिक प्रतिनिधित्व नहीं है। यदि मुसलमान मोहम्मद पैगम्बर का आदर करते हैं तो यह उनकी परम चेतना को मान्यता देने जैसा है। ऐसा इसलिए कि उन्होंने अल्लाह और इस्लाम की अवधारणा मुसलमानों को दी। पैगम्बर, पवित्र कुरान तथा सर्वव्यापी अल्लाह के प्रति सम्मान के अतिरिक्त इस्लाम धर्मावलंबियों के पास कोई दिखाई देने वाला आदर्श चिह्न नहीं है जो मानवीय क्षमताओं की उच्चतम श्रेणियों की अभिव्यक्ति कर सके। इसीलिए सर्वव्यापी को निराकार के रूप में प्रार्थना करना आम श्रद्धालुओं के लिए कठिन हो जाता है। एक सामान्य क्षमता वाला श्रद्धालु सर्वव्यापी की प्रशंसा तभी कर पाएगा, जब चैतन्य या परम चेतना का कोई द्रष्ट स्वरूप उसके सामने हो। कृष्ण ने इसका वर्णन गीता में किया है :

क्लेशोऽधिकतरस्तेषामव्यक्तासक्तचेतसाम्।
अव्यक्ता हि गतिर्दुःखं देहवद्भिरवाप्यते॥

(गीता के 12वें अध्याय का श्लोक क्रम संख्या 5)

वे लोग जो अगोचर ईश्वर की पूजा करने का यत्न करते हैं, अनुभव करते हैं कि ईश्वर के अस्तित्व पर विश्वास करना कठिन है। मानव ब्राह्मण के पाँच मूलभूत घटकों से मिलकर बना है। अस्तु उसे भगवान को उसी द्रष्ट रूप में देखना चाहिए ताकि ईश्वर को समझने का रास्ता सरल हो जाए। परमात्मा को ब्रह्मांड में हर जगह अनुभव करना और अन्ततः स्वयं अपने में अनुभव करना आध्यात्मिक परिपक्वता की अन्तिम स्थिति है। यदि ईश्वर शक्तिशाली और दयानिधान है तो वह मानव रूप धारण करके हमें आदर्श नेतृत्व क्यों नहीं दे सकता? यह ईश्वर की इच्छा एवं संकल्प पर निर्भर है कि वह हमारा नेतृत्व द्रष्ट रूप में करे या अद्रष्ट रूप में।

इस्लाम की कट्टरता इस बात में है कि वह खुदा को केवल अगोचर शक्ति के रूप में देखता है। इस्लाम और उसके अनुयायी ईश्वर के साकार अस्तित्व के विचार को स्वीकार नहीं करते हैं, जबकि सनातन विचार अत्यन्त सरल है जो मानता है कि सर्वशक्तिमान ईश्वर सर्वव्यापी है और कोई भी रूप धारण कर सकता है। दूसरा दार्शनिक (और मनोवैज्ञानिक) तर्क जो ब्रह्म के साकार के अस्तित्व को स्वीकार करता है यह है कि मानव भी परिपक्व होकर ईश्वर की स्थिति तक पहुँच सकता है। इसलिए ईश्वर की वह स्थिति जो हमें भी प्राप्त हो सकती है, हम मानवों के लिए बेहतर पाषाण

चिह्न है। यही कारण है कि हम राम और कृष्ण की ओर अपने सर्वप्रिय भगवानों की तरह देखते हैं, यद्यपि मानवीय स्तर पर वे महामानव थे।

सबसे अधिक खतरनाक विश्वास जो इस्लाम को मानने वालों ने स्थापित कर रखा है, वह है कि 'कुरान पर विश्वास न करनेवाले, उसे न मानने वाले सब काफिर हैं' अर्थात् निम्न कोटि के मनुष्य हैं। व्यावहारिक स्तर पर इस्लाम व्यक्ति की स्वतंत्रता को बाधित करता है। मुस्लिम महिलाओं की साक्षरता दर और स्थानीय तथा वैश्विक घटनाओं में उनकी भागीदारी बहुत ही कम है। इस्लाम कट्टर धार्मिक संस्कारों पर आधारित सामूहिक व्यवहार के लिए बाध्य करता है। एक बार एक विशेष किस्म का सामूहिक रिवाज बंधनकारी हो गया तो व्यक्ति उसे अस्वीकार करने का साहस नहीं कर सकता या उसे साहस दिखाने की अनुमति ही नहीं है। यही हाल क्रियात्मकता का है। क्रियात्मकता का उन्नयन तब होता है, जब ऐसा पर्यावरण हो जिसमें व्यक्ति की स्वतंत्रता को प्रोत्साहन मिले। यदि हम इस्लामी देशों में किए गए क्रियात्मक कार्यों को देखें तो पाएँगे कि इस दिशा में कुछ खास नहीं हुआ है। इसलिए अधिकतर तथाकथित शक्तिशाली इस्लामी देश आयातित वस्तुओं एवं सेवाओं पर निर्भर हैं। यही शक्तिशाली देश अपनी सुरक्षा के लिए अमेरिका पर निर्भर हैं। इन्हीं देशों ने अपने मित्र इराक पर अमेरिकी आक्रमण का समर्थन किया या उसका विरोध नहीं किया। इस्लामी मुल्कों की यह बेचारगी पिछले दो हजार साल की आध्यात्मिक प्रक्रिया की अंदरूनी उलझन का परिणाम है। इसीलिए पश्चिम की भौतिक समृद्धि से इस्लामी मुल्कों की युवा पीढ़ी आकर्षित हो रही है।

तथाकथित मुस्लिम ब्रदरहुड ने भी राष्ट्रवाद के लिए गम्भीर खतरा पैदा कर दिया है। मुस्लिम शत्रु देशों के मुसलमानों से भाईचारे के रिश्ते को मानते हैं, परन्तु उस राज्य की नीतियों और प्राथमिकताओं का विचार नहीं करते। वैश्विक भाईचारे में कोई बुराई नहीं है, परन्तु उसकी कल्पना केवल इस्लामी ढांचे में नहीं करनी चाहिए। सनातन धर्म ने वैश्विक गांव की अवधारणा को 'वसुधैव कुटुंबकम्' कहकर मान्य किया है। जब तक 'राष्ट्र' की परिकल्पना प्रचलन में है, राष्ट्र की नागरिकता किसी धर्म, पंथ या वाद से ऊपर होनी चाहिए। यहाँ भारत के साम्यवादियों का सन्दर्भ भी उचित होगा। ऐतिहासिक दृष्टि से उनका मन विदेशों की कम्युनिस्ट प्रणाली की ओर था और ऐसा वे भारतीय नैतिक मानदंड तथा मूल्य पद्धति की कीमत पर करते रहे हैं।

इस्लाम का पालन उसके अनुयायियों ने 'सामूहिक अनिवार्यता' के कारण अधिक किया है, व्यक्तिगत स्वतंत्रता के कारण नहीं। इसीलिए इस्लाम ने अपने अनुयायियों को मजबूत और बहुमुखी नहीं बनाया—इसकी तुलना में इस्लाम से बाहर के लोगों के स्थापित पाषाण चिह्न बेहतर रहे हैं। ऐसा भारत में कुछ तथाकथित आध्यात्मिक गुरुओं द्वारा चलाए गए कुछ पंथों में भी हुआ है। उनके अज्ञानी अनुयायी प्रतिस्पर्धा करने के योग्य नहीं रह जाते कि अपनी रोजमर्रा की समस्याओं से लड़ सकें। वे समझते हैं कि ब्रह्मांड का सारा ज्ञान दैनिक धार्मिक कर्मकांडों में है। जो चालाक हैं, वे ऐसे पंथों का

उपयोग कुटिल प्रबन्धन की तरह अपने व्यावसायिक हितों को प्राप्त करने के लिए करते हैं। ऐसे पंथों या समूहों के गुरुओं को प्रायः राजनीतिज्ञों की सहायता मिलती है; उच्च पदस्थ नौकरशाह सारे कामों को अंजाम देते हैं और भ्रष्ट उद्योगपति वित्तीय सहायता उपलब्ध कराते हैं।

ईसाई धर्म भी दावा करता है कि केवल वही व्यक्ति को सारी चिन्ताओं से मुक्त कर सकता है। खुद की श्रेष्ठता का दावा अनुयायियों की आध्यात्मिक प्रगति को अवरुद्ध करता है। एक सच्चा और सही धर्म वही है, जो व्यक्ति को किसी भी मार्ग पर चलने की अनुमति देता है ताकि वह बिना किसी को नीचा दिखाए, बिना किसी के हितों को क्षति पहुँचाए, परम चेतना तक पहुँच सके। ईसाई गिरिजाघरों द्वारा विकसित श्रेष्ठता ग्रंथि ने चर्च की आध्यात्मिक शक्ति की लंबवत् वृद्धि को रोक दिया है। यदि ईसाइयत सर्वव्यापी तक पहुँचने का इतना सशक्त अभिगम है तो फिर इतने सारे देश अपने-अपने तमाम लक्ष्यों सहित उसकी शिक्षा की छत के नीचे क्यों नहीं आ जाते? इसकी वजह यह है कि ईसाई धर्म भी अन्तर्मुखी है और मस्तिष्क-शरीर-मन एवं आत्मा के सहज मिलन की कोई बहुमुखी परिभाषा नहीं दे सका। अधिकांश मसीही सिद्धान्त आध्यात्मिक उपलब्धि का आर्थिक और भावनात्मक उपलब्धियों को मिलाकर अच्छा मिश्रण प्रस्तुत नहीं करते। इसलिए मुगलों के बाद ईसाई देशों ने भारतीय उपमहाद्वीप पर हमले किए और अपनी भाषा एवं संस्कृति हम पर थोप दी। इतिहास गवाह है कि जब कभी भी भारतीय राजाओं ने विदेशियों से युद्ध जीते तो उन्होंने अपनी संस्कृति कमजोर पक्ष पर लादने की कोशिश नहीं की। व्यक्तिवाद के नाम पर ईसाई धर्म ने व्यक्ति की अनियंत्रित स्वतंत्रता को प्रोत्साहित कर सामाजिक ढाँचे को विचलित कर दिया।

ईसाइयत का सबसे प्रबल पक्ष उसका भौतिक प्रगति का सिद्धान्त है। चर्च और व्यापार, चर्च और राजनीति तथा चर्च और पेशेवर शिक्षा को यथासम्भव पृथक रखा गया है। इसके कारण पश्चिमी देशों में बड़ी तीव्र गति से वैज्ञानिक उन्नति हुई, परन्तु क्योंकि ईसाई धर्म उद्यमशील लब्धि तथा आध्यात्मिक लब्धि के बीच समतुल्यता कायम नहीं रख सका, आज के अधिकतर ईसाई देश वृहद (मैक्रो) और सूक्ष्म (माइक्रो) दोनों स्तरों पर सामाजिक बेचैनी की भीषण समस्याओं से ग्रस्त हैं। इन देशों में बाजारवादी अर्थ तंत्र की अवधारणा के कारण 'जो योग्यतम है वही बचेगा' के क्रूर सिद्धान्त का नग्न नृत्य हो रहा है। जॉन स्टुअर्ट मिल अपनी पुस्तक 'इक्विटी' में ऐसी असमतुल्यता का समाधान का एक विश्लेषण न कर सके। अधिक से अधिक उन्होंने कहा कि 'अधिकतम लोगों को अधिकतम लाभ' का प्रयास किया जाना चाहिए।

विश्व में अनेक ईसाई देश हैं, परन्तु भारत और उसका अत्यन्त लघु पड़ोसी नेपाल एकमात्र हिन्दू बहुसंख्यक देश हैं। हिन्दुओं ने कभी भी गैर-हिन्दुओं पर जोर जबर्दस्ती या पैसों का लालच देकर अथवा अन्य किसी और प्रकार का धोखा देकर हिन्दुत्व थोपने का यत्न नहीं किया। विश्व भर में इस्लाम और ईसाइयत में शत्रुता दिन-ब-दिन बढ़ती जा रही है, क्योंकि दोनों ही समतलीय विस्तार में विश्वास करते हैं। दोनों ही श्रेष्ठता

की ग्रंथि से पीड़ित हैं और इसीलिए कोई शुद्ध, ऐच्छिक और लोकतांत्रिक अभिगम सर्वव्यापी तक पहुँचने के लिए और उसमें विलीन होने के लिए प्रस्तुत नहीं करते।

कदाचित अभिराम, अब्राहम और इब्राहिम एक ही हों। वैसी ही समानता अलम (संस्कृत), अल्लाह (अरबी) और ऑल (अंग्रेजी) में है। हम कहते आ रहे हैं 'एकम सत, विप्र बहुधा वदन्ति' अर्थात् ईश्वर के सम्बन्ध में अन्तिम सत्य एक ही हो सकता है। विद्वान इसे अलग-अलग ढंग से परिभाषित करें। इस प्रकार की आध्यात्मिक परिपक्वता के कारण हिन्दुओं या भारत ने किसी व्यक्ति अथवा देश पर आक्रमण नहीं किया, बल्कि अप्रवासी हिन्दुओं का प्रदर्शन अन्य धर्म के अनुयायियों से बेहतर रहा है। इसका कारण यही है कि पिछले सात सौ सालों से हिन्दुओं ने सदा पंथ निरपेक्षता का व्यवहार किया है। यह सच्ची पंथ निरपेक्षता हिन्दुओं का प्राकृतिक आचरण है। पं. दीनदयाल उपाध्याय ने इस प्राकृतिक आचरण को 'एकात्म मानववाद' कहा है अर्थात् सभी मानव उस परम-तत्त्व यानी परम चेतना के हिस्से हैं और इसलिए हम सब एक से हैं। हम सब मानवता के धागे के द्वारा एक-दूसरे से जुड़े हुए हैं।

आज ब्रह्मवाद की क्या स्थिति है, जो क्रियात्मक और भावनात्मक दृष्टि से हिन्दुत्व या सनातन धर्म के निकट है? मेरे विचार से बौद्ध आज बुद्ध के कर्म सिद्धान्त की व्यावहारिक व्याख्या को लेकर भ्रमित हैं। गौतम बुद्ध ने इस सिद्धान्त का प्रतिपादन कारण एवं प्रभाव के संबंध को स्थापित करने के लिए किया था। उनके सिद्धान्तानुसार प्रत्येक क्रिया की प्रतिक्रिया होती है या दूसरे शब्दों में प्रत्येक अच्छे या बुरे कर्म का भला या बुरा प्रभाव होगा। इस सिद्धान्त को और विस्तारित करें तो यह स्वीकार करना होगा कि कोई यंत्रचालित जैसी प्रणाली है जो प्रभाव का निर्णय करती है। इसलिए प्रत्येक व्यक्ति को चाहिए कि वह अपने कर्म की गुणवत्ता के प्रति सतर्क रहे। अब सवाल उस यंत्रवत पद्धति का उठता है जो कारण-प्रभाव सम्बन्ध का संचालन करती है। बुद्ध ईश्वर के अस्तित्व की बात नहीं कहते। उनके अनुसार ब्राह्मण स्व-क्रियाशील पद्धति से संचालित हो रहा है, परन्तु इस स्व-क्रियाप्रणाली को वे समझते नहीं हैं। वे उस पद्धति की भी चर्चा नहीं करते जो कारण प्रभाव सम्बन्ध को निर्धारित करती है। मजे की बात है कि वर्तमान में उनके अनुयायी उनकी पूजा करते हैं। वे उनके लिए भगवान हैं। उनके प्रति दैवी प्रतिमा जैसा सम्मान प्रदर्शित किया जाता है, जो परम चेतना का प्रतिनिधित्व करती है। व्यावहारिक दृष्टि से बुद्ध के समक्ष ईश्वर के अस्तित्व में विश्वास करते हैं।

जब विदेशियों द्वारा भारत पर एक के बाद एक आक्रमण हुए, तब ये बौद्ध राजा और बुद्ध के अनुयायी कहाँ थे? भारत का आठ-नौ सदियों का इतिहास बताता है कि स्वतंत्रता आन्दोलन तथा भारत की आर्थिक स्वतंत्रता में बौद्धों का योगदान नहीं के बराबर था। इसका भी वही कारण था कि बौद्धों के पास परम चेतना के उच्चतम गुणों को दर्शाने वाली कोई दृष्ट मूर्ति नहीं थी। इसलिए मेरे विचार से बुद्धवाद मध्ययुगीन हिंसा को रोकने का एक ईमानदार प्रयास था और वह सबकी समानता स्थापित करना चाहता था। उसने बहुमुखी प्रदर्शन का कोई पूर्ण दर्शन प्रस्तुत नहीं किया जैसा कृष्ण

ने अर्जुन को समझाया था और अपने उद्देश्यों से क्रियान्वित करके दिखलाया था। बुद्धवाद का जन्म बुद्ध के सामाजिक चिंतन से हुआ था, जो स्वयं सिद्धार्थ नामक हिन्दू राजकुमार थे। सिद्धार्थ जीवन की जटिल एवं दुखपूर्ण वास्तविकताओं से ऊब गए थे। इसलिए वे अपने महल, पत्नी और पुत्र को छोड़कर तपस्या करने के लिए निकल गए। अपने स्वधर्म से इस प्रकार का पलायन ही बुद्धवाद की सीमाओं का द्योतक है। सिद्धार्थ कहीं अधिक सटीक, सम्पूर्ण और प्रेरक हो सकते थे, यदि वे अपने शांति के दर्शन को, अपनी प्रजा का नेतृत्व एवं पथ-प्रदर्शन राजकुमार की तरह और बाद में राजा की तरह प्रस्तुत करते। कृष्ण ने सभी भूमिकाओं का निर्वाह व्यावहारिक औचित्य के साथ किया और बहुमुखी प्रदर्शक का उदाहरण प्रस्तुत किया।

बुद्धवाद का सबसे अच्छा पहलू उसका शांति सम्बन्धी तर्क है। यह व्यवहार में सरल है, जिसमें कोई जटिल कर्मकांड नहीं है। इसीलिए भारत के गरीब और अस्पृश्यों ने डॉ. बाबा साहेब अम्बेडकर के नेतृत्व में प्रसन्नतापूर्वक इस वाद को अपना लिया। हिन्दूवाद भी गौतम बुद्ध का सम्मान करता है और उन्हें भगवान विष्णु का अवतार अर्थात् परम चेतना का मूर्तिमन्त रूप मातना है।

भारत में मध्यकाल का वातावरण हिंसक घटनाओं से परिपूर्ण था। व्यक्तिगत अहं, अविश्वास और सत्ता की भूख ने हिन्दू राजाओं को बाँट रखा था और वे एक दूसरे से युद्ध करते रहते थे। इसके कारण हिंसा अपने चरम बिन्दु तक पहुँच गई। भारत के एक अन्य राजकुमार वर्धमान ने मन के नियंत्रण द्वारा अहिंसा की शिक्षा देते हुए एक विचार प्रक्रिया स्थापित की। उन्होंने भी द्वैतवाद के सिद्धान्त के माध्यम से बताया कि ब्रह्मांड स्व-क्रियाशील पद्धति से प्रशासित होता है और हम सब उसी पद्धति के अंग हैं। उन्होंने परमात्मा के सिद्धान्त का प्रतिपादन नहीं किया। उनके दर्शन (जैनधर्म) का श्रेष्ठ भाग 'स्व-नियंत्रण' का सिद्धान्त था। जैन वह है, जिसने अपनी सभी इंद्रियों को वश में कर लिया है। जैन अपनी इच्छाओं पर नियंत्रण रखता है। अतः सम्यक ज्ञान तथा सम्यक वृत्ति से प्रफुल्लित रहता है।

अफसोस की बात यह है कि वर्धमान के अहिंसा के सिद्धान्त का उनके अनेक अनुयायियों ने अंशतः ही पालन किया है। वे अहिंसा का आचरण करते हैं, जो द्रष्ट एवं सरल है, परन्तु उस हिंसा का क्या जो आर्थिक और अदृश्य है? महावीर ने अपरिग्रह के सिद्धान्त का भी समर्थन किया, अर्थात् प्रत्येक व्यक्ति न्यूनतम धन अर्जित और संचित करे। उन्होंने तीन प्रसिद्ध सिद्धान्त प्रस्तुत किए—सम्यक ज्ञान, सम्यक वृत्ति और सम्यक चरित्र। रोचक तथ्य यह है कि उनके अधिकतर अनुयायी उनका ईश्वर की भाँति पूजन करते हैं और इस तरह स्वीकार करते हैं कि वे परम तत्त्व या परम चेतना के स्वरूप थे।

शारीरिक और मानसिक तंत्रों को जाँचने, साफ करने और संचालित करने के लिए जैनधर्म अनाहार या उपवास के शारीरिक व्यायाम की अनुशंसा करता है। कुछ हद तक व्यायाम व्यक्ति को आत्मविश्वास अवश्य प्रदान करता है, परन्तु आज के जैन आचार्य

इस व्यायाम का आवश्यकता से अधिक प्रदर्शन और प्रचार करते हैं। युवा लड़के एवं लड़कियाँ अपना सामान्य, भौतिक जीवन छोड़कर दीक्षा लेते हैं (आचार्य के मार्गदर्शन में निवृत्त अविवाहित जीवन व्यतीत करना और कुछ काल पश्चात् आचार्यत्व प्राप्त करना)। अब कच्ची आयु में ऐसी दीक्षा तार्किक, भावनात्मक, कार्यात्मक तथा आध्यात्मिक दृष्टि से, दीक्षा ग्रहण करनेवाले का बहुमुखी जीवन समाप्त कर देती है, जो सर्वव्यापी ने या भाग्य ने दिया है। यह भी तर्कसम्मत नहीं है कि ये युवक एवं युवतियाँ विश्व का रास्ता दिखाने के लिए, बिना जीवन की दुविधाओं का सामना किए, आचार्य बन जाएँगे।

महावीर वर्धमान हारा अनुशंसित अहिंसा की अवधारणा भारत की विदेशी आक्रमणकारियों से रक्षा न कर सकी। अनेक भारतीय राजाओं तथा उच्च वर्ग के सदस्यों ने जैन धर्म स्वीकार कर लिया था और वे निष्क्रिय पड़े रहे, जबकि उनसे अपेक्षा थी कि वे हमलावरों से युद्ध में नेतृत्व करते। इसलिए मैं ईमानदारी से मानता हूँ कि महावीर के अहिंसा के सिद्धान्त को उनके अनुयायियों ने जरूरत से ज्यादा खींच दिया।

महावीर के तीनों सिद्धान्तों का कृष्ण ने बखूबी प्रदर्शन किया। उनका स्वभाव संतुलित था, ज्ञान बहुमुखी और सम्यक था तथा चरित्र भी संतुलित था। वे सुबुद्ध महावीर थे, जिन्होंने अहिंसा और हिंसा के सिद्धान्तों का आवश्यकतानुसार उपयोग किया।

इस अध्याय के अन्त में आइए हम अपने-आप से पूछें, "कृष्ण के दर्शन का निचोड़ क्या है?" उत्तर बड़ा सरल है। अपने अभियानों के द्वारा कृष्ण ने तीन मूलभूत सूत्रों की स्थापना की। उनके तीन सूत्र और तीन योगों से उनके सम्बन्ध की प्रस्तुति निम्नानुसार की जा सकती है :

प्रदर्शन एवं प्रगति का अवसर ↑	← सरलता →	कर्मयोग (हर कोई अपने स्वधर्म को समझे और तदनुसार कर्म करे)
क्षमताओं को बनाने का अवसर ↑	← सर्वांगीणता →	ज्ञानयोग (उचित नमनीयता के साथ सभी सर्वोच्च बिन्दु तक पहुँचे और प्रसन्न रहें)
समान अवसर	← पक्षपातहीनता →	भक्तियोग (हम सब उस परमात्मा के भाग हैं)

कृष्ण मुक्ति के लिए किसी एक धर्मग्रंथ, पैगम्बर या अभिगम की सिफारिश नहीं करते, बल्कि उन्होंने विविध भूमिकाओं तथा अभिगमों के द्वारा अपनी बहुमुखी प्रतिभा का दिग्दर्शन कराया। रामायण काल के मात्र सौ साल बाद कृष्ण ने पृथक नियमों एवं रणनीतियों के साथ 'कृष्णायन' का प्रदर्शन किया। सौ सालों के सामाजिक-राजनैतिक

परिवर्तनों के कारण सामाजिक-राजनैतिक दुविधाओं के लिए अलग प्रकार का उपचार आवश्यक हो गया था। कृष्ण के तीन योग हिन्दुत्व में आवश्यक सुधार कर उसे विशुद्ध, बहुमुखी एवं शाश्वत सनातन धर्म बना सकते हैं अर्थात् निरन्तर, पवित्र और परिपक्व जीवन शैली प्रदान कर सकते हैं। हिन्दुत्व का यह रूपांतरण उसे प्रदर्शन एवं स्वीकार्यता के सर्वोच्च शिखर तक ले जाकर उसे विश्व धर्म बना सकता है। रूपांतरण के मुख्य घटक निम्नानुसार हो सकते हैं :

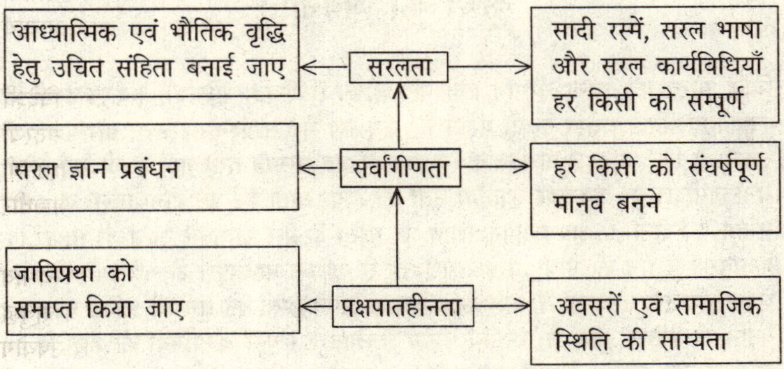

श्री जॉन स्टुअर्ट मिल, डॉ. अमर्त्य सेन, श्री विद्याधर नॉयपाल, आदिशंकराचार्य, श्री अरबिंदो, स्वामी विवेकानन्द, संत ज्ञानेश्वर तथा व्यास मुनि ने विश्व नागरिक की भूमिका की वकालत की। किसी संरचना या दोष के कारण पृथ्वी एक बाजार, एक गाँव होती जा रही है। सूचना तकनीक तथा बढ़ती हुई पारस्परिक निर्भरता के कारण यह सम्भव हुआ है। फिर भी जो गरीब हैं, उन्हें वैश्विक एकीकरण का विशेष लाभ नहीं मिल पा रहा है।

कृष्ण का जन्म भी ऐसी ही जटिल एवं लाभविहीन स्थिति में हुआ था। वे सीढ़ी-दर-सीढ़ी चढ़ते गए। कृष्ण ने निर्धनों की सुरक्षा और उन्हें आगे बढ़ाने के लिए जिस भूमिका का निर्वाह किया, वैसा ही हम भारतीयों को करना चाहिए। यदि हम व्यक्ति की स्वतंत्रता और परिपक्वता को समाज से जोड़ सकें तो हम परम चेतना के वैश्विक स्तर तक पहुँच सकते हैं। अन्ततः हम सबको याद रखना है, अनुभव करना है और अपनी गुप्त ऊर्जा को जागृत करना है जिससे हम परम तत्त्व में विलीन हो सकें। यदि ऐसा कर सकें तो हम मानव एक दिन माधव बन जाएँगे और यह धरती हमारा स्वर्ग। सौभाग्य से हम भारतीय उस परम्परा के वाहक हैं और परिवर्तन करने में सक्षम हैं, क्योंकि हमारे पास कृष्ण के दर्शन की अटूट परम्परा है।

कृष्ण की अर्थनीति

विश्व भारत का उतना सम्मान क्यों नहीं करता (विशेषतः पश्चिम), बावजूद इसके कि उसकी दार्शनिक धरोहर इतनी महान है? लघु रूप में इस प्रश्न का उत्तर इस प्रकार हो सकता है कि, "एक ज्ञानी शिक्षक का गांव में वह सम्मान क्यों नहीं है जो सामान्यतः धनी जमींदार या ताकतवर स्थानीय नेता को दिया जाता है? इन दोनों प्रश्नों का उत्तर समान है। दोनों ही अपने-अपने स्थान पर गरीब हैं और खासकर आज के सामाजिक वातावरण में धन की मात्रा, उसकी गुणवत्ता से अधिक महत्त्वपूर्ण हो गई है। अधिकांश व्यापार शिक्षण संस्थाओं में, अधिकांश शिक्षक अपने छात्रों को धन की शक्ति तथा उसे बनाने के नैतिक दृष्टि से नमनीय उपाय बतलाते हैं। कुछ कम्पनियों की हाल में हुई आश्चर्यजनक प्रगति (जिनके नाम अधिसंख्य व्यापार पत्रिकाओं में प्रकाशित हुए हैं) से 'नैतिक नमनीयता' के मनचाहे उपयोग का खुलासा होता है। दुनिया की अर्थव्यवस्था ने अमीरों और गरीबों की खाई को और अधिक चौड़ा कर दिया है। वैश्विक दृष्टि से हम सब एक वर्ग संघर्ष के ज्वालामुखी पर बैठे हैं, जो कभी भी फूट सकता है।

वर्ग संघर्ष पाश्चात्य राष्ट्रों के लिए कदाचित खतरे की घंटी न हो, परन्तु वह एक गम्भीर दुविधा अवश्य है जो 150 से अधिक विकासशील और अविकसित देशों में गरीबों के लिए अनुत्पादक सिद्ध हुआ है। मैंने पहले ही कहा है कि पाश्चात्य देश, खाड़ी के देशों के तेल का उपयोग करने के लिए हर अवसर का सुव्यवस्थित ढंग से दोहन कर रहे हैं। एक बार ये तेल के स्रोत सूख जाएं तो खाड़ी के देशों के पास आय का कोई जरिया नहीं रह जाएगा। उनकी वर्तमान बेरोजगारी की समस्या गम्भीर होती जा रही है। ऊपर से जेहाद की जटिलता खाड़ी देशों की समस्याओं को और भी विकराल बना रही है।

एक और भयानक तस्वीर यह उभर रही है कि ईसाई एवं इस्लामी देशों के बीच बढ़ता हुआ 'भौतिक फासला' आगे चलकर 'सभ्यताओं में टकराव' की त्रासद वास्तविकता बन सकता है। दोनों ही धर्म अत्यधिक महत्वाकांक्षी हैं तथा अपने विस्तार के लिए जो 'वृद्धि युक्ति' का आश्रय ले रहे हैं, अब इन मुल्कों की आर्थिक शक्ति को घेरने की तैयारी में हैं। हिन्दू धर्म अत्यन्त सहिष्णु होने के कारण हिन्दू विश्व की सम्पत्ति को हड़पने के लिए कोई असमान प्रयत्न भले न करें, परन्तु यह भारत एवं भारतीयों के हित में नहीं होगा। एक धनी और स्वस्थ राष्ट्र ही विविध अवरोधों के बावजूद टिका रह कर

समृद्ध हो सकता है'।

एक और रोचक निरीक्षण तीन देशों सयुक्त राज्य अमेरिका, इंग्लैंड और चीन के विषय में किया जाना चाहिए। अमेरिकी लोग ज्यादातर भौतिक दृष्टि से धनी तो हैं किन्तु आध्यात्मिक दृष्टि से नहीं। कदाचित इसी कायरता ने बुश को दूसरा कार्यकाल दे दिया। कल तक इंग्लैंड ने अनेक अविकसित देशों, जिनमें भारत भी एक था, की अर्थव्यवस्था पर राज्य किया और उसे तबाह कर दिया।

आज इंग्लैंड के पास ऐसी कोई शक्ति नहीं है। वह अपनी शानो-शौकत तथा वृद्धि के लिए अमेरिका पर बुरी तरह से आश्रित है। आज का इंग्लैंड दंभी, दकियानूसी और आत्म-केंद्रित उस ब्राह्मण क़े समान है, जिसके पास किसी को देने के लिए कुछ नहीं है। चीन का आर्थिक विकास विस्मयकारी है, परन्तु वह मानव-स्वतंत्रता की कीमत पर है। चीन के लिए एक देश, दो अर्थव्यवस्थाएं वाला तर्कहीन मिश्रण कब तक उपयोगी सिद्ध होगा, परन्तु चीन में बढ़ती असमानता (जो मुझे पश्चिम बंगाल की वैसी ही स्थितियों की याद दिलाती है) ने धीरे-धीरे बढ़ते हुए हताशपूर्ण आन्दोलन को उजागर कर दिया है। ये तीनों देश शनैः शनैः एक मानवीय त्रासदी की ओर बढ़ रहे हैं, क्योंकि उनके धनार्जन के रास्ते आध्यात्मिक विचार द्वारा पोषित नहीं हैं।

बीती छह शताब्दियों में भारत का सफर आध्यात्मिक प्रदर्शन और आर्थिक श्रेष्ठता की समतुल्यता से आर्थिक गिरावट और सामाजिक पाखंड की गाथा है। हममें से अधिक अपने स्वधर्म को भूल गए और कर्म की अवहेलना की। एक ओर हमने महँगे और जटिल कर्मकांडों से अपनी आध्यात्मिकता को भ्रष्ट कर दिया और दूसरी ओर अपनी भौतिक श्रेष्ठता की आदत को भुला दिया। हमने आध्यात्मिक क्रियाओं की बहुलता का आनन्द लिया तथा वैकल्पिक उपासना पद्धतियाँ अनगिनत देवी-देवताओं के साथ विकसित कीं। हर किसी की अपनी पृथक कल्पना परम चेतना या परम तत्त्व के विषय में थी। आध्यात्मिकता की प्रशंसा के लिए हमने अनेक भाषाएं विकसित कीं, कितने तो विश्वास विकसित कर लिए। उच्च वर्ग ने पिछड़े वर्ग के श्रमिकों का शोषण किया। धनार्जन प्रक्रिया पर आबादी के 5% का एकाधिकार हो गया, जिसका उसने बड़ी कुशलता से प्रबन्धन स्वहित में किया।

आइए, हम अपनी धन की समस्या पर वापस लौटें। आध्यात्मिक होते हुए भी (जैसा कि हम दावा करते हैं), हम अपने धन को बचाकर क्यों नहीं रख सके? एक समय भारत संसार का सबसे धनवान देश था। फिर यह धन पवित्र था अर्थात् ईमानदारी से कमाया हुआ था (अंग्रेजों की भाँति लूटा हुआ, अमेरिकियों की तरह दबाया हुआ या चीनियों की तरह निगला हुआ नहीं था)। हमारी आर्थिक दुर्गति का मुख्य कारण आध्यात्मिक अवनति है। स्वयं कृष्ण के शब्दों में अवनति की इस प्रक्रिया को इस प्रकार व्यक्त किया जा सकता है।

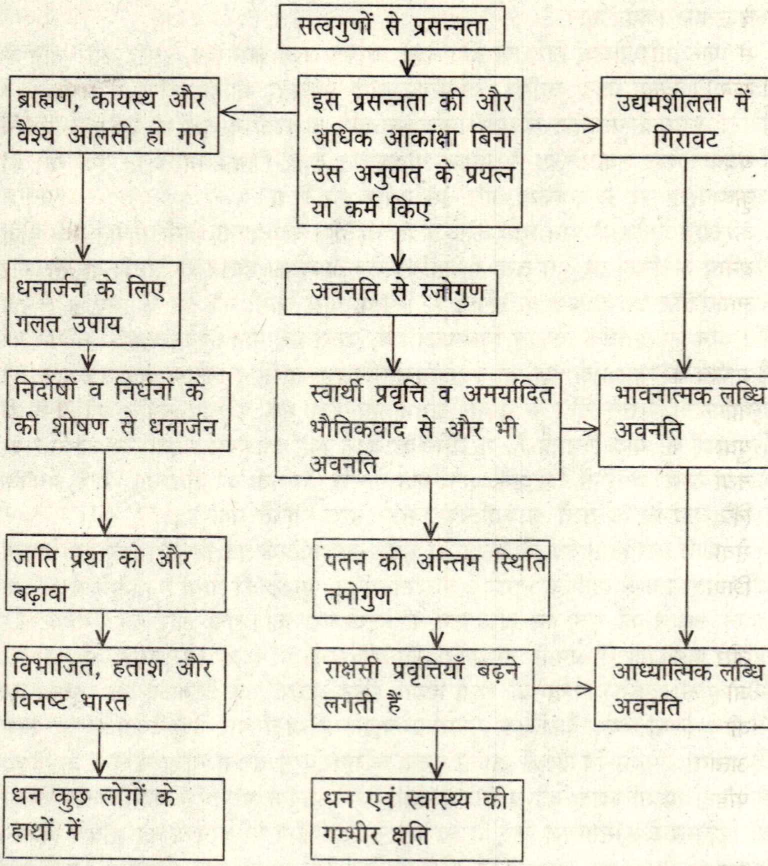

कृष्ण का धनार्जन का तरीका सामूहिक, सरल, पारदर्शी और टिकाऊ था। वह 'सभी को सम्पूर्ण लाभ' की नीति पर भी आधारित था (जॉन स्टुअर्ट मिल ने 'अधिकतम लोगों को अधिकतम लाभ' के सिद्धान्त का प्रतिपादन किया। यह सिद्धान्त अल्पसंख्यकों के हितों को नजरअंदाज करता है। प्रो. केन्स ने 'सक्षम लोगों को लाभ' के सिद्धान्त की वकालत की, परन्तु भारत में यह क्षमता अनेक लोगों को उपलब्ध नहीं है)।

कृष्ण ने धन अर्जन-वितरण और उपभोग के लिए सही अभिगम का प्रदर्शन किया। उन्होंने धनार्जन को प्रमुख पुरुषार्थों में से एक निरूपित किया अर्थात् मानव के प्रति कर्त्तव्य। उनका धन के प्रति रवैया आसक्ति और अनासक्ति का अनुपम मिश्रण था। उन्होंने द्वारका जैसे महान नगर का निर्माण किया जिसकी तुलना केवल कुबेर की अमरावती से हो सकती थी, परन्तु उन्होंने अपने अग्रज बलराम से निवेदन किया कि

वे उसका शासन चलाएं। उन्होंने मथुरा को कंस से स्वतंत्र किया किन्तु मथुरा के कोष से एक पाई भी नहीं ली। ऐसा ही उन्होंने मगध में किया। मगध भारत के सम्पन्नतम राज्यों में एक था। उन्होंने मगध की सम्पत्ति जरासंध के पुत्र को सौंप दी।

कृष्ण के धन वितरण का सिद्धान्त 'कारण की न्याय्यता' पर अधिक आधारित था, बजाए 'कारण की वैधानिकता' के। आज के राजनीतिज्ञों और नौकरशाहों की तरह कृष्ण के समय के राजागण एवं उनके मंत्री भी विधि को अपनी सुविधानुसार अपमिश्रित करते थे। आज हम देखते हैं कि शक्तिशाली व्यापारिक घराने सरकार पर ऐसी नीतियाँ बनाने के लिए दबाव डालते हैं जिससे उन्हें लाभ हो। अमेरिकी लोग इस प्रभाव को लाबीइंग कहते हैं।

मानवीय स्तर पर बाल्यकाल से ही कृष्ण का धनोपचार अत्युत्तम था। वे भली-भाँति जानते थे कि गायें, बाग-बगीचे, जंगल तथा तालाब ही गोकुल एवं वृंदावन के सरल गोपियों की वास्तविक सम्पत्ति हैं। इस प्राकृतिक संपदा की सुरक्षा के लिए उन्होंने युवाओं के मजबूत 'सुरक्षा दस्ते' बनाए। प्राचीन इतिहास में पहली बार उन्होंने आय तथा सम्पत्ति पर आरोपित किए जानेवाले शासकीय नियमों का समीक्षात्मक आकलन किया। उन्होंने सुनिश्चित किया कि यह कर वाजिब है और सरकार द्वारा दी जा रही सेवाओं के अनुपात से है। आगे चलकर जनता की सम्पत्ति न्याय का प्रदर्शन महाराज शिवाजी तथा सम्राट चंद्रगुप्त ने किया।

बालक कृष्ण ने बड़े विचित्र व्यवहार का प्रदर्शन किया। शरीर पर इतने आभूषण और महंगे वस्त्र होने पर भी वे अपने सखाओं के साथ स्वाभाविक रूप से खेलते थे, जो मुख्यतः निम्न-मध्य-वर्ग के थे। उसी विनम्रता के साथ उन्होंने अपने मित्र सुदामा को पर्याप्त धन दिया-बिना सुदामा के आत्म-सम्मान या मित्रता को ठेस पहुँचाए। अत्यन्त अनासक्ति प्रदर्शित करते हुए उन्होंने द्वारका में अपनी सम्पत्ति का पूरा भाग पांडवों को दे दिया, जब उन्हें इन्द्रप्रस्थ के निर्माण हेतु धन की आवश्यकता थी।

कृष्ण ने कभी भी धन के निजी या सामूहिक उपयोग से परहेज नहीं किया। हर अवसर पर उन्होंने कुशल नीतिज्ञ की भाँति बलराम एवं नन्द को आश्वस्त किया कि गोकुल के व्यावसायिक कानूनों में संशोधन करना आवश्यक है। उन्होंने बड़ी कुशलता से गोपियों को समझाया कि बचत करना एवं खर्च करना एक ही सिक्के के दो पहलू हैं। इसलिए आज भी हम देखते हैं कि कृष्ण से सम्बन्धित उत्सव तथा उनकी पूजा धूम-धाम से की जाती है। कृष्ण आय के महत्त्वपूर्ण स्रोतों पर एकाधिकार स्वामित्व के सिद्धान्त के कट्टर विरोधी थे। आज के 'प्रतिस्पर्धी कानून' की भाषा में कृष्ण ने द्वारका के किसी भी नागरिक को यह अनुमति नहीं दी कि वह आय के सार्वजनिक स्रोत का उपभोग, अन्य लोगों की कीमत पर स्वयं करे। समता और समानता की इसी अवधारणा के चलते उन्होंने अपने एक अत्यन्त धनी नागरिक से कहा कि वह अपनी 'श्यामंतक मणि' (जादुई हीरा) राज्य के खजाने में जमा कर दे। यद्यपि उस धनी नागरिक को वह मणि सूर्य की साधना करने पर प्राप्त हुई थी, फिर भी यह तार्किक दृष्टि से उचित था

कि वह उसे सरकार के पास जमा कर देता। इसे 'सार्वजनिक कल्याण के अर्थशास्त्र' का श्रेष्ठ उदाहरण मानना चाहिए।

कृष्ण के 'सार्वजनिक कल्याण के अर्थशास्त्र' की चार मुख्य विशेषताएँ थीं : (1) शासन की निर्दिष्ट भूमिका कि वह वैयक्तिक और सामूहिक धनार्जन तथा धनोपयोग के नियमों को परिभाषित करें, (2) उद्यमशीलता के कार्यों में प्रत्येक व्यक्ति भाग ले, (3) धन वृद्धि के लिए उतने विवेक से काम लिया जाए जितना जरूरी हो और (4) धन के उत्पादक उपयोग और व्यावहारिक जन कल्याणार्थ दीर्घकालीन योजनाएँ। कृष्ण ने स्वयं इन नियमों (या मार्गदर्शक सिद्धान्तों) का पूरी निष्ठा से पालन किया। उन्होंने 'बलात् अनुशासन' के स्थान पर 'ऐच्छिक अनुशासन' लागू किया।

इन चार महत्त्व की विशेषताओं की अलग-अलग चर्चा करते हैं। जब भी और जहाँ भी कृष्ण ने नई सभ्यता स्थापित की, तो उन्होंने लोगों को धन कमाने एवं उसका उपयोग करने की पर्याप्त स्वतंत्रता दी। उनकी सरकार मार्गदर्शक और निर्देशक का कार्य करती थी। सरकार का धन पर अत्यधिक नियंत्रण हो, इस परम्परावादी सिद्धान्त का उन्होंने समर्थन नहीं किया। 'कमाने की स्वतंत्रता' के साथ 'काम करने की जवाबदारी' स्वचालित रूप से साथ चलती है अर्थात् 'अपना खुद का कर्म करो।' इसके आगे रोचक बात यह है कि ऐसे कर्म का चुनाव करने की स्वतंत्रता और उसे भी बदलने की स्वतंत्रता प्राप्त थी। कृष्ण ने मथुरा, मगध और हस्तिनापुर की उन अधिकांश शासकीय नीतियों को बदल दिया, जो सार्वजनिक हित के खिलाफ थीं।

धृतराष्ट्र की सभा में पांडवों के पक्ष में कृष्ण ने जैसी पैरवी की, वह उनकी कूटनीति की बेहतरीन मिसाल थी, जिसमें उन्होंने स्थापित सरकार को चेतावनी भी दी और शासन के उन वरिष्ठ सदस्यों को चुनौती भी दी, जो केवल अपना व्यक्तिगत हित साधते थे। कृष्ण को पूरा विश्वास था कि यदि पांडवों को मात्र पाँच गाँव भी मिल गए तो वे उन गाँवों के निवासियों के सहयोग से पर्याप्त धनार्जन कर सकेंगे। यह एक जोशीले उद्यमी के आत्मविश्वास का प्रतीक है, जो सरकार से केवल बीज पूँजी (सीड कैपिटल) की माँग करता है (जो उसका वैधानिक हक भी है) तथा सामान्य लोगों की भागीदारी से अपना आर्थिक साम्राज्य निर्मित करने का माद्दा रखता है।

कृष्ण के अर्थशास्त्र की द्वितीय महत्त्वपूर्ण विशेषता थी 'सभी की उद्यमशीलता' (आज भी गुजरात में उसी विरासत के दर्शन द्वारका के इर्द-गिर्द होते हैं। एक सामान्य गुजराती उद्यमशीलता में विश्वास करता है और किसी की नौकरी करने की अपेक्षा उसे बेहतर मानता है)। उद्यमशीलता, हिम्मत, विचार और आकार माँगती है। यदि हम द्वारका निर्माण की ओर देखें तो कृष्ण के खतरा उठाने वाले उद्यमी की छवि दिखाई देती है। राजनैतिक भ्राँति के समय में कृष्ण ने अपने साथियों सहित इतनी दूरी नापी और कीर्तिमान रचते हुए अल्प समय में द्वारका का निर्माण कर दिया। ऐसा ही उन्होंने अपने यादव कुल के साथ किया। जरासंध को मारने के बाद उन्होंने उसके पुत्र को मगध का शासक बना दिया और उससे सौदा करके गुजरात के यादवों को मगध भेजा। वही

यादव आज उत्तर प्रदेश और बिहार पर शासन कर रहे हैं। उनमें कुशल व्यापारी और उद्यमी के बीज जन्मजात हैं।

एक दिलचस्प और अहम बिन्दु की ओर गौर करना चाहिए। द्वारका की संरचना और द्रुतगति से विकास का कार्य जाने-माने अभियंता स्वर्ग के विश्वकर्मा द्वारा किया गया था अर्थात् वे दूसरी सभ्यता से बुलाए गए थे। इससे यह साबित होता है कि कृष्ण ने गुजरात के तटीय क्षेत्र की प्राकृतिक सम्पदा के दोहन के लिए बाहर से संसाधन जुटाए थे। इन्हीं विश्वकर्मा को कृष्ण ने पांडवों के इन्द्रप्रस्थ का मानचित्र बनाने एवं उसे विकसित करने के लिए भेजा था। जब इन्द्रप्रस्थ की योजना बनी तो समस्या खांडव वन की थी। कृष्ण ने नाग आदिवासियों से चर्चा की और सैनिक दृष्टि से सही सड़कें बनाने के लिए उनसे कुछ रियासतें माँगीं। नाग इसके लिए तैयार नहीं हुए और बहुत रुखाई से पेश आए। तब कृष्ण को अन्त में 'रचनात्मक विध्वंस' का सहारा लेना पड़ा और उन्होंने नागों को हटा दिया। धन पैदा करने तथा उसके वितरण के लिए कृष्ण ने सदैव 'व्यावहारिक नमनीयता' का प्रयोग किया। भीष्म, द्रोणाचार्य और कृपाचार्य भी धन के बँटवारे के बारे में व्यावहारिक और वैधानिक दृष्टिकोण अपना सकते थे। यदि ये तीनों धृतराष्ट्र एवं दुर्योधन पर दबाव डालते तो कुरुक्षेत्र के भीषण युद्ध से बचा जा सकता था, परन्तु तीनों ने अपने कागजी नियमों को महत्त्व दिया तथा धन के न्यायपूर्ण एवं संयुक्त उपयोग को चुप रहकर नहीं होने दिया। कृष्ण की योजना के अनुसार इन तीनों योद्धाओं से विभिन्न मौकों पर उन्होंने चर्चाएँ कीं, लेकिन दुर्भाग्य से वे अपने पूर्वाग्रहों एवं सैद्धान्तिक सीमाओं के बाहर न आ सके।

कृष्ण के अर्थदर्शन की तीसरी विशेषता बहुत महत्त्वपूर्ण है क्योंकि वह व्यक्ति के मूल्य सिद्धान्त से संबद्ध है। व्यक्ति कितनी सम्पत्ति रखे और किस सीमा तक उसका उपभोग करे? कृष्ण ने स्वयं अपने व्यवहार से इसका उत्तर दिया। उन्होंने कभी सम्पत्ति के लिए ना नहीं कहा। कदाचित (हिन्दू धर्मशास्त्रों के अनुसार) वे भगवान विष्णु के अवतार थे। उन्होंने बड़ी गरिमा के साथ सम्पत्ति का उपभोग किया और साथ ही उससे चिपके भी नहीं रहे। महात्मा गांधी ने ट्रस्टीशिप (न्यास) सिद्धान्त की वकालत की थी। उनके विचार से धन अर्जन करनेवाले प्रत्येक व्यक्ति को सोचना चाहिए कि वह उसका न्यासी है, स्वामी नहीं। कृष्ण ने सदैव न्यासी जैसा व्यवहार किया और राज्य तथा परिवार की सम्पत्ति रखने की उनकी अवधारणा यह थी कि वे समाज का प्रतिनिधित्व कर रहे हैं और उसका गरिमापूर्ण ढंग से उपभोग किया जाना चाहिए।

पिछली कुछ सदियों से आज तक हम भारतीय धन की अवहेलना करते आए हैं और धन बनाने वालों के प्रति भी आदर का भाव नहीं रखा। सादगी और इच्छाओं पर अंकुश रखने तथा शीघ्र मोक्ष के नाम पर हम धन-सम्पत्ति से छिटकते रहे। कृष्ण विराट और मजबूत सेना का प्रबन्ध द्वारका, मथुरा और वृंदावन की सुरक्षा के लिए कर सके, क्योंकि वे अपनी सरकार हेतु धन एकत्रित करते थे। कृष्ण की द्वारका में कई व्यक्ति वैयक्तिक दृष्टि से कृष्ण से अधिक समृद्ध थे, परन्तु वे सब कृष्ण की आज्ञा मानते थे

और राज्य के विकास हेतु अपना योगदान देते थे। एक बहुत अच्छे विचार का यहाँ उल्लेख होना चाहिए। कृष्ण प्रत्येक की सम्पत्ति पर अपनी साख के कारण अधिकार रखते थे। यह किसी प्रतिष्ठान के तेजवान सी.ई.ओ. जैसा है जो स्वयं प्रतिभूतियाँ न रखते हुए भी असीमित धनराशि का संचालन करना है। कई सालों से टाटा परिवार, टाटा समूह की अनेक विशाल कम्पनियों का नियंत्रण केवल अपनी साख-प्रतिष्ठा के कारण करता रहा है। उसकी निजी प्रतिभूतिधारिता इन कम्पनियों में संख्यात्मक दृष्टि से इतनी नहीं थी कि वह इन कंपनियों का नियंत्रण कर सकें। कृष्ण ने सभी से आदर प्राप्त किया। देवताओं के राजा इन्द्र से लेकर आदिम जातियों के राजा घटोत्कच तक सभी से। कृष्ण का वैयक्तिक करिश्मा इतना प्रभावी था कि अनेक बड़े वंश उन्हें अप्रतिम सम्राट मानते थे। यहाँ पांडवों द्वारा किए गए राजसूय यज्ञ का उल्लेख होना चाहिए। लगभग सभी महान सम्राटों और राजाओं ने इसमें शिरकत की। इस महत्त्वपूर्ण रस्म के लिए पांडवों को आमंत्रितों में से किसी एक का चयन सर्वाधिक आदरणीय के तौर पर करना और उसका पूजन करना था। कृष्ण भी उस सभा में उपस्थित थे, परन्तु वे किसी राज्य के आधिकारिक राजा नहीं थे। फिर भी पांडवों ने शिशुपाल एवं उस जैसे कुछ औरों को छोड़कर, कृष्ण को चुना तथा उनका सम्मान एवं पूजन किया। इस उदाहरण से सिद्ध होता है कि कृष्ण का नैतिक एवं आध्यात्मिक प्रभाव तमाम धनाढ्य राजाओं पर भी कितना था। उनके लिए धन प्राप्त करना तथा अपनी संतुष्टि के लिए उसका उपभोग करना बड़ा सरल था। उनका यह करिश्मा उनका अगोचर एवं अनश्वर धन था।

आज धनी लोग राजनैतिक दलों को भारी रकम या चंदे दान में देते हैं और मंत्रिपरिषद में मंत्रीपद या राज्य सभा की सदस्यता प्राप्त कर लेते हैं। इनमें से कुछ तो विदेशी विश्वविद्यालयों को भी भारी राशि दान करके उनसे उपाधियाँ प्राप्त कर लेते हैं। कई ऐसे भी हैं जो अनैतिक रूप से अर्जित अपने धन से मंदिर बनवाते या विराट आध्यात्मिक सम्मेलनों के लिए दान देते हैं। ये लोग ऐसा बड़े फूहड़ ढंग से करते हैं, क्योंकि 'धन-धन को खींचता है' तथा 'अधिक धन से और अधिक धन प्राप्त होता है' यह कलियुग का स्वीकार्य सिद्धान्त है।

यहाँ एक और महत्त्व की बात या तुलना करनी चाहिए। यदि चाहते तो कृष्ण सम्पूर्ण भारतवर्ष या आर्यावर्त के आधिकारिक सम्राट (जो ईरान से थाईलैंड तक व्याप्त था) आसानी से बन सकते थे। उनके पास अकूत सम्पत्ति, विकसित तकनीक एवं सभी संहारक शस्त्र तथा समस्त भौतिक सुविधाएँ—मदिरा से लेकर महिला तक हो सकती थीं, जिनका उपभोग आज के शक्तिशाली देशों के शक्तिशाली राष्ट्राध्यक्ष, कई बहुराष्ट्रीय निगमों के लालची अध्यक्ष, अनेक भारतीय राजनीतिज्ञ, अधिकारी तथा उद्योगपति करते हैं, बल्कि अंग्रेजी के तीन डब्ल्यू-वेल्थ (धन), वाइन (सुरा) व वुमन (सुन्दरी) आज भौतिक श्रेष्ठता के मापदंड बन गए हैं। कृष्ण ने यह सुनिश्चित किया कि कोई भी राजपरिवार किसी भी समय, किसी भी प्रकार की शक्ति का अनियंत्रित उपभोग न कर सके। दूसरे शब्दों में उन्होंने प्रतियोगिता

के नैतिक नियमों का पालन किया। कुछ मौकों पर जब उन्होंने देखा कि अर्जुन, भीम और युधिष्ठिर अपनी असमान शक्ति के कारण थोड़ा अभिमानी हो चले हैं तो उन्होंने उन्हें सुधारा। यहाँ तक कि उन्होंने अपने अग्रज बलराम को भी सुधारा, जब कभी वित्तीय प्रबन्धन की कोई समस्या द्वारका में उत्पन्न हुई।

अनेक संयुक्त परिवारों में धन का उपभोग जटिल समस्या बन जाता है। ऐसा कौरवों के अन्तःपुर में भी रहा होगा। इसीलिए सबसे कनिष्ठ कौरव कृष्ण और पांडवों का प्रशंसक था। दुर्भाग्य से वह भी हस्तिनापुर के सिंहासन के प्रति खिताबी निष्ठा की अवधारणा को मानता था, इसलिए युद्ध में भीम के हाथों मारा गया। कृष्ण और बलराम भी अपनी पत्नियों एवं बच्चों के साथ संयुक्त परिवार के रूप में रहते थे, परन्तु उनके बीच धन की भागीदारी या उसके उपभोग को लेकर कभी कोई विवाद नहीं हुआ। कृष्ण ने अपने अग्रज की सहायता से पारिवारिक सम्पत्ति का प्रबन्धन बड़ी कुशलता से किया। अनेक शक्तिशाली उद्यमी घरानों में सम्पत्ति सम्बन्धी मसले व्यर्थ के अहं और पारस्परिक अविश्वास के कारण गम्भीर रूप धारण कर लेते हैं, परन्तु क्या न्यास सिद्धान्त ऐसी घरेलू समस्याओं से बचने में बहुत प्रभावशाली रहा। कृष्ण की पत्नियों रुक्मिणी, सत्यमाता और जांबुवन्ती ने पारिवारिक सम्पदा के संचालन में आदर्श न्यास नियमों का अनुपालन किया।

कृष्ण की धन-सम्पत्ति नीतियों, युक्तियों एवं रणनीतियों की तुलना कुछ महान नेताओं से भी की जा सकती है।

धन सम्बन्धित मापदंड/मसले	कृष्ण	राम	शिवाजी	चंद्रगुप्त
धन दृश्यता	उच्च	औसत	औसत	औसत
अधिकतम धनार्जन हेतु सामूहिक प्रयत्न	उच्चतम	औसत	न्यून	औसत
धन का उपभोग	विवेक युक्त	परम्परानुसार	न्यून	औसत
धन का न्यास (ट्रस्टीशिप)	उच्चतम	उच्चतम	उच्चतम	उच्च
धन की साज-सँभाल योजना	अच्छी	बहुत अच्छी	कामचलाऊ	अच्छी
भावी पीढ़ियों का धन प्रदर्शन	औसत	अच्छा	कामचलाऊ	औसत
पारिवारिक सम्पत्ति का व्यवहार-कुशल प्रबन्धन	अद्वितीय	औसत	औसत	अच्छा
निर्धनों के साथ सम्पत्ति (धन) का उपभोग	उच्चतम	उच्चतम	उच्चतम	अच्छा
सामाजिक-आर्थिक मसलों का प्रबन्धन	उच्च	विवेकयुक्त	अच्छा	औसत

धन से सम्बन्धित मामलों में कृष्ण श्रेष्ठ सलाहकार थे। उनकी रणनीतिक सलाह से उनके अनेक मित्र एवं अनुयायी 'दूरगामी धन प्रबन्धन योजनाओं' का निर्धारण एवं क्रियान्वयन कर सके। कृष्ण हर मामले में दूरदर्शी थे। अतः वे अनेक भली-बुरी भावी घटनाओं का पूर्वानुमान लगा लेते थे, जिनका प्रभाव उनके लोगों एवं मित्रों पर पड़ सकता था। बचपन से ही वे भोले-भाले गोप-गोपियों के धन की रक्षा के लिए फिक्रमंद रहते थे। जल चूंकि सम्पत्ति है, कृष्ण ने कालिया को यमुना से निर्वासित कर दिया और गोकुल तथा वृंदावन को शुद्ध तथा अबाधित जल सुनिश्चित किया। एक दूरगामी योजना के तहत उन्होंने गोपियों की खास सम्पत्ति गायों की रक्षा के नियमों और व्यवस्था में संशोधन किया। गोकुलवासियों के लिए उन्होंने उम्दा आचार संहिता बनाई, ताकि वे कंस की सेना के खतरों का सामना व्यवहारकुशलता से कर सकें और अपनी धन सम्पत्ति को सुरक्षित रख सकें।

जब पांडवों ने अपनी राजधानी इन्द्रप्रस्थ की योजना बनाई, तब कृष्ण ने उनका मार्गदर्शन किया कि लोगों से कर वसूलने के लिए कुछ नियम बनाएं, उनकी धन सम्पत्ति की रक्षा करें और निश्चित करें कि धीरे-धीरे इन्द्रप्रस्थ एक वैभवशाली नगर बनाया जा सके। एक दूरदर्शी और कुशल रणनीतिकार की तरह कृष्ण ने अपने मित्रों, समर्थकों एवं सहकर्मियों से कहा कि, "जहाँ इरादा हो, वहाँ प्रश्न होते हैं, जहाँ प्रश्न हों, वहाँ सूचना होती है, जहाँ सूचना हो, वहाँ प्रथमोद्योग (पहल) होती है और जहाँ पहल हो, वहाँ आय होती है।" कृष्ण ने यादवों के दिमाग में राजस्व प्राप्ति के इन क्रमबद्ध सिद्धान्तों को प्रभावी ढंग से डाल दिया था। सच कहा जाए तो उन्होंने अपने सहकर्मियों के साथ इस मंत्र को समाज कल्याण के साथ धनार्जन करने की वास्तविकता में उतार कर दिखा दिया।

हम लॉर्ड केन्स, कार्ल मार्क्स और चाणक्य की तुलना कृष्ण से किस प्रकार कर सकते हैं? अर्थव्यवस्था के उन्नयन के लिए केन्स ने 'उपभोग और अधिक उपभोग' का सिद्धान्त प्रतिपादित किया। आज की अमेरिकी अर्थव्यवस्था इसी सिद्धान्त पर टिकी हुई है। इसीलिए अमेरिका में मूर्खतापूर्ण परिदृश्य 'उपभोग तथा कर्जदार होना' दिखाई दे रहा है। अधिक से अधिक कमाने और अधिक से अधिक उपभोग करने की चूहा दौड़ जारी है और यही अमेरिकी अर्थव्यवस्था की प्रमुख विशेषता है। केन्स का उपभोग सिद्धान्त व्यक्ति को कठोर परिश्रम करने के लिए प्रेरित करता है, परन्तु बचाकर रखने के मामले में वह अनुत्पादक प्रमाणित हुआ है। इसलिए भविष्य की चिन्ता अमेरिकियों के हाथ-पैर फुलाकर स्वार्थ केंद्रित बना देती है।

दूसरी ओर कार्ल मार्क्स दूसरे प्रकार के अतिवादी थे। उन्होंने जोर-जबर्दस्ती से धन की समानता का तर्क प्रस्तुत किया। यदि मनुष्य प्राकृतिक रूप से असमान हैं तो उन्हें बलपूर्वक समान बनाना रूस तथा पूर्वी यूरोप के देशों के लिए विनाशकारी सिद्ध हुआ। इसी सिद्धान्त ने पश्चिम बंगाल और केरल को औद्योगिक दृष्टि से पिछड़े राज्य बना दिया। इनकी तुलना में अन्य राज्यों ने अच्छी प्रगति की है। विश्व के समस्त मजदूरों को जोड़ने के चक्कर में मार्क्स ने एक और वर्ग संघर्ष को जन्म दिया है। श्रम संगठनों

ने हर मसले को मालिकों के विरुद्ध जंग के बतौर लेना शुरू कर दिया। इन संघर्षों ने 'सामूहिक धनार्जन प्रक्रियाओं' को असम्भव कर दिया। भारत में खासतौर पर हम एक अति से दूसरी अति की ओर झुकाव देखते आ रहे हैं। नियंत्रित अर्थव्यस्था में नवनिर्माणवादी उद्यमशीलता नहीं पनप सकती। इसके विपरीत बाजारवादी अर्थव्यवस्था में केवल डार्विन का सिद्धान्त चलता है। अतः समाज का कमजोर वर्ग पिस जाता है।

कृष्ण ने हमेशा न्याय और उद्यमशीलता में संतुलन स्थापित करने का प्रयास किया। उन्होंने सुनिश्चित किया कि सामूहिक सम्पत्ति और व्यक्तिगत सम्पत्ति का सह अस्तित्व बना रहे। चाणक्य ने अपने ग्रंथ 'कौटिल्यीय अर्थशास्त्र' में शासन के लिए अधिक बड़ी भूमिका पर जोर दिया। उन दिनों की अराजक स्थिति में जब पाटलिपुत्र (आधुनिक पटना) की जनता संत्रस्त थी, ऐसी भूमिका का औचित्य भी था। चाणक्य का धनार्जन अभिगम 'प्रशासित' अधिक था 'स्वचालित' कम जबकि कृष्ण का विश्वास उद्यमशील उन्नति पर था, जो गीता में वर्णित तीन गुणों पर आधारित था। जब सम्पत्ति के उपभोग की बात आती है तो श्रम आधारित उन्नति की अवधारणा तीन स्तरों पर निम्नानुसार व्यक्त होती है :

ईश्वर (सतोगुण)	तुम्हारा तो तुम्हारा है ही, मेरा भी तुम्हारा है।
मानव (रजोगुण)	मेरा मेरा है और तुम्हारा तुम्हारा है।
राक्षस (तमोगुण)	मेरा तो मेरा है ही, तुम्हारा भी मेरा है।

कृष्ण ने बड़ी व्यवहारकुशलता से उन राजाओं में ऐक्य स्थापित किया, जो या तो सत्वगुण की उच्चतम श्रेणी में थे या रजोगुण के मध्यवर्ग में थे। सीधे-साधे लोगों की सम्पत्ति की रक्षा के लिए शक्ति के उपयोग का ऐसा तंत्र रचना आवश्यक था। कृष्ण ने तमोगुण की श्रेणी में आनेवाले राजाओं और उनकी सहायता करनेवालों को दंडित किया। यहाँ कृष्ण और राम का अन्तर स्पष्ट होता है। राम ने राक्षसों को दंड देने हेतु सीधी और पारदर्शी रणनीति का उपयोग किया, जबकि कृष्ण ने सीधे लोगों में अपनी साख का उपयोग करते हुए उसे व्यवहारकुशल शक्ति में बदलकर दुष्ट राक्षसों को उन्हीं की चालों से पराजित किया।

यहाँ एक महत्त्वपूर्ण तथ्य की ओर ध्यान देना चाहिए। भीष्म (गंगा पुत्र देवव्रत) ने अपने पिता के सुख के लिए अपने सम्पत्ति के वैध अधिकारों को त्याग दिया। वे कुरुवंश की धन-दौलत की रक्षा के लिए हस्तिनापुर के सिंहासन की सेवा करते रहे। कर्ण भी महान दानवीर था। यहाँ तक कि उसने अपना रक्षा कवच इन्द्र को दान में दे दिया था। फिर भी, हम देखते हैं कि भीष्म और कर्ण अर्जुन द्वारा कृष्ण के उपायों से युद्ध में मारे गए। इस घटना से यही सिद्ध होता है कि अच्छे कार्य बुरे कार्यों की

भरपाई नहीं कर सकते और आज हम देखते हैं कि अवैध निर्माणों को नाममात्र की दंडराशि देकर नियमित किया जा रहा है। अमेरिका और इंग्लैंड ने काल्पनिक कारणों से इराक को नष्ट करने का प्रयत्न किया। अपने पापों की भरपाई करने के लिए इराक के पुनर्निर्माण हेतु आर्थिक पैकेज की घोषणा की, परन्तु इस पैकेज की राशि अमेरिकी और ब्रिटिश ठेकेदारों को मिलेगी जो इराक में मरम्मत का काम करेंगे। कृष्ण राक्षसों से धन उगाही करने में कोताही न बरतते हुए बड़ी बेरहमी से उगाही कर लेते थे, क्योंकि अन्ततः धन का सदुपयोग सुपात्र और सामान्य जन के लिए होता था।

गोकुल, मथुरा, वृंदावन और द्वारका में कंस एवं उनके समर्थक नागरिकों ने धन का उपभोग, द्वारका फूहड़ प्रदर्शन करते हुए किया, लेकिन कृष्ण ने सम्पत्ति को देवी माना और सामूहिक कल्याण हेतु उसकी पूजा की। कृष्ण की धन अर्जन-वितरण-उपभोग की अवधारणा मानव श्रेष्ठत्व के निम्न सूत्रों पर आधारित थी :

धन अर्जन-वितरण-उपभोग को निर्धारित करनेवाले कारक	**प्रत्येक कारक का कृष्ण द्वारा व्यावहारिक विश्लेषण**
बुद्धि	धर्म-अर्थ-काम-मोक्ष की विस्तृत बुद्धि अर्थात् लोग स्व-अनुशासन का पालन करते हुए धनार्जन-वितरण-उपभोग का विवेकयुक्त ढाँचा बनाएँ। कृष्ण स्वयं ऐसे स्व-अनुशासन के आदर्श थे।
न्याय्यता (पक्षपातहीनता)	उन्होंने मानव के अंगबद्ध घटकों की सुन्दर न्याय व्यवस्था को प्रदर्शित किया तथा व्यक्ति, समष्टि, सृष्टि और परमेष्टि के बीच न्यायोचित समता स्थापित की। यह विवेकशील अनासक्ति के साथ धन की आसक्ति के लिए अपरिहार्य था।
अनुराग	हर स्थान पर और हर स्तर पर अनुराग, भावनात्मक लब्धि का व्यावहारिक अन्वेषण होना चाहिए। यदि लोग अनुरागी हों तो धन का बँटवारा करना सरल होगा।
वैध	धन का वितरण कानून के आधार पर नहीं, अपितु वैधता के आधार पर होना चाहिए। यदि लोग वैध हों तो वे विधिसम्मत होंगे।
पारदर्शिता	धन सम्बन्धी प्रक्रियाएँ पारदर्शी होनी चाहिए। पारदर्शिता आम आदमी को सुखी करती है।
सम्मान	धन से व्यक्ति को सम्मान प्राप्त हो सकता है, परन्तु

> समाज में व्यक्ति की प्रतिष्ठा के निश्चयन का यही एक पैमाना नहीं होना चाहिए। सम्मान तथा न्याय एक ही सिक्के के दो पहलू हैं।

धन की समता या पक्षपातहीनता के लिए कृष्ण ने आध्यात्मिक अर्थशास्त्र के दायरे में अनेक उद्यमशील विचारों को बुद्धिपूर्वक लागू किया। आध्यात्मिक अर्थशास्त्र एक स्वप्रेरक उपाय है जो व्यक्तिगत आकांक्षाओं तथा सामाजिक दायित्वों को उच्च कोटि की समतुल्यता प्रदान करता है। सूक्ष्मतम स्तर पर इसके लिए मन, मस्तिष्क, शरीर एवं आत्मा के बीच सामंजस्य की दरकार होती है, जबकि उच्च स्तर पर ताने-बाने का निश्चय लोग, प्रक्रियाओं, नीतियों तथा कार्यक्रमों द्वारा होता है। इस ताने-बाने की प्रस्तुति निम्नानुसार की जा सकती है :

लोग (दाँव लगानेवाले)

—				+
+	सुव्यवस्थित धन		श्रेष्ठ धन	+
नीतियाँ (संस्कृति)		औसत धन		कार्यक्रम (परिवर्तन प्रबंध)
—	निकृष्टतम धन		सैद्धान्तिक धन	—
—		प्रक्रिया (तकनीक)		—

यहाँ एक महत्त्वपूर्ण किन्तु असुविधाकारक तथ्य का जिक्र होना चाहिए। कृष्ण के वैश्विक आन्दोलन, उद्‌देश्य तथा विचारों से अनेक छोटे-बड़े पंथ, न्यास एवं संस्थाएँ जुड़ी हुई हैं। अनेक सीधे-सादे लोग इनसे संबद्ध हो जाते हैं। इनके द्वारा संचालित कार्यक्रम भी बड़े आकर्षक होते हैं, परन्तु जो यक्ष प्रश्न अनुत्तरित हैं, वह यह है कि समूहों की नीतियों तथा प्रक्रियाओं के विषय में है। इनमें से कई पंथों एवं मंदिरों के पास अकूत सम्पत्ति है। वे खुले हाथों से दान देते हैं, परन्तु कोई इस बारे में नहीं सोचता कि यह पैसा आता कहाँ से है। कोई व्यक्ति 'धन के वितरण' को अधिक महत्त्व दे सकता है और 'धन की रचना' को महत्त्व नहीं दे सकता है। तथाकथित व्यावहारिकता के नाम पर 'धन रचना की प्रक्रिया' की पावनता की अनदेखी की जा रही है। मिथ्या न्याय्यता, मिथ्या अनुराग और मिथ्या सम्मान आज के समय की विशेषता बन गए हैं। तथाकथित 'आचार्य' से लेकर तथाकथित 'प्रायोजक' और तथाकथित 'दलाल' तक सभी के इरादे नेक नहीं होते। अतः सामान्य जन को एकजुट होकर 'आध्यात्मिक अर्थशास्त्र' के विलक्षण उद्‌देश्य को आकार देना होगा।

आज के कई सम्पन्न कार्पोरेट कार्यपालिक अधिकारी सुधारों के प्रयासों को 'सैद्धान्तिक ढोंग' मानते हैं, क्योंकि वह उनके भ्रष्ट तरीकों एवं स्थापित चालबाजियों से मेल नहीं खाते। मुझे पक्की जानकारी है कि भारत एवं भारत के बाहर के अनेक संस्थानों के पास बेईमानी से कमाया हुआ बहुत धन है। दुख की बात है कि इन उद्यमों को 'महान कार्पोरेशन' और उनके सी.ई.ओ. को 'महान उद्यमी' माना जाता है। तथाकथित प्रबन्धन एवं व्यापार संगठन एक-दूसरे की प्रशंसा के लिए समारोहों का आयोजन करते हैं। ऐसे प्रसंगों के प्रायोजन द्वारा धनी समाचार पत्र और धनवान हो जाते हैं। इस सबके उपचार हेतु एक 'कृष्ण' कदाचित अपर्याप्त होंगे। हमें कृष्ण एक जन आन्दोलन के रूप में चाहिए, जो 'सच्ची और पवित्र संपदा' में विश्वास रखते हों; अर्थात् धन जो बुद्धि, न्याय, अनुराग, वैधानिकता, पारदर्शिता तथा सम्मान का ध्यान रखती है।

कृष्ण ने अनेक प्रदर्शनों से 'सामंजस्यपूर्ण प्रयत्नों' द्वारा 'सामूहिक उद्यमशीलता' की अवधारणा को स्थापित किया। उन्होंने एक सफल उद्यमी के चार गुणों नवपरिवर्तन, साहस, गति तथा मात्रा का उदाहरण प्रस्तुत किया जैसा कि पहले बताया गया है। उन्होंने अपने समर्थक तंत्र को बनाने में, उन टोलियों में कौन-कौन से सदस्य रहेंगे, इसका निर्णय करने में, नियंत्रण के लिए क्रमबद्ध अभिगम हेतु, आदिवासियों तथा निर्धनों तक पहुँच बनाने में, एकाधिकारवादी राजाओं एवं उनके दलालों पर अंकुश लगाने में कृष्ण ने गजब की निर्माण दक्षता का प्रदर्शन किया। उन्होंने 'विधि की आत्मा' को महत्त्व दिया, 'विधि के शब्दों' को नहीं। यह अत्यावश्यक था क्योंकि अनेक प्रकार के धन लोलुप राक्षस आम जनता का शोषण करने के लिए सभी उपायों का उपयोग कर रहे थे। यादव वंश का कंस एवं मगध वंश का जरासंध दो इसके ज्वलंत उदाहरण थे।

हम पश्चिम तथा पूर्व की कुछ विवादास्पद कंपनियों की धन निर्माण प्रक्रियाओं का आकलन किस प्रकार कर सकते हैं? यह आकलन हमें अंग्रेजों की 'मर्यादित दायित्व कम्पनी' की ओर ले जाता है। अल्पसंख्यक प्रतिभूतिधारकों एवं कर्मचारियों के प्रति सीमित दायित्व के कारण ये लोग अपने उत्तरदायित्वों तथा जवाबदारियों से बच निकलते हैं। कई छोटे उद्यमी, प्रदायकर्ता एवं कर्मचारी होते हैं। 'एनरान' के नवीनतम उदाहरण ने लिमिटेड कम्पनी के भयानक असर को उजागर किया है।

पश्चिम संरचित 'कार्पोरेट गवर्नेन्स' की अवधारणा ऊपर से सही खाताशास्त्र को व्यक्त करती है। यह गवर्नेन्स कार्पोरेट उत्तरदायित्व की अत्यन्त सीमित तस्वीर प्रस्तुत करती है। यह संगठन के आंतरिक मानवीय पक्ष को केंद्र में नहीं रखती तथा बेंचमार्किंग के वास्तविक प्रदर्शन को व्यक्त नहीं करती। कई बहुराष्ट्रीय कम्पनियाँ जमकर 'मुनाफाखोरी' करती हैं तथा ब्रांड आधारित मूल्य द्वारा समर्थित बड़े स्वत्व (रॉयल्टी) एवं एकत्व प्राप्त मूल्यों के रास्ते से निकल जाती हैं। उनका तथाकथित सामाजिक प्रशासन वस्तुतः न्याय की फिक्र नहीं करता। अनेक ऐसी भारतीय कम्पनियाँ हैं, जो अपने शीर्ष अधिकारियों को अकल्पनीय वेतन देती हैं, जो एक औसत कर्मचारी के वेतन से सौ गुना

से भी अधिक होगा। ये शीर्षस्थ अधिकारी 'औसत' कार्पोरेट कार्य संपादित करने होंगे या फिर 'वैधानिक चौखटे के अन्दर कुतर्की भ्रष्टाचार' में लिप्त होंगे। अनेक भारतीय व्यापारी प्रातः गीता के श्लोकों का उच्चारण दैनिक रस्म की तरह करते हैं और उसके पश्चात् भ्रष्ट उपायों से सारा दिन दौलत एकत्रित करते हैं।

इस भ्रष्टाचार के मकड़जाल का सबसे दुखद पहलू यह है कि कई आध्यात्मिक एवं सामाजिक संगठन इन गलत उपायों से अर्जित धन से पालित-पोषित हैं। कई आध्यात्मिक नेता प्रत्यक्ष या परोक्ष रूप से इन धन लोलुप, भ्रष्ट तथा निर्दयी उद्योगपतियों की शानदार आवभगत का लाभ उठाते हैं। यही गुरु निष्काम कर्मयोग पर व्याख्यान देते हैं अर्थात् बिना प्रतिफल की कामना के कर्त्तव्य तथा निरीह अनुयायियों को भ्रमित करते हैं।

इन्हीं संभावनाओं से बचने के उद्देश्य से कृष्ण ने न्यासी की भूमिका का हमेशा धन प्रबन्धन के मामलों में निर्वाह किया। यहाँ तक कि उन्होंने अपने यादव सहकर्मियों को भी उनके आर्थिक विनाश के प्रति आगाह किया कि यदि उन्होंने कतिपय अनुशासनों को शीघ्र नहीं माना तो यही होना है। कृष्ण ने सदैव अपने सम्बन्धियों, मित्रों व अनुयायियों को धन की साम्यता, पवित्रता तथा अनेकता के विषय में बतलाया। कृष्ण अपने भक्त-तंत्र के कारण अनेकता प्राप्त कर सके थे। इसी तंत्र का उपयोग पांडवों ने युद्ध की अपनी तैयारी के लिए किया था।

आज भारत के युवा उद्यमी अमेरिका, इंग्लैंड, फ्रांस, अफ्रीका, दक्षिण-पूर्व एशिया तथा कनाडा आदि में उल्लेखनीय कार्य कर रहे हैं, क्योंकि (जाने-अनजाने में) वे धनार्जन, धन वितरण एवं धन के उपभोग के प्रति कृष्ण के दृष्टिकोण का ही अनुगमन कर रहे हैं। इस अभिगम ने विचार या ज्ञान को वास्तविक, मुख्य पूँजी बना दिया है जबकि आज के पतिदृश्य में धन की पूँजी द्वितीयक हो गई है। आज धन के रूप में पूँजी विकसित देशों के निवेशकों से बहुतायत में उपलब्ध है। हमारे बुद्धिमान युवा उद्यमी इस पूँजी को प्राप्त कर अपनी धन-सम्पत्ति में अन्य उद्यमशील उपायों के जरिए वृद्धि कर रहे हैं।

ये महत्त्वाकांक्षी उद्यमी कृष्ण के अर्थ सिद्धान्त को किस प्रकार रूपांतरित एवं आत्मसात कर रहे हैं? वे कृष्ण की अर्थनीति के चार घटकों का गतिशीलता से उपयोग कर रहे हैं—सभी के लिए उद्यमशीलता, सभी व्यवहारों में पारदर्शिता, जोखिम उठाना एवं आय तथा धन का विवेकपूर्ण वितरण। सभी के लिए और सभी की उद्यमशीलता का स्पष्ट अर्थ है कि न कोई मालिक है न कोई नौकर। सभी बराबर के भागीदार हैं। कोई निर्धारित वेतन एवं अन्य निर्धारित मानदेय नहीं। साथ ही आवश्यकता से अधिक लाभ और दलाली भी नहीं। व्यवहारों में यथासम्भव श्रेष्ठतम पारदर्शिता के कारण इन युवा उद्यमियों ने अच्छे व्यावसायिक साझीदारों तथा ग्राहकों को विकसित किया। उसी पारदर्शिता का उपयोग संगठनात्मक संरचना तथा संस्कृति को सुदृढ़ करने के लिए किया गया। इनमें से अधिकतर युवा छोटे परिवारों से हैं। इसके बावजूद उन्होंने विश्वाकाश

में अपने पंखों को फैलाने का जोखिम उठाया। यही काम कृष्ण ने भी हमेशा किया। वे अत्यन्त छोटे से ग्राम गोकुल से मथुरा गए और श्रेष्ठ कार्य किए। मथुरा से वे भारत के पश्चिमी तट पर गए। पाँच हजार साल पहले जब आवागमन के साधन नहीं थे, यह दूरी बहुत थी। समुद्री भूमि का अधिग्रहण कर वहाँ द्वारका का निर्माण किया। प्राचीन काल में इसे जोखिमपूर्ण उद्यमशीलता का श्रेष्ठतम उदाहरण माना जाना चाहिए।

कृष्ण की पत्नियाँ विविध समुदायों से थीं। रुक्मिणी राजकुमारी और रुकमी की बहन थीं। सत्यभामा एक अत्यन्त धनी व्यापारी की पुत्री थीं, (जिसकी श्यामंतक मणि को शासकीय कोष में रखा गया)। जामवंती आदिवासी राजा जामवंत की पुत्री थीं। इस तरह कृष्ण का परिवार विभिन्न संस्कृतियों का अद्भुत संगम था। हम कल्पना भी नहीं कर सकते कि कृष्ण का पारिवारिक सम्पत्ति प्रशासन कैसा रहा होगा, जिसमें पारिवारिक धन प्रबन्धन के निर्विघ्न एवं तार्किक अभिगम के दर्शन होते हैं। उनके और उनकी पत्नियों के धन सम्बन्धी विचारों में विविधता रही ही होगी। एक आदिवासी महिला तथा राजा के विचार पृथक रहे होंगे, परन्तु कृष्ण की विलक्षण प्रतिभाएँ युक्तियों की दाद देनी होगी, जिन्होंने ऐसी विविधता में भी कुशलतापूर्वक धन का उत्तम प्रबन्धन किया।

कृष्ण की प्रवीणता से पांडव भी लाभान्वित हुए। उन्होंने सोची-समझी योजना के तहत अर्जुन का विवाह द्रौपदी तथा सुभद्रा से करवाया। इससे पांडवों के लिए दो स्रोतों से वित्तीय सहायता सुनिश्चित हो गई। जब पांडवों ने अपनी राजधानी 'इन्द्रप्रस्थ' बनाने की योजना तैयार की, तब प्रारम्भिक धनपूर्ति कृष्ण तथा द्रुपद द्वारा की गई। कृष्ण का आदिवासी कुल में विवाह तथा भीम का एक अन्य आदिवासी राजकुमारी से विवाह हो जाने से पांडवों को इन आदिवासी समूहों से पर्याप्त सहायता प्राप्त हुई।

निष्कर्ष यह निकलता है कि धन कृष्ण के पीछे चलता था, कृष्ण धन के पीछे नहीं। राजा या धनी भूस्वामी न होने के बावजूद कृष्ण को आवश्यकता पड़ने पर धनागम के सभी स्रोत उपलब्ध रहते थे। दार्शनिक अर्थ में ब्रह्मांड की सारी सम्पत्ति कृष्ण के लिए उपलब्ध थी, जो स्वर्ग से पारिजात नामक सुन्दर एवं बहुमूल्य वृक्ष पृथ्वी पर लेकर आए थे। सम्पूर्ण मानव की भाँति कृष्ण ने धन का उपयोग अनुशासन की चौहद्दी के अन्दर किया। वे मुझे भगवान शंकर की याद दिलाते हैं, जिनके पास कभी कोई भौतिक सम्पत्ति नहीं थी, परन्तु उनकी अतुलनीय शक्ति के कारण समस्त धनी देवता, राजा एवं राक्षस उनकी आराधना करते थे।

कृष्ण के सम्पत्ति प्रबन्धन अभिगम में मैं तीन मूल तत्त्वों रचना, सुरक्षा तथा विनाश का समागम देखता हूँ। उन्होंने द्वारका की रचना की, उसकी सुरक्षा भी की और उन्होंने अपने यादव कुल में संदिग्ध तत्त्वों के उदय को भी देख लिया और जान गए कि धनकुबेर यादव अपने आप नष्ट हो जाएंगे। जैसे ही कृष्ण ने अपना उद्देश्य पूरा किया और परम तत्त्व में विलीन हुए, द्वारका की धन-सम्पत्ति का क्षरण होने लगा।

कृष्ण : प्रथम विद्रोही और क्रांतिकारी

मगध के प्रतापी सम्राट तथा कंस के श्वसुर जरासंध को मारने के पश्चात् कृष्ण के समक्ष अत्यन्त जटिल सामाजिक समस्या उठ खड़ी हुई। अन्यायी जरासंध ने अनेक युवतियों को अपने कारागृह में बंद कर रखा था। उसकी मृत्यु के बाद इन सभी अविवाहित महिलाओं के सामने प्रश्न था—वे कहाँ जाएँ। उनके अभिभावक रूढ़िवादी समाज के सदस्य होने के कारण उन्हें वापस कभी न स्वीकार करते। कारागृह में रह चुकने के बाद वे विवाह भी नहीं कर सकती थीं। कृष्ण ने उत्तम विचार को अपनाते हुए उन्हें अपना नाम दिया और उनको द्वारका के निकट रहने का सामूहिक निवास का प्रबन्ध किया ताकि उन्हें सामाजिक गरिमा मिल सके। यह आज के ब्रांड-विस्तार विचार का समानान्तर विचार था, जो वर्तमान गलाकाट विक्रय प्रतिस्पर्धा का एक आयाम है। कृष्ण ने एक युक्तियुक्त झटके से उन अभागिनों का उद्धार कर दिया। यह कृष्ण द्वारा स्थापित अनेक विद्रोही या क्रांतिकारी अवधारणाओं में से एक का नमूना है। दूसरी व्याख्या यह हो सकती है कि यादव समाज के युवा सदस्यों को कृष्ण ने इन महिलाओं से विवाह करने हेतु प्रेरित किया।

यदि हम इसके जैसी रामायण की घटना को देखें तो पाते हैं कि राम भी जटिल सामाजिक समस्या से रू-ब-रू हुए थे। सीता रावण की कैद में थीं। राम ने रावण एवं उसकी सेना को मारकर उन्हें मुक्त किया था। तत्पश्चात् राम एवं सीता ने अयोध्या पर अच्छी तरह शासन किया। एक अभागी सुबह, एक धोबी ने सीता की पवित्रता पर संदेह किया, क्योंकि वे रावण की कैद में रह चुकी थीं। राम ने एक आदर्श राजा की भाँति जो प्रजा के प्रति उत्तरदायी है, सीता को वन में भेज दिया; यद्यपि वे उस समय गर्भवती थीं। अब हम जैसे लोग इस वाद-विवाद में उलझे हैं कि राम की कौन-सी भूमिका अधिक महत्त्वपूर्ण थी (राजा की या पति की) और निरपराध सीता तथा उनके पुत्रों को अकारण कठिन परिस्थितियों में जंगलों में क्यों रहना पड़ा, जबकि वे राजप्रासाद में रहने के हकदार थे। यह विवाद अन्तहीन है। यदि ऐसा कृष्ण के साथ घटा होता तो वे क्या करते। मेरा निष्कर्ष है कि कृष्ण कभी भी किसी नागरिक के दबाव में कदापि न आते, जिसका आरोप एक गलत परिकल्पना पर टिका था या तो कृष्ण धोबी के आरोप का समाधान-कारक उचित उत्तर देते अथवा उस पर ध्यान ही न देते। कृष्ण का जीवन के प्रति रवैया सीधा-सरल था और जब वे समाज के शैतानों का उपचार करते

थे, तब वह और सरल हो जाता था। कृष्ण की मान्यता थी कि न्याय होना चाहिए, निर्दोषों को दंडित नहीं किया जाना चाहिए तथा दोषियों को संदेह का लाभ नहीं मिलना चाहिए।

कृष्ण ने जीवन के प्रत्येक मोर्चे पर विद्रोह किया, परन्तु इनके विद्रोह के पीछे एक सम्पूर्ण तथा विश्वसनीय दर्शन था। उन्होंने सामाजिक, आर्थिक, राजनीतिक, बौद्धिक एवं आध्यात्मिक, हर दृष्टिकोण से अपने विद्रोह का परिचय दिया। यद्यपि वे प्रकृति के नियमों का आदर करते थे, समाज के नियमों तथा बड़ों एवं मित्रों के परामर्श को भी सम्मान देते थे, परन्तु वे इस बात से भी अनभिज्ञ नहीं थे कि समाज में कितनी गंदगी जमा हो गई है, जिसे उन्होंने कठोरता से साफ किया और प्रयत्न किया कि दोबारा यह कूड़ा-कर्कट न फैलने पाए।

यदि हम उस समय की सामाजिक-राजनीतिक स्थितियों का परीक्षण करें, जब कृष्ण का जन्म हुआ था तो हमें इस नतीजे पर पहुँचने में कोई दुविधा नहीं होती कि भारतीय समाज अच्छे वैज्ञानिक विकास का लाभ उठा रहा था। गांधारी के सौ बच्चे परखनली शिशु रहे होंगे। कुंती के चार महान पुत्र कर्ण, युधिष्ठिर, भीम एवं अर्जुन देवताओं सूर्य, यम, वायु एवं इन्द्र से उत्पन्न हुए थे। यह भी वैज्ञानिक प्रगति का उदाहरण हो सकता है। एक ओर महाभारतकालीन महिलाओं का बहुत सम्मान किया जाता था तो दूसरी ओर उन्होंने अपने पतियों, भाइयों, पिताओं, पुत्रों, पौत्रों के अंहकार, अवांछित इच्छाओं, गलत आदतों तथा खतरनाक प्रलोभनों के कारण अत्याचार भी सहे। इसलिए कृष्ण के सामने साफ करने और दोबारा रंगने के लिए बहुत बड़ा फलक था।

पहला भड़काऊ तर्क जिसकी प्रस्तुति यहाँ की जा सकती है, वह कृष्ण द्वारा अपने क्रांतिकारी विचारों एवं कार्यों के सकारात्मक तथा उत्पादक उपयोग को लेकर है। उनका एवं कर्ण का जन्म विपरीत परिस्थितियों में हुआ था। कर्ण कुरुप जाति प्रथा के विरुद्ध विद्रोह करता रहा, परन्तु उसने गलत रसायन एवं गणित का उपयोग किया। अपने विद्रोह हेतु उसने विभाजन का प्रयत्न किया, जबकि कृष्ण ने विविधता को अपनाया। दुर्योधन ने कर्ण के प्रति दुर्भावनावश एहसान किया और कर्ण उसके मकड़जाल में ऐसा उलझा कि अन्त तक नहीं निकल पाया। वह अपने दुर्भाग्य के लिए जातिप्रथा को लगातार दोषी ठहराता रहा, जबकि कृष्ण ने उसे बदलने का साहस प्रदर्शित किया। वे भली प्रकार जानते थे कि उनकी क्रांति तभी सफल होगी, जब वे अपने जैसे विचार रखने वालों का सुदृढ़ संगठन बनाएँ और अपने क्रांतिकारी विचारों को गरीबों तथा असहाय लोगों के लाभार्थ लागू करें। उन्होंने उनके प्रति विद्रोह किया, जो समर्थ थे और निर्धनों, कमजोर तथा असहायों को विभाजित कर उनका शोषण करते थे। कर्ण ने भ्रष्ट शक्तियों के स्थापित तंत्र का साथ दिया तथा अपने गलत विचारों को सही सिद्ध करने में लगा रहा। साथ ही उसने स्वाभिमान का जाल अपने चारों ओर बुन लिया बिना इस पर विचार किए कि स्वयं उसमें वह क्षमता है या नहीं।

कृष्ण का क्रांति की ओर पहला कदम उस विशुद्ध प्रेम के माध्यम से मुक्ति का

सन्देश था और वह प्रेम उन श्रेष्ठ वस्तुओं के प्रति था, जो उसी परमात्मा द्वारा निर्मित हैं। वे गोकुल और वृंदावन के सीधे-सरल ग्रामीणों को समझा सके कि प्रेम भक्ति का ही दूसरा नाम है। ऐसी भक्ति और भी पावन हो जाती है, क्योंकि प्रेम प्रायः निःस्वार्थ भाव से किया जाता है। यद्यपि कृष्ण की, देवताओं की पूजा हेतु वैदिक प्रथा के प्रति आस्था थी, किन्तु वे ईशपूजन की सीधी एवं सरल पद्धति को भी महत्त्व देते थे। कलियुग अर्थात् हर प्रकार के दबावों के वातावरण में 'निःस्वार्थ प्रेम', परम चेतना के स्तर तक पहुँचने का सरल उपाय हो सकता है।

मैं कृष्ण की 'नैतिक नमनीयता' की अवधारणा तथा अभ्यास को सफल जीवन हेतु सबसे महत्त्वपूर्ण क्रांतिकारी अभिगम मानता हूँ। मेरे पौराणिक संदर्भों के अनुसार राम एवं कृष्ण के बीच सौ वर्ष साल का अन्तराल था, किन्तु उन सौ सालों में सामाजिक एवं सांस्कृतिक गिरावट अकल्पनीय थी। इस गिरावट को महिलाओं के प्रति आदर की भावना के तुलनात्मक अध्ययन से समझा जा सकता है। रावण छल से सीता को लंका ले गया, परन्तु उसने कभी भी उन पर शारीरिक रूप से सम्बन्ध बनाने का प्रयत्न नहीं किया, जबकि दुर्योधन और दुःशासन ने द्रौपदी को मुख्य सभागृह में अनेक पुरुषों के सामने निर्वस्त्र करने का प्रयास किया।

आप किसी सुस्थापित एवं शक्तिशाली व्यक्ति को किस प्रकार अनुशासित या दंडित करेंगे, जो अपने अधिकारों का दुरुपयोग करते हुए निर्दोषों को प्रताड़ित करता है? क्या आप सीधे रास्ते से, सीधे उपायों से किसी छली व्यक्ति की गंदी चालों से मुकाबला कर सकेंगे? क्या आपके लिए यह सम्भव होगा कि पारदर्शी एवं सीधे उपायों से आप राक्षसों की कमजोरियों के बारे में उपयोगी सूचनाएँ प्राप्त कर सकेंगे? जब आपके संसाधन सीमित हों और आपके शत्रु के पास असीमित संसाधन हों तो आप किस प्रकार प्रतिरोध कर उसे जीत सकेंगे?

इन सब प्रश्नों के उत्तर कृष्ण की 'नैतिक नमनीयता' में प्राप्त होते हैं। कृष्ण ने इसी नमनीयता का उपयोग प्रक्रियाओं को बदलने में किया। उन्होंने जानबूझ कर इन प्रक्रियाओं को बड़ी चालाकी से, उचित एवं पवित्र उद्‌देश्यों की प्राप्ति हेतु बदला। दूसरे शब्दों में उन्होंने उद्‌देश्य की शत-प्रतिशत पवित्रता के लिए समुचित नमनीयता से साधनों में परिवर्तन किए तथा उद्‌देश्यों को प्राप्त किया। जिस प्रकार भीष्म, द्रोणाचार्य, कर्ण, दुर्योधन और जरासंध जैसे महान योद्धा मारे गए, उससे कृष्ण की क्रांतिकारी सोच का पता चलता है। युधिष्ठिर अपने प्रलोभन पर नियंत्रण न रख सका तथा शकुनि एवं उसके साथियों को पराजित न कर सका, क्योंकि उसने कभी भी नैतिक दृष्टि से नमनीय होने का प्रयास नहीं किया। यह मानना सही हो सकता है कि यदि कृष्ण का मार्गदर्शन उन्हें नहीं मिला तो पांडव कभी युद्ध में विजयी नहीं हो सकते थे। कृष्ण का पथ-प्रदर्शन न खेलने वाले कप्तान जैसा था। स्वधर्म के कर्म सिद्धान्त के प्रदर्शनार्थ उन्होंने खेल के नियमों की व्याख्या की और ऐसा सच्चे एवं सीधे-सादे लोगों की भलाई के लिए किया। निम्न तालिका पर विचार करें :

क्रम	उद्देश्य	उद्देश्य प्राप्ति हेतु साधन	अन्तिम प्रभाव	संपादक
1.	वैधानिक एवं नैतिक	वैधानिक एवं नैतिक	अच्छा खराब	→ युधिष्ठिर → गांधारी
2.	वैधानिक एवं नैतिक	वैधानिक एवं नैतिक नमनीयता	अत्युत्तम उत्तम	→ कृष्ण → अर्जुन
3.	नैतिक परन्तु कम वैधानिक	अनैतिक एवं विधि विरुद्ध	कामचलाऊ	→ कुंती (कर्ण का उपचार)
4.	नैतिक नहीं पर विधि सम्मत	नैतिक एवं विधि सम्मत	खराब खराब	→ भीष्म → द्रोणाचार्य
5.	नैतिक एवं विधि सम्मत	नैतिक एवं विधिसम्मत	कामचलाऊ कामचलाऊ	→ विदुर → अक्रूर
6.	न नैतिक न विधि सम्मत	न नैतिक न विधि सम्मत	सबसे बुरा	→ दुर्योधन एवं दुःशासन
7.	नैतिक एवं विधि सम्मत	नैतिक एवं विधि विरुद्ध	अच्छा	→ शिखंडी एवं धृष्टद्युम्न

जब हम कृष्ण के नैतिकतायुक्त नमनीय उपायों का विश्लेषण करते हैं तो पाते हैं कि उनकी संचार प्रणाली तथा सामाजिक-राजनैतिक समझ कमाल की थी। उन्होंने अपने शत्रुओं की दुर्बलताओं का सटीक ढंग से लाभ उठाया। इसके साथ ही उन्होंने अपने सम्बन्धियों की कमजोरियों का भी लाभ या तो उन्हें सुधारने या उन्हें सहायता देने हेतु बाध्य करने में किया। एक ऐसा उदाहरण उनके अग्रज बलराम का है। दुर्योधन के प्रति उनके प्रेम को कुंद करने के लिए (जो उनका शिष्य था) कृष्ण ने सफलतापूर्वक अपनी बहन सुभद्रा का विवाह अर्जुन से करवा दिया। इसे कृष्ण के भावनात्मक चातुर्य का प्रमाण कहा जा सकता है, जो उनके भावी बड़े अभियान का हिस्सा था। इसी चातुर्य का उपयोग उन्होंने पांडवों के प्रति कर्ण के क्रोध को शिथिल करने के लिए किया। इसी चतुराईपूर्ण युक्ति से उन्होंने द्रुपद को पांडवों की ओर से युद्ध करने के लिए तैयार किया ताकि वे द्रोणाचार्य से बदला ले सकें। उन्होंने एक अत्यन्त विद्रोही चलन आरम्भ किया कि कोई महिला भी एक से अधिक पतियों से विवाह कर सकती है, यदि उद्देश्य पवित्र हो। कुंती के निर्देश पर द्रौपदी को वस्तुतः बाध्य किया गया कि वह सभी पाँच पांडवों से विवाह करे और इस कारण से वह अप्रसन्न थी। (अर्जुन ने प्रतिस्पर्धा में द्रौपदी को जीता था) कृष्ण ने अपने चातुर्यपूर्ण प्रभाव से द्रौपदी को विश्वास दिलाया कि पाँचों

पांडवों की जीवनसंगिनी बनने में कोई बुराई नहीं है। वे कठिनाई को अवसर में बदलने में सिद्धहस्त थे। पाँचों भाइयों को एकता के सूत्र में बाँधे रखना उनकी विजय तथा समृद्धि के लिए आवश्यक था। इस प्रकार द्रौपदी को बड़ी अहम भूमिका का निर्वाह करना था।

कृष्ण, शिवाजी एवं चाणक्य, तीनों ने ही स्थापित सत्ताओं की अवैधानिकता के विरुद्ध विद्रोह किया। अपने-अपने ढंग से तीनों ने अपने क्रांतिकारी विचारों को सफलतापूर्वक लागू किया। इसी प्रकार के विद्रोह का प्रयास 1857 में अंग्रेजों के खिलाफ किया गया था, पर वह सफल नहीं हुआ, बल्कि उससे अंग्रेज अधिक सावधान और चालाक बन गए। कृष्ण विद्रोह एवं क्रांति को अमली जामा पहना सके, क्योंकि उन्होंने चार बातों का ध्यान रखा :

1. विद्रोह का प्रत्येक प्रयास व्यावहारिक था अर्थात् यथासम्भव क्रियान्वित करने में व्यावहारिक।
2. अधिकतर मामलों में विद्रोह में जनता ने भाग लिया (जो उससे लाभान्वित हो या न हो)।
3. निर्दोष तैयारी, खतरों एवं अनिश्चितताओं तथा विरोधियों की ताकत एवं कमजोरियों पर आधारित प्रत्येक बिन्दु पर सूक्ष्म विचार।
4. नैतिक दृष्टि से नमनीय प्रक्रियाओं को, विरोधियों की काट के लिए अपनाना।

कदाचित कृष्ण को किसी आधुनिक विशाल निगम का सी.ई.ओ. कहा जा सकता है, जो प्रतिभूतिधारक न होते हुए भी अपने संगठन का मार्गदर्शन करता और उसका नियंत्रण करता है। कृष्ण ने 'साख से स्वामित्व' की क्रांतिकारी अवधारणा की स्थापना की। इसके लिए उन्होंने स्वयं को अपने प्रतिस्पर्धियों के लिए अतुलनीय आदर्श के रूप में भी स्थापित किया। यही कारण है कि वे यंत्रचालित रूप से सबके ऊपर उठे, सभी का आदर प्राप्त किया और एक आदर्श सम्राट की भाँति इस प्रतिष्ठा का उपभोग किया।

मुक्ति की सबसे व्यावहारिक अवधारणा का कृष्ण ने प्रदर्शन किया। अनेक पंथों और वादों के संस्थापक या तो अविवाहित थे या जीवन की कठोर वास्तविकताओं से पलायन कर चुके थे या ऐसे थे, जिन्होंने सारे भौतिक सुखों का भोग कर अन्त में अध्यात्म की ओर अवसादग्रस्त होकर उन्मुख हुए थे। कृष्ण ने जीवन का योग बड़े संतुलित ढंग से किया। ऐसा करते समय उन्होंने युक्तिपूर्वक पृथक्करण की अवधारणा का प्रयोग किया। उन्होंने अपनी दो भूमिकाओं को एक-दूसरे के क्षेत्र में अतिक्रमण नहीं करने दिया। वह अर्जुन और द्रौपदी के अनन्यतम सखा थे, पांडवों के पथ प्रदर्शक थे, अपने दोनों अभिभावकों नन्द-यशोदा तथा वसुदेव-देवकी के आदर्श पुत्र थे, अपनी पत्नियों के आकर्षक एवं अनुशासित पति थे, महान योद्धा थे, भोले-भाले लोगों के परिपक्व नेता थे और अक्रूर, विदुर, राधा जैसे अनेक भक्तों के लिए परम चेतना का साकार स्वरूप थे। इन विविध भूमिकाओं का एक साथ निर्वाह करते हुए उन्होंने सिद्ध

किया कि आसक्ति और विरक्ति की सही युति सम्भव है।

दुर्भाग्य से भारत में दो अतिवादी समूहों ने कृष्ण की छवि का एकांगी चित्रण किया है। जो कृष्ण की बाललीलाओं एवं बाल्यावस्था के चमत्कारों से प्रभावित हुए, उन्होंने सुन्दर गोकुल एवं सम्पन्न द्वारका का ही वर्णन किया। दूसरे समूह के लोग अति के दूसरे सिरे तक चले गए और कृष्ण के द्वारा अर्जुन को दिए गए परामर्श की अपने ढंग से व्याख्या करने लगे तथा अपना ज्ञान बघारने के लिए संस्कृत के श्लोकों का आश्रय लेने लगे। कृष्ण को ढोंग कतई पसंद नहीं था, इसलिए वे धन और ज्ञान के अति प्रदर्शन में विश्वास नहीं करते थे। कृष्ण की सबसे बड़ी क्रांति यह थी कि उन्होंने सम्पूर्ण पुरुषत्व अथवा मानवता को प्रदर्शित करते हुए अपने व्यवहार तथा कार्यों में चारों वर्णों का समावेश किया। वे अत्यन्त प्रतिभाशाली किन्तु व्यवहारकुशल ब्राह्मण थे। वे शूरवीर किन्तु सहृदय क्षत्रिय भी थे। उन्होंने महाचतुर किन्तु उदारमन वैश्य जैसा आचरण भी किया। अन्त में वे विनयशील परन्तु स्वाभिमानी शूद्र भी थे। भारत की समृद्धि के लिए आवश्यक है कि हम सब कृष्ण जैसी बहुमुखी तथा क्रांतिकारी भूमिका का निर्वहन करें और सदा करते रहें।

कृष्ण ने सदा उस साथ पर विश्वास किया जो अन्ततः समस्त मानवता के पवित्रतम हित में हो। इसलिए उन्होंने नियमबद्ध कर्मकांडों तथा अपरिवर्तनीय परम्पराओं की चिन्ता नहीं की। उन्होंने गोकुल के भोले-भाले ग्रामीणों से कहा कि वे अपने गाय-बैलों, खेतों, जंगलों, कुओं-बावड़ियों एवं नदियों को पवित्र मानें। नैसर्गिक संपदा मथुरा के तथाकथित धनाढ्यों द्वारा प्रदर्शित झूठी सम्पत्ति से अधिक महत्त्वपूर्ण है। शायद कृष्ण ने ही सर्वप्रथम वेद की प्रार्थनाओं की व्यावहारिक ढंग से व्याख्या की। अतः उन्होंने अपने गोकुल ग्राम के निवासियों से कहा कि वे गोवर्धन की पूजा करें, इन्द्र की नहीं। एक-एक घटना कृष्ण के दर्शन तथा स्वर्ग एवं वहाँ के सदस्यों के प्रति कृष्ण के विचारों को अभिव्यक्त करती है।

कृष्ण के जीवन के अध्याय में राधा से उनकी मैत्री विशेष महत्त्व की है। इस मित्रता की अनेक व्याख्याएं उपलब्ध हैं। जो लोग कृष्ण के बाल्यकाल तथा उनके वृंदावन निवास पर प्रवचन देते हैं, वे कृष्ण तथा राधा के बीच के सम्बन्धों का विस्तार से वर्णन करते हैं। पौराणिक संदर्भों के अनुसार राधा आयु में कृष्ण से तीन वर्ष बड़ी थीं। वे बचपन से ही साथ-साथ बड़े हुए। राधा का कृष्ण के प्रति प्रेम एक अच्छे एवं जिम्मेदार मित्र का प्यार था। कृष्ण के प्रेम में पगी राधा ने उच्चतम श्रेणी की श्रद्धा को व्यक्त किया। उसकी नजर में कृष्ण भगवान थे। कृष्ण ने उन दूषित कटाक्षों, फब्तियों की ओर ध्यान नहीं दिया, जो लोग उनके प्रेमपूर्ण व पवित्र सम्बन्धों को लेकर करते थे। द्रौपदी से उनकी मैत्री भी भगवान और भक्त के रिश्तों जैसी थी। कृष्ण ने स्वयं पर विश्वास के सिद्धान्त का प्रदर्शन किया। उनका सन्देश स्पष्ट था-यदि आपकी चेतना शुद्ध है तो आपको आलोचनाओं से चिन्तित नहीं होना चाहिए। सत्य की सदा विजय होती है। अपने पावन अभिप्राय को सिद्ध करने में कुछ कठिनाइयाँ आ सकती

हैं, कुछ अधिक समय लग सकता है। तब तक व्यक्ति को धैर्य रखना और आत्मविश्वास रखना चाहिए। कृष्ण ने हमेशा स्वयं पर विश्वास का प्रदर्शन किया। अनेक अवसरों पर कृष्ण को रूढ़िवादी और सामाजिक सरोकार का सामना करना पड़ा। इन स्थितियों का उन्होंने सिर उठाकर सामना किया और अधिकांश मामलों में गैर-परम्परावादी उपायों का प्रयोग किया।

यद्यपि कृष्ण वसुदेव तथा देवकी के पुत्र थे, उनका लालन-पालन गोकुल में नन्द और यशोदा ने किया था और वे दूध-मक्खन बनाने-बेचने वालों के बीच पले-बढ़े। इसलिए उनके शत्रु सदैव उन पर ग्वाले की सन्तान कहकर छींटाकशी करते थे। वे कहा करते थे कि कृष्ण क्षत्रिय नहीं हैं, इसलिए क्षत्रियों के साथ प्रतिस्पर्धा नहीं कर सकते। कर्ण भी ऐसा ही भाग्य लेकर जन्मा था, जिसका पालन-पोषण एक गैर-क्षत्रीय ने किया था। कर्ण आजीवन इस बात को मुद्दा बनाता रहा। इसके उलट कृष्ण ने हमेशा आगे की ओर देखा, पीछे नहीं और वातावरण तैयार कर दिया, जिसमें निन्दकों को ही मुँह की खानी पड़ी। उन्होंने मित्रों एवं रिश्तेदारों का ऐसा संजाल बुन दिया, जिसमें हर जाति एवं वर्ग के लोग थे। अपनी परिपक्वता और नमनीयता को प्रमाणित करने के लिए उन्होंने वैयक्तिक सम्बन्धों का बुद्धिमत्तापूर्ण उपयोग किया। उन्होंने आदिवासी कन्या जामवंती से विवाह किया और भीम से हिडिम्बा के विवाह का समर्थन किया, जो अत्यन्त पिछड़े राक्षसवंश की थी। उन्होंने असम के आदिम जाति की एक कन्या से अर्जुन के विवाह का भी अनुमोदन किया। इन विवाहों से कृष्ण तथा पांडवों की जबर्दस्त सामाजिक छवि बन गई और इस तरह वे कौरवों की कुटिल चालों के विरुद्ध अपना मित्र-तंत्र विकसित कर सके।

व्यावहारिक बुद्धि के सम्बन्ध में संस्कृत में एक श्लोक है :

यद्यपि शुद्धं लोक विरुद्धम्
ना करणियं ना चर्णियम्

श्लोक का अभिप्राय है कि कोई विचार या कार्य अत्यन्त पवित्र एवं उपयोगी हो, तो भी उसके अनुसार नहीं चलना चाहिए यदि अधिसंख्य लोग उसे पसंद न करते हों, परन्तु कृष्ण को परिवर्तन को आरम्भ करने में विश्वास था—सामूहिक तथा व्यक्तिगत तौर पर। उन्होंने इस पर सिर नहीं खपाया कि पुरातनपंथी लोगों को कैसा लगेगा। उनके सारे प्रयत्न एवं सुधार शुद्ध धर्म की पुनर्स्थापना पर केंद्रित थे और धर्म भी व्यापक अर्थ में जो जीवन की आदर्श शैली हो जो वैयक्तिक स्वतंत्रता और सामाजिक अनुशासन को संतुलित करता हो।

यहाँ कतिपय विद्रोहियों (जिन्होंने अपने क्षेत्र विशेष में प्रदर्शन किया) एवं क्रांतिकारियों से कृष्ण की तुलना करनी चाहिएः संत ज्ञानेश्वर (ज्ञानेश्वरी के सर्जक) कार्ल मार्क्स (श्रम आन्दोलन तथा सम्पत्ति सुधारों के प्रणेता), स्वामी विवेकानन्द (सुधारक तथा हिन्दुत्ववादी), डॉ. अम्बेडकर (जिन्होंने हमारे सामाजिक एवं राजनीतिक ढाँचे में आमूल-चूल परिवर्तन का प्रारंभ किया), श्री पेरियार (प्रसिद्ध तमिल विद्रोही

जिन्होंने द्रविड़ आन्दोलन शुरू किया और सुविधाविहीन स्थानीय जनता की हिमायत की), आदित्य विक्रम बिड़ला (जिन्होंने प्रथम भारतीय बहुराष्ट्रीय कम्पनी की विदेश में स्थापना की), श्री नारायण मूर्ति (बुद्धि आधारित सामूहिक धनार्जन प्रक्रिया के जनक)। इस विद्रोहियों एवं क्रांतिकारियों के पास उनका अपना दर्शन था, नेतृत्व का अपना तरीका था तथा सफलता के अपने आयाम थे। उन्होंने निर्भय होकर प्रचलित रस्मों एवं विचारों को चुनौती दी। कृष्ण की भाँति उनके पास भी बदलाव की विशुद्ध प्रक्रिया का बड़ा कार्यक्रम था। कृष्ण के कर्मयोग तथा बुद्ध के कर्म सिद्धान्त के अनुसार इन महान क्रांतिकारियों ने प्रतिफल अथवा असफलता के संभावित खतरे की चिन्ता नहीं की।

कृष्ण ने महाभारत युद्ध के प्रत्येक अवसर एवं घटक का उपयोग युक्तिपूर्ण तथा व्यावहारिक ज्ञान के सिद्धान्तों की पुनर्व्याख्या करने या उनको सिरे से पलट देने के लिए किया। कुरुक्षेत्र के मैदान में उन्होंने चालीस मिनट में वेदों एवं वैदिक दर्शन का सारतत्त्व अर्जुन को समझाया था। इस सारतत्त्व को वेदान्त कहते हैं। व्यास मुनि ने उसका संकलन 'गीता' में किया। गीता संस्कृत भाषा में होने के कारण उस पर उच्च वर्ग का एकाधिकार हो गया। इसीलिए संत ज्ञानेश्वर ने उसे आम जनों के लिए मराठी में अनूदित किया। ज्ञानेश्वर तथा उनके भाइयों को तत्कालीन रूढ़िवादी समाज के कोपभाजन का शिकार होना पड़ा था।

मार्क्स ने पूँजी की श्रेष्ठता की स्थापित अवधारणा के खिलाफ विद्रोह किया। उन्होंने सम्पूर्ण श्रमजीवी वर्ग से अपील की कि वे धन अर्जन एवं वितरण व्यवस्था के विरुद्ध संघर्ष कर उसे बदल दें। पाश्चात्य श्रम आन्दोलन के इतिहास में पहली बार मार्क्स ने पूँजी तथा श्रम के सम्बन्धों पर बहस का सूत्रपात किया। धनोत्पत्ति में श्रम की भूमिका को रेखांकित करते हुए मार्क्स ने बड़ी गलती यह की कि उन्होंने एक और वर्ग तथा 'वाद' को जन्म देकर भावी एवं अन्तहीन टकराव की स्थिति पैदा कर दी। इसलिए विचारों की दृष्टि से कृष्ण का 'सम्पूर्ण मानव' का सिद्धान्त, मार्क्स के वर्ग आधारित क्रांति के सिद्धान्त से बेहतर सिद्ध होता है। मार्क्स की पहल का सोवियत संघ के श्रमिकों ने स्वागत किया। इससे उन्हें तात्कालिक लाभ अवश्य मिला, किन्तु दोनों पक्ष किसी टिकाऊ समझौते को स्वीकार न कर सके।

आदित्य विक्रम बिड़ला ने उद्यमशीलता के बारे में भारतीय सोच में क्रांतिकारी परिवर्तन कर दिखाया। उन्होंने सिद्ध कर दिया कि वैश्विक उद्यमशीलता के पैमाने पर भारतीय उद्यमी किसी से कम नहीं हैं। श्री बिड़ला ने अपने उद्यमों को न केवल सृजित किया, अपितु उनके प्रदर्शन को स्थिरता प्रदान कर सभी को चकित कर दिया और वह भी ऐसे परिदृश्य में, जब भारत के राजनीतिज्ञों, नौकरशाहों तथा व्यापारियों को विश्व समुदाय तुच्छ समझता था। उनकी वैश्विक दृष्टि एवं सक्रियता की इसलिए भी प्रशंसा की जानी चाहिए कि भारतीय व्यापारिक पर्यावरण में नमनीय उद्यमिता का नितांत अभाव था। इस लचीलेपन के अभाव के बावजूद श्री बिड़ला अपने व्यापारिक साम्राज्य

को भारत के बाहर बढ़ा सके।

शिकागो में दुनिया भर के आध्यात्मिक नेताओं के सम्मेलन में स्वामी विवेकानन्द का उद्बोधन भारतीय आध्यात्मिक क्रांति के प्रयासों के इतिहास में मील का पत्थर था। उनकी विश्वधर्म की अवधारणा परिपक्व मानवता के शाश्वत अस्तित्व पर आधारित थी। स्वामी जी ने धार्मिक पक्षपातहीनता के सिद्धान्त पर बल देते हुए विश्व बंधुत्व के सिद्धान्त का विश्लेषण किया।

डॉ. अम्बेडकर ने भारतीय रूढ़िवादी वर्ग के तथाकथित अध्यात्मवाद के मिथक को चुनौती दी। उन्होंने अपने अनुयायियों को इस मानवतावाद की खोखली वास्तविकता से अवगत कराया। उन्होंने मूर्खतापूर्ण सामाजिक असमानता की सटीक मीमांसा करते हुए यह सिद्ध करने का प्रयास किया कि भारत की सामाजिक-आर्थिक अवनति का यही कारण है। डॉ अम्बेडकर ने अपनी सारी बौद्धिक ऊर्जा को भारत के संविधान की रचना में खपा दिया तथा मानव स्वतंत्रता को समानता के चौखटे में जड़ने की कोशिश की। उन्होंने अपने सीधे-सादे समर्थकों से कहा कि वे 'दासता की विरासत' से मुक्त हो जाएँ। कृष्ण तथा डॉ. अम्बेडकर में एक समानता थी कि दोनों ने ही तार्किक सोच पर भावनात्मक प्रभाव को कमतर नहीं माना, परन्तु आगे चलकर डॉ. अम्बेडकर ने तर्क एवं भावना के मिश्रण को अपना लिया। संत्रस्त होकर वे इस नतीजे पर पहुँचे कि हिन्दुत्व हमेशा एक वाद रहेगा, जिसे उच्च वर्ग ने स्थापित किया है। इसीलिए उन्होंने बौद्ध धर्म स्वीकार कर लिया। कृष्ण ने अन्याय के विरुद्ध अपने संघर्ष को कभी आधे रास्ते में नहीं छोड़ा। उन्होंने हर प्रकार के उपायों के जरिए पाखंडियों को नीचा दिखलाया तथा न्याय की सामाजिक व्यवस्था को बदला। ध्येय की पवित्रता के लिए नैतिक साधनों में लचीलापन बना रखा।

श्री पेरियार ने तमिलनाडु के दबे-कुचले लोगों के हित में तथा उच्च वर्ग की जोर-जबरदस्ती के विरुद्ध आन्दोलन आरम्भ किया। स्वतंत्र तमिल संस्कृति के उत्थान के लिए उन्होंने विशुद्धाद्वैतवाद को स्थापित किया। द्वैतवाद को सिद्ध करने की हद तक श्री पेरियार तार्किक एवं आध्यात्मिक नजरिए से सही थे। इससे आगे की उनकी यात्रा प्रतिहिंसात्मक तथा पूर्वाग्रह युक्त होने के कारण अवरुद्ध हो गई और उन्होंने सभी हिन्दू रस्म-रिवाजों की अनुत्पादक व्याख्या करनी शुरू कर दी। पेरियार ने सबसे बड़ी गलती यह की कि द्रविड़ आन्दोलन को उन्होंने आर्यों के विरुद्ध विद्रोह का नाम दिया। उन्हें यद्यपि यह ज्ञात था कि 'द्रविड़' शब्द का संस्कृत में अर्थ 'द्रवित' है। द्रवित एक विशेषण है, जिसका अर्थ ऐसा व्यक्ति है, जो गरीबों की पीड़ा को समझता-स्वीकारता है तथा उनकी अपील के प्रति जिसकी प्रतिक्रिया सकारात्मक होती है। 'आर्य' का मतलब सुसंस्कृत व्यक्ति है। अतः कोई आर्य ही द्रवित हो सकता है। कदाचित पेरियार (आजकल के तथाकथित साम्यवादी और समाजवादी बौद्धिकों की भाँति) अपनी स्वयं की छवि गढ़ने के मन्तव्य से अपना आन्दोलन चलाते रहने के इच्छुक थे।

डॉ. अम्बेडकर एवं श्री पेरियार जैसे नेताओं की हताशा ने प्रतिक्रियात्मक प्रक्रिया

के स्रोत एवं क्षितिज को विस्तारित कर दिया, जिसके कारण 'मिलन की यात्रा' और अधिक भ्रमपूर्ण हो गई। कृष्ण ने ऐसी सभी भ्रमोत्पादक स्थितियों से दूरी बनाए रखी। जब कभी कुटिल तत्त्वों ने सामाजिक और आध्यात्मिक शांति पर हावी होने की कोशिश की तो कृष्ण ने उन्हें कुचल डाला तथा उत्पादक शांति को बहाल किया।

सबसे नए और सरल विद्रोही मेरी दृष्टि में 'सामूहिक उद्यमशीलता' के प्रणेता श्री नारायणमूर्ति हैं। उन्होंने 'पारदर्शी तथा ज्ञान-आधारित उद्यमशीलता' का उदाहरण प्रस्तुत किया है। आज की तारीख में कदाचित वे सर्वाधिक सम्माननीय उद्यमी हैं। उनकी पत्नी श्रीमती सुधा मूर्ति ने 'कार्पोरेट सामाजिक उत्तरदायित्व के पवित्रतम अभिगम' की मिसाल कायम की है। जो इस दंपति ने सरल (और फिर भी अत्यन्त प्रभावी) ढंग से किया है, वह अनेक विख्यात औद्योगिक घराने तक दशकों में नहीं कर सके। श्री मूर्ति की गाथा श्रीकृष्ण के समानान्तर चलती है, क्योंकि दोनों ने शून्य से आरम्भ कर धनार्जन किया और वह भी गैर-परम्परावादी उपायों से। श्री मूर्ति प्रभावशाली सुविधाओं के प्रति अनासक्ति की तुलना भी कृष्ण की अनासक्ति से की जा सकती है, जिसका पालन वे आजीवन करते रहे। श्री मूर्ति ने अपने सहयोगियों, कर्मियों को मुक्त हस्त से उपकृत किया, जिन्होंने धनार्जन प्रक्रिया में हाथ बंटाया था। शायद उनकी कम्पनी इन्फोसिस 'सामूहिक उद्यमशीलता ओर सभी के लिए समृद्धि' का एक अनन्यतम और दुर्लभ उदाहरण प्रस्तुत करती है।

कृष्ण ने जीवन का आनन्द लेने की प्रक्रिया को बड़े ही परिवर्तनीय ढंग से बदल दिया, बल्कि इस क्षेत्र में भी उन्होंने क्रांति कर दी। उन्होंने प्राच्य दर्शन के चार स्तंभों धर्म, अर्थ, काम एवं मोक्ष के सरल एवं व्यावहारिक अर्थ बतलाए। इन चार घटकों को मिलाकर उन्होंने रेखांकित किए, वे अनुशासन-अर्जन-आनन्द-अनासक्ति थे। कृष्ण का मिथकों एवं ढोंग पर विश्वास कभी नहीं रहा। इसलिए उन्होंने सदा आनन्द के सिद्धान्त की पैरवी की। यह आनन्द स्व-अर्जित एवं स्व-चालित था। कर्ण को दुर्योधन से पुरस्कृत करते हुए उसे अंग राज्य का नरेश बना दिया। बिना कमाई इस ताकत से कर्ण दुर्योधन का हद से ज्यादा आभारी हो गया। आज अनेक प्रतिभावान कार्पोरेट अधिकारी अपने भ्रष्ट एवं बेरहम मालिकों के आभार तले दबे रहते हैं। ये अधिकारी वैसे तो ईश्वर से डरनेवाले होते हैं, किन्तु अपने आकाओं के गलत कार्यों में उनका साथ देते हैं। इस आभार ने कर्ण की हताशा में और वृद्धि की। आरम्भ से ही उसने गलत पक्ष का दामन थाम लिया। उसे कौरवों की हर निन्दनीय योजना का समर्थन करना पड़ता था। वह उस दुष्चक्र में ऐसा फंसा कि फिर कभी उससे बाहर निकल ही न सका। एक दुखद परन्तु कटु उदाहरण यहाँ देना चाहूँगा। डॉ. अम्बेडकर के अनेक अनुयायी उनकी निष्ठा को भूल गए और उनके उद्देश्य को पूरा न कर सके। इन लोगों का उच्च जाति के राजनीतिज्ञों ने जमकर उपयोग अपने सपनों को साकार करने में किया।

कर्ण तथा अन्य समकालीन उदाहरणों की पृष्ठभूमि में कृष्ण द्वारा द्वारका के सफल

निर्माण को हम एक स्व-निर्मित व्यक्ति का बेहतरीन उदाहरण कह सकते हैं। कृष्ण चाहते तो अपने शक्तिशाली पुरुषों से कितने ही उपकार ले सकते थे। बजाए ऐसा करने के उन्होंने साधनहीन एवं सरल लोगों का नेतृत्व करने का रास्ता चुना। विद्रोह करना हममें से अधिकांश के लिए सम्भव हो सकता है, परन्तु जो कदाचित सम्भव न हो सकेगा, वह है ऐसे विद्रोह के प्रभाव को सँभाले रखना। हममें से कितने ही बगावत करते हैं, किन्तु विद्रोह के बाद की क्या गतिविधियाँ होंगी, इसका अनुमान नहीं कर पाते। कृष्ण ने अपने विद्रोही अभियानों की विचारपूर्वक रूपरेखा बना ली थी। उनके विद्रोह या क्रांति सम्बन्धी विचारों की बानगी का प्रस्तुतीकरण इस प्रकार हो सकता है।

दृढ़ विश्वास →	एस.डब्ल्यू.ओ.टी. (स्ट्रेंथ, मजबूती), वीकनेसेज (कमजोरियाँ) अपार्चुनिटीज (अवसर) व थ्रेट्स (धमकियाँ) विश्लेषण के आधार पर
↓ सहयोग →	एक सा विचार रखने वाले समर्थकों को एकत्रित करके सुदृढ़ मित्र-तंत्र (संजाल) बनाना
↓ सामना करना →	स्थापित शासकों एवं नेताओं से सामना करके, उन्हें सुधारने या दंडित करने हेतु और अन्त में सभी के लिए व्यावहारिक समाधान ढूंढ़ना
↓ संगठन →	सुविधागम्य तथा संचालन प्रणाली की रचना-विद्रोह से अर्जित फायदों की चकबंदी के लिए करना

कृष्ण ने हमेशा विद्रोहोपरान्त प्रबन्धन की योजनाएँ पहले से ही सोच कर बनाईं कि उनके विद्रोह की अनुकूल एवं प्रतिकूल कैसी प्रतिक्रियाएँ होंगी? वे ऐसी योजना बनाते थे कि न्यूनतम क्षति हो, उनका क्षति नियंत्रण कमाल का होता था। वे रणनीतियों एवं युक्तियों को इस प्रकार मिश्रित करते थे, जिसे लाभान्वित होने वाले पसंद करें। इसके कारण उन्हें उन सब का विश्वास और सहयोग मिल जाता था, जो उनकी योजना में सम्मिलित होते या हो सकते थे। वे सदैव अपनी पहल, त्याग तथा विजयों का उदाहरण सबके सामने रखते थे ताकि सीधे-सच्चे लोग उनके पदचिह्नों पर चलें। आदिवासी युवती जामवंती से उनका विवाह तथा अपने रिश्तेदारों कंस और शिशुपाल को दंड देना इसका प्रत्यक्ष सबूत है कि उनके क्रांतिकारी इरादे कितने ठोस और नेक होते थे। कदाचित उनका सबसे बड़ा विद्रोह शक्तिशाली कौरवों के विरुद्ध था, जिसमें पांडवों ने सक्रिय रूप से भाग लिया। महाभारत युद्ध के क्रियान्वयन के द्वारा उन्होंने अनेक मिथकों को तोड़ दिया और जीवन के मूल गुणों को पुनर्स्थापित किया। इस युद्ध के कुछ क्रांतिकारी एवं विद्रोही परिणामों का उल्लेख यहाँ पर किया जाना चाहिए। पहला परिणाम तो यह था कि अवांछित तत्त्वों को दंडित किया जा सकता है बशर्ते कि उनके

प्रति वही व्यवहार किया जाए, जिसके वे सुपात्र थे। पंजाब पुलिस के महानिदेशक श्री गिल ने इस सिद्धान्त को बखूबी लागू किया। पंजाब में आतंकवाद से निपटने के लिए उन्होंने कठोर युक्ति को आजमाया 'एक आतंकवादी-एक गोली'। यदि कश्मीरी आतंकियों से प्रभावी ढंग से निपटना हो और पाकिस्तान के कुत्सित इरादों को सफलतापूर्वक कुंद करना हो तो केवल कृष्णनीति का ही प्रयोग करना होगा। पूर्वाग्रहपीड़ित मुट्ठी भर मानवाधिकार कार्यकर्ताओं की आलोचना की अनदेखी करनी होगी (यदि कश्मीर को बचाना हो तो)। यदि संयुक्त राज्य अमेरिका एक ओसामा बिन लादेन के लिए समूचे अफगानिस्तान को तबाह कर सकता है तो भारत को लादेन के सहयोगियों से कश्मीर को बचाने के लिए कार्रवाई करने से क्यों हिचकना चाहिए?

दूसरी गम्भीर समस्या भारत के सामने बढ़ते भ्रष्टाचार की है। भ्रष्टाचार के मामलों में न तो कोई विवेचना या अनुसंधान कर सकता है और न इस रोग का कोई सीधा इलाज है। हमारी अधिकांश न्यायिक प्रक्रियाएँ इतना समय लेनेवाली हैं कि आरोपी जमानत का उपहार प्राप्त कर आराम से जीवन का आनन्द लेते हैं और जो निरपराध हैं, सीधे हैं, उनके लिए जीवन कठोर हकीकत है, क्योंकि उन्हें हमारी व्यवस्था में न्यूनतम स्थान मिलता है। कृष्ण, चाणक्य और शिवाजी ने सत्य, ज्ञान तथा ईमानदारी को प्रतिष्ठित करने के लिए क्या किया? उन्होंने दोषियों को दंड दिया तथा न्याय कैसे किया जाता है, इसका प्रदर्शन किया।

कृष्ण ने बिना किसी संकोच के, अपने पवित्र उद्देश्य को प्राप्त करने के लिए नैतिक दृष्टि से लचीले उपायों का उपयोग किया। आज देश के हजारों गलत आचरण करनेवाले दिग्भ्रमित युवाओं को अनुशासित करने के लिए प्रभावी उपाय करने होंगे, जिनमें उनके अभिभावक, शिक्षक, अशासकीय संगठन सभी को भाग लेना होगा। इसी प्रकार बढ़ती कट्टरता तथा कुतर्कपूर्ण घृणा का उपचार भी सख्ती और नमनीय युक्तियों से करना पड़ेगा। भ्रष्टाचार, कट्टरतावाद, जोर-जबरदस्ती तथा अन्य प्रकार की अक्षमताओं ने हमारे विकास एवं समृद्धि के मार्ग में काँटे बो दिए हैं। कंस ने अपने पिता को बंदी बनाकर अमर्यादित शक्ति प्राप्त कर ली थी। उसके श्वसुर जरासंध ने सहस्रों निरपराध कन्याओं को कारागृह में डाल दिया था, अनेक युवकों की निर्दयतापूर्वक हत्या कर दी थी तथा प्रजा को आतंकित कर रखा था। कालयवन जैसे शैतान विध्वंसक युद्ध तकनीक का उपयोग गलत कार्यों के लिए करते थे। प्रसिद्ध कुरुवंश के शीर्ष पर धृतराष्ट्र आसीन थे, जो दुर्बल था तथा दुर्योधन के पिता थे। भारत के लगभग सभी राज्यों में निराशा का वातावरण था। यह तेजी से बढ़ती अवनति का प्रकरण था, राम राज्य के उच्च आदर्शों से लेकर कौरवों के पतित शासन तक की यात्रा बड़ी दुःखद थी। राम द्वारा अपने लक्ष्यों की प्राप्ति के कोई सौ साल बाद कृष्ण का जन्म हुआ। ये सौ साल स्वार्थी गुटों की दलबंदी के साल थे।

एक क्रांतिदूत होने के नाते कृष्ण का सुधारों पर अटल विश्वास था। एक क्रांतिकारी के तौर पर कृष्ण सुधारों के प्रबल समर्थक थे। उन्होंने एक समान सोच वाले

लोगों का संजाल स्थापित किया तथा उनका अपने विविध अभियानों में बतौर साझीदार उपयोग किया जिन्होंने विभिन्न भूमिकाओं का निर्वाह किया। यदि हम कृष्ण के विद्रोह एवं क्रांति कार्यक्रमों का विश्लेषण करें तो महत्त्वपूर्ण निष्कर्ष पर पहुँच सकते हैं कि 'अब पहियों का दुबारा आविष्कार न हो।' आज के कई क्रांतिकारी या तो अनभिज्ञता के कारण अथवा अपनी तथाकथित कर्मठता का जानबूझ कर प्रदर्शन करने की गरज से वही कार्य बार-बार करते हैं। कृष्ण ने प्राचीन बातों को कभी तिरस्कृत नहीं किया। झूठी क्रांति का यह कह कर समर्थन नहीं किया कि जो भी पुराना है, वह व्यर्थ है। आज मुझे कई ऐसे क्रांतिकारी दिखलाई देते हैं जो अपने अनुयायियों को गलत रास्ते पर ले जा रहे हैं-केवल अपनी प्रभावपूर्ण स्थिति को कायम रखने के लिए।

कई सुधारवादी और क्रांतिकारी झटका उपचार (शॉक थिरेपी) में यकीन करते हैं। कृष्ण ने भी आवश्यकता पड़ने पर झटकों का प्रयोग किया। उन्होंने जरासंध द्वारा बन्दीगृह में रखी गई कन्याओं के प्रति सम्पूर्ण सामाजिक आदर का प्रदर्शन किया। पुरुष प्रधान समाज में लड़कियों के प्रति सामाजिक सम्मान दुर्भाग्य से हमेशा पुरुष की सोच से प्रभावित रहा है। कृष्ण ने उन अभागी कन्याओं को अपना नाम देकर एक झटके में उन्हें समुचित सम्मान दे दिया। कृष्ण ऐसा विद्रोह इसलिए कर सके, क्योंकि वे पहले ही अपनी छवि एक ईश्वरीय व्यक्ति जैसी स्थापित कर चुके थे, जिसे प्रत्येक की चिन्ता थी।

दूसरी बात जो कृष्ण के विद्रोह को अन्य विद्रोहियों से अलग करती है, वह है सभी को शामिल करना। उनके विचार, उनकी सोच तथा विद्रोह के प्रयत्न किसी एक धर्म, वर्ग या समुदाय के लिए नहीं थे। उनकी कौरवों एवं उनके साथियों को दंडित करने की महती योजना के अन्तर्गत उन्होंने यादव समाज को बदलने का भी अवसर ढूँढ़ लिया। इसी के तहत उन्होंने यादव सेना को दुर्योधन के हवाले कर दिया। यहाँ मैं 'निरन्तर प्रतिस्पर्धात्मक लाभ' तथा 'मूल्य शृंखला विश्लेषण' के आधुनिक सिद्धान्त की झलक पाता हूँ। कृष्ण ने बड़ी सूझ-बूझ से अपनी मूल्य शृंखला (सेना) के कम प्रतिस्पर्धी भाग को दुर्योधन को दे दिया और स्वयं अपने आपको अर्जुन या पांडवों को दे दिया। कृष्ण स्वयं अपनी मूल्य शृंखला के सबसे बहुमूल्य भाग थे। दुर्योधन इस सीधे यथार्थ को समझ नहीं पाया। 'रणनीतिक विक्रय प्रबन्धन' की भाषा में कृष्ण स्वयं तो पांडवों की ओर हो गए तथा रोबोटनुमा प्रक्रियाओं एवं उत्पादों को कौरवों को दे दिया। कृष्ण की स्वयं की समरभूमि में उपस्थिति 'ब्रांड विस्तार' का श्रेष्ठ उदाहरण थी। धृतराष्ट्र के सचिव संजय ने अपने स्वामी से कहा, 'पांडवों की विजय सुनिश्चित है क्योंकि कृष्ण उनकी ओर हैं।'

जब राधा को अनुभूति हुई कि कृष्ण का जन्म विशेष कारण से हुआ है और वे अदृश्य परम चेतना के मूर्त रूप हैं तो उसकी कृष्ण से मित्रता निःस्वार्थ व आनन्ददायक भक्ति में रुपांतरित हो गई। एक रूढ़िवादी समाज के लिए एक युवक तथा युवती की समर्पण भावना से युक्त मैत्री को पचा पाना कठिन था। कृष्ण लोगों के जंग लगे विचारों को बदलना चाहते थे। आगे चलकर जब वे वयस्क हो गए तो उन्हें एक और समर्पित

मित्र द्रौपदी मिली। कृष्ण पांडवों के मित्र, दार्शनिक एवं पथ-प्रदर्शक थे। द्रौपदी ने कृष्ण के कार्यों को सहज बनाने की भूमिका का निर्वाह किया ताकि वे पांडवों की हर सम्भव सहायता कर सकें।

कृष्ण ने कभी भी महाभारत की इन दो महिलाओं से अपनी मित्रता की आलोचना की परवाह नहीं की। उनके समय में और आज भी अधिसंख्य तथाकथित 'सुसंस्कृत परिवार' अपनी महिला सदस्यों को अपनी रुचि के मार्ग पर चलकर अपना स्वतंत्र व्यवसाय चुनने का अधिकार नहीं होता। हमारी संस्कृति और कुल परम्परा में स्त्री-पुरुष समानता वास्तविक एवं व्यावहारिक होती थी। शायद भारत ही एकमात्र देश है, जहाँ महिलाएँ मुख्यमंत्री, प्रधानमंत्री, मुख्य कार्यपालिका अधिकारी, आध्यात्मिक नेत्री, औद्योगिक नेत्री आदि हो सकीं-अपनी आर्थिक असमानता एवं सामाजिक अस्थिरता के बावजूद। इस पृष्ठभूमि में कदाचित कृष्ण प्रथम व्यावहारिक क्रांतिकारी थे, जिन्होंने समाज में स्त्री के अधिकारों एवं उनकी सम्माननीय छवि को पुनर्स्थापित किया। कृष्ण की तर्कसम्मत पहल की तुलना में कर्ण केवल अपनी व्यक्तिगत समस्याओं को लेकर विवाद खड़ा करता रहता था। वह अपने खोल से कभी बाहर न आ सका और असहाय महिलाओं के लिए उसने कुछ नहीं किया। जब कौरवों की राजसभा में द्रौपदी अकल्पनीय स्थिति से जूझ रही थी, तब कर्ण ने विवेक से काम नहीं लिया और यह नहीं सोचा कि उसके मित्र कितना गम्भीर अन्याय द्रौपदी के प्रति कर रहे हैं जो शायद कुंती ने (एक अन्य असहाय स्त्री) उसके प्रति किया था।

कृष्ण के दर्शन की महानता गौतम बुद्ध की शिक्षा में भी कुछ हद तक दिखलाई देती है। बुद्ध ने भी अपने अनुयायियों से कहा कि दुःख से मुक्ति तभी सम्भव है जब हम दुःख को ही यथासम्भव स्वीकार कर लें। कृष्ण का आनन्द का सिद्धान्त बुद्ध से एक कदम आगे था। कृष्ण ने कहा कि, "जीवन एक चुनौती है और हमें उसका सामना करना चाहिए। चुनौती पर काम करो और उसके प्रभाव की चिन्ता छोड़ दो। ऐसी क्रियात्मकता सुगमता से सम्भव है यदि आनन्द के क्षणों को ढूँढ़ें और दुःख द्वारा निर्मित दरारों की फिक्र न करें। कृष्ण ने सदा दुःखों को पीछे छोड़ दिया तथा सुखों की एक के बाद दूसरी मंजिल तय करते चले गए। यहाँ भी कृष्ण की परम-चेतना का सिद्धान्त बुद्ध के कर्म सिद्धान्त से बेहतर प्रतीत होता है। जीवन के सुखों का आनन्द लेने के लिए कृष्ण की सलाह है कि हम अपनी पूरी क्षमता से काम करें। उससे सारी क्षमता निरन्तर बढ़ती जाएगी और हम परम चेतना के उच्चतम स्तर तक पहुँच सकेंगे। दूसरे शब्दों में जीवन एक अन्तहीन यात्रा है जिसमें हम प्रत्येक अवसर पर श्रेष्ठ प्रदर्शन करें और प्रतिफल सर्वव्यापी के ऊपर छोड़ दें। अपनी क्षमता के सर्वोच्च शिखर पर पहुँचने के पश्चात् अन्तिम प्रयास यह होना चाहिए और ऐसा हो सकता है—कि हम स्वतः स्फूर्त परम तत्त्व से एकाकार हो जाएँ। बुद्ध इतना ऊँचा लक्ष्य नहीं रखते हैं। वे केवल कर्म की बात करते हैं—क्रिया-प्रतिक्रिया सम्बन्धों पर बल देते हैं। ये बातें मनुष्य को अपने श्रेष्ठ प्रदर्शन हेतु प्रेरित नहीं करती हैं। कृष्ण का क्रांतिकारी सिद्धान्त 'प्रयोग से श्रेष्ठता

तक की आनन्दमय यात्रा' हमें वर्तमान भौतिक विज्ञान के आणविक विश्लेषण के प्रगत सिद्धान्त की ओर ले जाती है। कृष्ण प्रकृति के मुख्य तत्त्वों वायु, अग्नि, जल, आकाश तथा धरती से अधिकतम सहायता उगाहने में विश्वास करते थे। उन्होंने पांडवों को राय दी कि वे इन पाँच तत्त्वों के देवताओं से अधिकतम तकनीकी सहायता प्राप्त करें। मानवीय स्तर पर इन देवताओं की कल्पना श्रेष्ठ श्रेणी के मानवों से की जा सकती है जो स्वर्ग या सु-वर्ग के निवासी थे। कृष्ण की सलाह पर अर्जुन ने शिव तथा इन्द्र से श्रेष्ठ आयुध तथा भीम ने मारुति—पवनपुत्र से बेहतर तकनीक प्राप्त की।

एक अन्य महान सामाजिक अवधारणा, जिसे कृष्ण ने गीता के द्वारा प्रस्तुत किया, उसने एक ओर तो हमारे सामाजिक न्याय्यता के अभिगम में क्रांतिकारी बदलाव किया और दूसरी ओर सामाजिक स्वतंत्रता को। कृष्ण ने क्षमता और प्रदर्शन के समन्वय पर जोर दिया और वैसा ही जीवन जिया। उन्होंने हमेशा नई क्षमता प्राप्त करने तथा उसमें और सुधार करने का आह्वान किया और उनकी सहायता की जो अच्छा प्रदर्शन करते थे। उन्होंने 'क्षमता आधारित प्रदर्शन' और 'क्षमता के जरिए क्षमता' जैसी अनुत्पादक बहसों की अनुमति कभी नहीं दी। कुल मिलाकर समाज के फायदे के लिए प्रदर्शन महत्त्वपूर्ण है। बिना क्षमता के प्रदर्शन किस्मत से मिली कामयाबी हो सकती है। इसलिए सर्वश्रेष्ठ जुगलबंदी टिकाऊ क्षमता तथा प्रदर्शन की हो सकती है। फिर भी भारत जैसे विकासशील या बांग्लादेश जैसे अविकसित देशों में प्रत्येक गरीब नागरिक को क्षमता इतनी सरलता से नहीं मिलती। यदि वह क्षमता हासिल भी कर ले तो उसे प्रदर्शन के लिए अवसर नहीं मिलेगा। फिर भी यदि वह प्रदर्शन करता है तो उसे उसका समुचित प्रतिफल नहीं मिलेगा। नोबल पुरस्कार से सम्मानित डॉ. अमर्त्य सेन ने इसी क्षमता तथा प्रदर्शन के असंतुलन पर विषद चर्चा की है।

कृष्ण ने अनेक राक्षसों का वध किया जो कंस द्वारा भेजे गए थे। कृष्ण के ये प्रदर्शन बिना किसी औपचारिक क्षमता के सम्पन्न हुए। उन्होंने गोकुल और वृंदावन के सरल निवासियों को बेहतर कृषि तथा अपनी सभ्यता के बेहतर प्रबन्धन की शिक्षा दी। इसके लिए भी कृष्ण के पास कोई औपचारिक क्षमता नहीं थी। प्रबन्ध विज्ञान में इसे 'परिस्थिति जन्य नेतृत्व' या 'क्रांतिबेला नेतृत्व' कहा जाएगा। कृष्ण ने ऐसे संकटकालीन नेतृत्व का कितनी ही दफा प्रदर्शन किया, बल्कि महाभारत युद्ध को भी कृष्ण के क्रांतिबेला प्रबन्धन का श्रेष्ठ उदाहरण माना जाना चाहिए।

बिना किसी तर्क-वितर्क के कृष्ण ने 'क्षमता आधारित प्रदर्शन', 'बिना औपचारिक क्षमता के प्रदर्शन' तथा 'क्षमता प्राप्त करने हेतु अवसरों का निर्माण' या 'प्रदर्शन के लिए अवसरों के निर्माण के लिए प्रतिस्पर्धा' में पहल की। दुर्भाग्य से भीष्म और कर्ण ने कभी प्रदर्शनार्थ अवसर निर्मित नहीं किए। यद्यपि उनमें असीम क्षमता थी। भीष्म अपनी वचनबद्धता के कारण दलदल में फँसे रहे और कर्ण ने स्वयं को गलत लोगों के साथ जोड़ रखा था। कृष्ण की भाँति कर्ण भी प्रदर्शनार्थ अवसरों का सृजन कर सकता था। उसे थोड़ा और धीरज से काम लेना था और थोड़ी कूटनीति का आश्रय लेना था।

एक स्वनिर्मित व्यक्ति की भाँति वह अपने लिए स्थान बना सकता था। कृष्ण ग्रामीण बालकों के बीच बड़े हुए। उनके पास क्षत्रियोचित कार्य करने के लिए अवसर ही नहीं थे, परन्तु वे न तो किसी से शिकायत करते रहे, न ही भाग्य का रोना रोते रहे, न ही अपनी छोटी-बड़ी कठिनाइयों को लेकर विसूरते रहे।

बिना पूर्ण क्षमता के आपदा प्रबन्धन के एक अन्य उदाहरण का उल्लेख यहाँ पर होना चाहिए। यह उदाहरण अर्जुन और सुभद्रा के पुत्र अभिमन्यु का है जो कृष्ण का भांजा था। द्रोणाचार्य ने युधिष्ठिर को मारने या पकड़ने के लिए चक्रव्यूह नामक एक अत्यन्त जटिल युद्ध रचना की। यह तब किया गया जब अर्जुन और कृष्ण युद्ध के किसी अन्य मोर्चे पर व्यस्त थे। कृष्ण और अर्जुन के अतिरिक्त पांडव पक्ष में ऐसा कोई नहीं था, जिसे चक्रव्यूह को भेदना आता हो। अभिमन्यु को उस चक्रव्यूह में प्रवेश करने का ज्ञान था बाहर निकलने का नहीं। उसमें प्रदर्शन करने की इच्छा और साहस थे, परन्तु पूर्ण क्षमता नहीं थी, परन्तु युधिष्ठिर को बचाने का कोई विकल्प नहीं था। स्थिति बहुत गम्भीर थी। अभिमन्यु ने चुनौती स्वीकार की, चक्रव्यूह को भेदा और अपने जीवन की आहुति दे दी। आज अभिमन्यु के साहस और उत्सर्ग की याद हम करते हैं, उसकी अपर्याप्त क्षमता की नहीं। दूसरे शब्दों में उसने अपना कर्म किया और परिणाम की चिन्ता नहीं की। भीम के पुत्र घटोत्कच का अन्त भी कर्ण द्वारा चलाए गए भयानक अस्त्र (जिसे आज प्रक्षेप्रास्त्र कहते हैं) से हुआ। घटोत्कच ने उत्तम प्रदर्शन किया और उसके पास पूर्ण क्षमता भी थी। उसने सहस्रों कौरव सैनिकों को मारा, किन्तु उसके पास कर्ण के प्रक्षेप्रास्त्र का कोई उत्तर नहीं था (और इसे कर्ण ने अर्जुन को मारने के लिए सुरक्षित रखा था)। घटोत्कच 'पूर्ण उपलब्ध क्षमता से पूर्ण प्रदर्शन' का श्रेष्ठ उदाहरण था। कर्ण एवं घटोत्कच के बीच इस युद्ध की तुलना आज के तकनीकी दृष्टि से गरीब देश के समर्पित सैनिकों और विकसित देश के प्रगत शस्त्रों से लैस रोबोट सैनिकों से की जा सकती है। इतिहास में घटोत्कच के शौर्य एवं मृत्यु का जिक्र है, परन्तु यह अपूर्ण है। कृष्ण की नीति थी कि राक्षसों को युद्ध में सीधे या टेढ़े किसी भी उपाय से हराना है। ऐसी विजय के लिए हर तरह के नमनीयतापूर्ण कृत्य नैतिक दृष्टि से एकदम सही है, क्योंकि राक्षसों ने भी अनैतिक तरीकों से शक्ति अर्जित की थी। इसलिए मैं चीन या किसी अन्य विकासशील देश पर यह दोषारोपण नहीं करूँगा कि उसने अमेरिका के शास्त्रों की डिजाइनों की चोरी कर कोई अनैतिक कार्य किया है। अमेरिका केवल विज्ञान एवं तकनीक से सम्पन्न नहीं हुआ है, बल्कि गरीब देशों के लिए शस्त्र बनाकर उन्हें बेच कर समृद्ध हुआ है। बड़ी कुटिलता एवं चालाकी से अमेरिका निर्धन देशों को आपस में लड़वाता है, जिससे कि वे अमेरिकी हथियारों की मंडियाँ बन जाएँ।

अमेरिका और उसके साथ ब्रिटेन ने पहले अफगानिस्तान और उसके पश्चात् इराक को तहस-नहस कर दिया। तो सिद्धान्त यह है कि बाँटो, नष्ट करो और फिर अपने स्वयं के आर्थिक हित के लिए नया बाजार तैयार करो। अमेरिका एवं इंग्लैंड अब अफगानिस्तान और इराक के निर्माण में जुटे हैं। अब विश्व, विशेषतः भारत अमेरिका-

इंग्लैंड के साथ कैसा बर्ताव करे? वैसा ही बर्ताव करे जैसा कृष्ण ने जरासंध, भीष्म और दुर्योधन के साथ किया था। कृष्ण की विद्रोह संरचना शक्तिशाली शैतानों के प्रति नमनीय होती थी। दूसरे शब्दों में उन्होंने इन तीनों महान योद्धाओं के प्रतिस्पर्धात्मक लाभ को सफलतापूर्वक कम कर दिया, उसे प्रबन्धनीय स्तर तक लाकर उन्हें विनष्ट कर दिया।

जापान ने 1750 में अमेरिकी उद्दंडता का फायदा उठाते हुए तेज आर्थिक वृद्धि के लिए अमरीकी तकनीक की नकल की। चीन ने भी अनेक अमेरिकी और यूरोपीय तकनीकों की नकल की। इनमें से अधिकतर नकल या चोरी अप्रत्यक्ष रूप से पाकिस्तान जैसे देशों के माध्यम से की गई। आज जापान और चीन दोनों ही आर्थिक मोर्चे पर अमेरिका के लिए सिरदर्द बने हुए हैं। निष्कर्ष यह है कि क्षमता और प्रदर्शन एक ही सिक्के के दो पहलू हैं। यदि ताकतवर के विरुद्ध प्रदर्शन करना है तो उसकी क्षमता को चुराओ, उसे और विकसित करो और फिर उससे भिड़ जाओ या फिर उसकी कमजोरियों को ढूँढ़कर उसका शोषण करो या फिर ऐसे शक्तिशाली देशों में दबाव समूह तैयार करो जो उनके निर्णयों को प्रभावित करें। कृष्ण ने पूरी क्रूरता से इन तीनों नीतियों को अपनाया और टिकाऊ सफलता प्राप्त की।

भारत के तमाम देवी-देवताओं में कृष्ण सर्वाधिक लोकप्रिय, द्रष्ट तथा ऐसे देवता हैं, जिनसे लोग प्रेम करते हैं। विश्वभर में उन्हें सबसे अधिक स्वीकार्यता, हर प्रकार के श्रद्धालुओं से मिली हुई है। उनका स्मरण पूरे वर्ष भर विविध राज्यों में विविध प्रकार से विविध श्रद्धालुओं द्वारा किया जाता है। ऐसा क्यों है? आज के कृष्ण की कौन सी भूमिका सर्वाधिक प्रेरणादायक है? हमें ऐसा क्यों लगता है कि हमें जीवन के हर क्षेत्र में सदैव एक कृष्ण की आवश्यकता है? इन सभी सवालों का एक ही उत्तर है। कृष्ण के सवालों का अडिग विश्वास शाश्वत आनन्द पर था और जिसका उन्होंने मजबूती से प्रदर्शन किया। यह परम आनन्द सामूहिक और व्यक्तिगत, शुद्ध एवं प्रचुर, स्वतःजात और आयोजित था। ऐसे सम्पूर्ण आनन्द के लिए कृष्ण ने विद्रोह किया, क्रांति की तथा उसके उद्देश्य एवं प्रक्रिया को बदल दिया। इसके लिए उन्होंने प्रक्रिया में भाग लेने वालों को भरोसे में लिया। जिन्होंने इस आनन्द की मुखालफत की तथा आतंकवाद के पैरोकार बने रहे, उन्हें बिना किसी भावनात्मक झिझक के दंड दिया गया।

पुनः श्री नारायणमूर्ति के उदाहरण की ओर लौटना चाहिए जिन्होंने धनार्जन के नए मार्ग का प्रतिपादन किया। ज्ञान को गोचर सम्पत्ति में बदलना बड़ा कठिन कार्य था। इसके बावजूद श्री मूर्ति ने बिना किसी संरचनात्मक या वित्तीय सहायता के अपना ज्ञान-उद्यम आरम्भ किया और इन्फोसिस को वर्तमान मुकाम पर लाकर खड़ा कर दिया। उन्होंने 'सामूहिक भागीदारी से सामूहिक सम्पत्ति' की अवधारणा में क्रांति कर दिखाई। उन्होंने कई मिथकों को मिथक सिद्ध कर दिया जैसे कि उद्यम की सफलता के लिए राजनीतिज्ञों और नौकरशाहों को रिश्वत देना जरूरी है, या कि प्रतिस्पर्धियों को निर्दयता

से कुचलना लाजिमी है या कि कार्पोरेट नियंत्रण अपने पास रखने के लिए अपने परिवार के सदस्यों के हाथों में ही नियंत्रण रखा जाए और दूसरों का केवल कुर्बानी देने हेतु उपयोग किया जाए।

अनेक भारतीय व्यापारिक घरानों ने 45 वर्षों तक कोटा और परमिट का उपयोग करते हएु अपार सम्पत्ति बनाई। इन्हीं घरानों ने भ्रष्ट एवं दुष्ट राजनीतिज्ञों तथा अफसरशाहों का संजाल निर्मित किया। श्री मूर्ति की उद्यमशीलता पूर्णतः क्रांतिकारी साबित हुई, क्योंकि उन्होंने नैतिक धन, नैतिक इरादों और नैतिक तकनीकों के लिए सकारात्मक एवं सम्भव उपायों का आश्रय लिया। हमें श्री मूर्ति की दूर दृष्टि की भी तारीफ करनी होगी, जिन्होंने वैश्विक अवसरों को पहचान कर उनका विवेकयुक्त दोहन किया। एक क्रांतिकारी को दूरदर्शी होना ही चाहिए। कृष्ण ने सामान्य नागरिक स्थितियों ने गिरते स्तर तथा राजपरिवारों के बढ़ते सैनिक दंभ का पूर्वानुमान कर लिया था। इस फैलते कचरे के शुद्धिकरण के लिए एक युद्ध अवश्यंभावी हो गया था। जो न्याय और सत्य का पक्ष लेना चाहते थे, वे पांडवों की ओर आए। एक ही झटके में कृष्ण ने दो युद्धरत समूहों को सही और गलत में विभक्त कर दिया।

बुद्ध का कर्म सिद्धान्त मानता है कि प्रत्येक भले और बुरे कार्य के परिणाम होते हैं। कहा था कि कर्मयोगी ही अन्तिम अवधारणा है। सत्वगुण युक्त योगी प्रतिफल या पुरस्कार की आकांक्षा नहीं रखता, केवल कर्म करता है। ऐसे प्रदर्शन से उसे आनन्दानुभूति होती है। द्वारका के यादवों ने आरंभिक अवस्था में आनन्द का लुत्फ उठाया, क्योंकि वे सत्वगुणी थे। उनके सत्व गुणों का ह्रास होने से वे रजोगुणी हो गए और कई ने तो तमोगुण को अपना लिया। कृष्ण ने प्रारब्ध का लिखा पढ़ लिया तथा महाभारत के युद्ध का सदुपयोग तमोगुणों को समूल नष्ट करने के लिए किया। उन्होंने स्पष्ट सन्देश दिया प्रत्येक समाज के लिए एक परिपक्व संचालन प्रणाली का होना नितांत आवश्यक है जो समाज को चौकन्ना रखे। जो समाज समृद्धि के शिखर पर हो,उसके लिए जागरूक रहना और भी अधिक आवश्यक है। आज का बिहार और पटना किसी समय में अत्यन्त धनी था (वित्तीय तथा सांस्कृतिक दोनों दृष्टियों से)। पाटलिपुत्र (वर्तमान पटना) महान नगर था जिसकी कीर्ति विश्वव्यापी थी और आज का बिहार कदाचित् भारत का सबसे पिछड़ा राज्य है। यह धीरे-धीरे गत सात-आठ शताब्दियों के दौरान हुआ, क्योंकि बिहार के समाज ने कोई स्व-संचालन प्रणाली न तो अपनाई, न उसे विकसित किया।

आज अंग्रेजों का दुनिया में कहीं पर भी आर्थिक, सांस्कृतिक या सामाजिक प्रभाव नहीं है। इसका कारण यह है कि वे चाहते थे कि सारा संसार उनके कठोर तौर-तरीकों एवं स्वार्थी मार्ग निर्देश का पालन करता रहे। वे सीधे लोगों पर काफी समय तक शासन करते रहे, क्योंकि सीधों के पास कृष्ण जैसा नेता नहीं था। कृष्ण ने हर एक आततायी शासक के विरुद्ध विद्रोह की चिंगारी भड़का दी। उन्होंने अच्छे लोगों के लिए ऐसे अवसर सृजित किए कि वे मिलकर समाज के तामसी तत्त्वों को उखाड़ फेंका।

इस चिंगारी को सदा प्रज्ज्वलित रखना आवश्यक है, इसलिए हर समाज को अपना कृष्ण तैयार करना चाहिए। केवल भाग्य के भरोसे रहना कि भाग्य से कोई कृष्ण आए और विद्रोह या क्रांति करे, तो यह न तो पर्याप्त है न उचित। इसलिए एक परिपक्व समाज सदा सतर्क रहे और देखे कि कृष्ण नीति (कृष्ण का ज्ञान) सदा अक्षुण्ण और प्रभावी बना रहे।

एक सम्पूर्ण कर्मयोगी की तरह कृष्ण ने अपने विद्रोह और क्रांति के कार्य पूरे किए। वे परिवर्तन प्रक्रियाओं से प्राप्त प्रतिफलों से चिपक कर बैठे नहीं रहे, बल्कि उनका सारा जीवन प्रदर्शनों का अटूट सिलसिला था। असली कर्मयोगी कभी अपनी क्रांति की उपलब्धियों से प्रफुल्लित होकर शांत नहीं हो जाता क्योंकि उसे सामाजिक व्यवस्था को मुस्तैद रखना है, जो कभी न समाप्त होनेवाली प्रक्रिया है।

कृष्ण के सब और सबके कृष्ण

जब मैं दो भाइयों में अपने पिता के व्यापार साम्राज्य पर नियंत्रण के लिए लड़ाई होते देखता हूँ तो दोनों के बीच प्रेम के घटते-बढ़ते स्तर पर विचार करने लगता हूँ। पांडव पूर्णतः एकजुट थे, क्योंकि उनका पारस्परिक प्रेम अथवा साथ रहने के सिद्धान्त के कारण, वे साथ रहने पर मजबूर थे। यदि युधिष्ठिर अपने अहं से इतना प्रेम न करता तो क्या वह अपने भाइयों तथा द्रौपदी को एक मूर्खतापूर्ण तथा बेईमानी से खेले जा रहे खेल में दाँव पर लगाता। दूसरे शब्दों में, क्या युधिष्ठिर का अपने भाइयों से प्रेम उसके कर्त्तव्यों का एक अंग था या वह प्रेम प्राकृतिक था? हो सकता है कि इस यक्षप्रश्न का कोई भौतिक उत्तर 'महाभारत' में न मिले। भीष्म ने सदैव अर्जुन से प्रेम किया। उनके मन में पांडवों के प्रति पूर्ण अनुराग की भावना थी और वे यह भी जानते थे कि उनका पक्ष सत्य का है और कौरवों का असत्य का, परन्तु अन्य किसी बात के अतिरिक्त उनका हस्तिनापुर के सिंहासन के प्रति प्रेम सरासर गलत निष्ठा पर आधारित था। कर्ण भी स्व-प्रेमी था और इसीलिए स्वयं के प्रति हुए सामाजिक अन्याय की निरन्तर दुहाई देता रहा। वह पांडवों के प्रति काल्पनिक घृणा की स्थिति से खुद को मुक्त न कर सका। इस घृणा को संतुलित करने के लिए वह स्वयं अपने और अपनी छवि से प्रेम करता रहा।

कई बार मैंने देखा कि महान लोग स्वयं से प्रेम करते हैं। वे अपनी महानता पर मुग्ध रहते हैं। वे अपने अनुयायियों और सम्बन्धियों से भी अत्यधिक प्रेम की आशा रखते हैं। कई तो यह भी भूल जाते हैं कि प्रेम दोतरफा होता है–एकरतफा नहीं। कई कट्टर अतिवादी इस सीमा तक चले जाते हैं कि वे अपने कठोर और स्वार्थी आचरण से ही प्रेम करने लगते हैं। कठोरता की अति उन्हें स्थिर या प्रवाहहीन बना देती है और वे अपनी स्थिरता से ही प्रेम करने लगते हैं। कई भारतीय अपने कर्मकांडों तथा आध्यात्मिक विचारों से इस हद तक प्रेम करने लगते हैं कि भूल जाते हैं कि धर्म या विश्वास में बहुलता होती है, उनके अभिगम एवं प्रभाव भी पृथक होते हैं। इसी प्रेम में कठोरता या कठोरता से प्रेम ने मुस्लिम समुदाय को उलझनपूर्ण विनाश के कगार पर लाकर खड़ा कर दिया है। हिटलर को अपनी जाति से प्रेम था, अंग्रेज अपनी भाषा तथा आचरण से प्रेम करते थे, कई रूढ़िवादी मठों के पुरोहित ईश्वर से अपनी तथाकथित निकटता से प्रेम करते हैं और अनेक सुविख्यात गुरुओं के शिष्य अपने दृष्ट गुरु से

घनिष्ठता से प्रेम करते हैं। अपनी घनिष्ठता को व्यक्त करने के लिए, गुरु के प्रति तथाकथित प्रेम का प्रदर्शन करने के लिए वे हास्यास्पद सीमा तक चले जाते हैं।

इन विभिन्न प्रकार और रंगों के प्रेम की पृष्ठभूमि में हम कृष्ण का सबके प्रति प्रेम का आकलन किस प्रकार करें? मुझे इस प्रश्न का उत्तर एक पंक्ति में देने का प्रलोभन हो रहा है। कृष्ण का प्यार एकदम निःस्वार्थ, त्रुटिहीन तथा भयहीन था। वे एक निष्ठावान प्रेमी थे, सद्व्यवहारी प्रेमी थे और विद्रोही प्रेमी थे। उनके प्यार में जाति, धर्म, स्थिति, शक्ति, वरीयता या श्रेष्ठता के कोई बंधन या सीमाएँ नहीं थीं। सबसे विचित्र बात उनके प्रेम के बारे में यह थी कि हर कोई समझता या समझती थी कि कृष्ण उसी से सर्वाधिक प्रेम करते हैं। दूसरी विशेष बात यह थी कि कृष्ण हर किसी से उस अंदाज और भाषा में प्रेम करते थे जिसे वह समझ सके। वे राधा एवं वृंदावन के अन्य निवासियों से सरल प्रेम कर सके। अर्जुन के प्रति उनका प्रेम विवेकयुक्त तथा निर्दोष दोनों प्रकार का था। अक्रूर तथा विदुर से उनके तार प्रेम के द्वारा जुड़े थे, जिसमें विलीनता का अदृश्य रंग था। जब भी उन्होंने किसी दुष्ट को मारा तो उसके बाद दुष्ट के पुत्र के प्रति शुद्ध प्रेम का प्रदर्शन किया। हर बार उन्होंने राज्य की बागडोर दुष्ट के पुत्र या सम्बन्धी को सौंप दी तथा प्रेम की नई पारी खेलने के लिए चल पड़े।

कृष्ण का प्रेम पारदर्शी, वैश्विक, प्रचुर, अनथक और निरन्तर था। काव्य की भाषा में उनका प्रेम सदा प्रेम करने योग्य था। गीता में कृष्ण ने सबसे सहज एवं पवित्र भक्ति को 'सर्वव्यापी के प्रति प्रेम' कहा है। वृंदावन की सरल गोपियाँ कृष्ण से निःस्वार्थ प्रेम करती थीं। कृष्ण के साथ दिन में एक पल या एक शब्द उनके लिए पर्याप्त था, जिसके फलस्वरूप वे कृष्ण में डूब जाती थीं, चाहे उसका जो भी तरीका या प्रभाव हो। कृष्ण की गोपियों एवं गोपिकाओं के संग रासलीला परस्पर विलीन होने का उदाहरण है। वृंदावन के विशुद्धतम प्रेम के समान्तर प्रेम की कोई और मिसाल नहीं मिलेगी, क्योंकि वह सीधे दिल से दिल का प्यार था। इसकी अभिव्यक्ति के लिए किन्हीं शब्दों, कारणों अथवा विशेष पर्यावरण की आवश्यकता नहीं है। विज्ञान की तर्कसंगत भाषा में वृंदावन का प्रेम गोपियों का स्वचालित प्रभाव था जो अणु के केंद्र से संबद्ध था। कहने की आवश्यकता नहीं कि कृष्ण अणु थे। 'भागवत' के आधे से अधिक भाग में कृष्ण के ग्रामीणों के प्रेम का वर्णन है। रुमानी आकर्षण का शिरोबिन्दु शायद गोपियों और गोपिकाओं के प्रेम में दिखलाई देता है।

रणनीतिक दृष्टि से भी कृष्ण का प्रत्येक के प्रति प्रेम उनके शत्रुओं के लिए बहुत बड़ा अड़ंगा था। शायद कंस इसीलिए कृष्ण पर सीधे आक्रमण नहीं कर सका, क्योंकि गोपियों के प्रति कृष्ण के दृष्ट प्रेम की शक्ति से वह वाकिफ था। शनैः शनैः वे अपने व्यक्तित्व की वैश्विक छवि निर्मित कर सके, जो शुद्ध प्रेम का स्रोत थी। जरासंध, शिशुपाल और बाद में कौरव कृष्ण के विरुद्ध कोई तंत्र नहीं बना सके, क्योंकि कृष्ण सभी के लिए प्रेम के मूर्तिमंत रूप थे। जो लोग उनसे मित्रता करना चाहते थे, शीघ्र समझ जाते थे कि प्रेम का पुल ही उन्हें कृष्ण से जोड़ सकता है। हजारों वर्षों तक हम

सबके लिए कृष्ण का प्रेम प्राथमिकता की सूची में प्रथम स्थान पर रहेगा। जब हम कृष्ण की याद करते हैं तो हमारे साथ ऐसा क्यों होता है? जब हम अन्य देवताओं या ईश्वर के अन्य रूपों का स्मरण करते हैं, तब ऐसा क्यों नहीं होता? इन पंक्तियों को लिखते समय में कृष्ण और अपने बीच एक प्रेम-तरंग का अनुभव कर रहा हूँ। पहली बात जो मुझे प्रभावित करती है, यह है कि उनका प्रेम प्राकृतिक, सहज और निश्छल था। द्रौपदी के प्रति उनका प्रेम अभिन्न मित्र के प्रति पवित्रता का द्योतक है। इसलिए द्रौपदी को भी कृष्ण कहा गया है। कदाचित वे कृष्ण का स्त्री रूप थीं। यह देखना और उसका विश्लेषण करना बड़ा रोचक है कि पांडवों के प्रति प्रेम एवं उनकी पत्नी द्रौपदी के प्रति प्रेम के मध्य कृष्ण प्रत्येक सुख और दुख की घड़ी में साथ रहे। अनेक अवसरों पर पांडवों ने कृष्ण से नैकट्य के लिए द्रौपदी का उपयोग किया होगा। उनके लिए कृष्ण की भक्ति तथा कृष्ण से प्रेम के बीच कोई गुणात्मक अन्तर नहीं था।

भीष्म, अक्रूर और विदुर का कृष्ण के प्रति प्रेम भी महाभारत की रोचक घटनाओं में से है। ये तीनों प्रज्ञापुरुष कृष्ण से प्रेम करते थे और उनका आदर भी। यह एक निकट मित्र के प्रति प्रेम, सम्मान और मैत्री भाव का मिश्रण था। कृष्ण तो पूर्ण पुरुष थे, जिनसे किसी भी सीमा तक प्रेम किया जा सकता था। उन्होंने भी सोचा होगा कि सर्वव्यापी, परम चैतन्य भी पुरुषोत्त्काम कृष्ण के रूप में विद्यमान हैं। भीष्म ने युद्ध के दौरान कृष्ण के समक्ष आत्मसमर्पण कर उन्हें प्रणाम किया तथा ऐसा करते समय उनके मुख पर प्रेम का भाव था। कदाचित उन्होंने अपने अस्तित्व को कृष्ण के आशीर्वाद से जोड़ लिया था।

कृष्ण का प्रेम ऐसा था कि कोई भी उन तक पहुँच सकता था, उनसे मिल सकता था। अपने बहुमुखी व्यक्तित्व के कारण वे विविध प्रकार के लोगों से न्यूनाधिक प्रेम से संचार सेतु बना लेते थे। यशोदा यही मानती रहीं कि कृष्ण प्रेम के वाहक हैं। कृष्ण एवं राम के अन्तर को प्रेम के मापदंड द्वारा समझा जा सकता है। हममें से ज्यादातर राम का सम्मान उनके गुणों के कारण करते हैं, जबकि कृष्ण के प्रति हम सबका आदर उनके उस प्रेम के कारण है, जो सभी को आत्मसात कर लेता था। शरारती कृष्ण, चालाक कृष्ण, योद्धा कृष्ण, कवि कृष्ण, मित्रवत कृष्ण, परामर्शदाता कृष्ण, आध्यात्मिक कृष्ण एवं भौतिकवादी कृष्ण—लगभग कृष्ण के हर रूप से हम प्रेम करते हैं। उनका प्रेम हम पर बोझ नहीं बनता, बल्कि हमें लगता है कि वे हमें उपकृत नहीं कर रहे, क्योंकि वे तो हमसे प्रेम करते हैं। हम इसलिए तनावग्रस्त नहीं हो जाते कि वे तो हमसे इतना प्रेम करते हैं और हम उसी रूप में लौटा नहीं सकते। हमें भली-भाँति पता है कि वे प्रेम-सिंधु हैं। क्या हमने वास्तव में उन्हें देखा है? क्या उनके व्यक्तित्व के विषय में कोई वास्तविक शास्त्र हैं? नहीं, हमारे पास दिखाई देनेवाले कोई वास्तविक तथ्य नहीं हैं। फिर भी, हम उनका मुस्कराता हुआ चित्र बनाते हैं, जिस पर प्रेम की गहरी छाप होती है। वे हमें जैसे आश्वस्त करते हैं कि वे हमसे प्रेम करते रहेंगे, हम उनसे प्रेम करें या न करें।

कभी-कभी हम जब कृष्ण को निर्दयतापूर्वक दुष्टों की हत्या करते हुए देखते हैं तो हैरान रह जाते हैं कि प्रेम के साकार रूप कृष्ण ऐसा कैसे कर सकते हैं। उन्हें मूर्खतापूर्ण क्षमादान कतई पसंद नहीं था और इसीलिए वे हर बार सही न्याय कर पाते थे। जैसा हमने देखा है कृष्ण सम्पूर्ण कर्मयोगी थे, इसलिए प्रत्येक निरपराध से जहाँ प्रेम करते थे, वहीं प्रत्येक आदतन अपराधी को दंड भी देते थे। (दुर्भाग्य से आगे चलकर हिन्दू मुजरिमों को दंडित करना भूल गए, जिन्होंने उनके देश, संस्कृति एवं राजधानी पर आक्रमण किए।) गलत प्रेम तथा निष्ठा प्रत्येक को विनाश की ओर ले जाते हैं। धृतराष्ट्र का अपने क्रूर पुत्र के प्रति प्रेम या द्रोणाचार्य का अपने पुत्र अश्वत्थामा के प्रति प्रेम जो दुर्योधन की गलत संगत में था, ने भाग्य के क्रोध को स्वयं आमंत्रित किया। हिन्दुओं ने भी सामूहिक और व्यक्तिगत रूप से प्रारब्ध के उसी क्रोध को न्योता दिया, जब-जब उन्होंने अपने देश से प्रेम नहीं किया। आज के हमारे राजनीतिज्ञ अपने सगे-सम्बन्धियों से इतना प्रेम करते हैं कि उनके प्रेम-भंडार में अपने देश या देशवासियों के लिए प्रेम का एक कतरा भी नहीं बचता।

अपने बाल्यकाल में कृष्ण ने वृंदावन की गायों, यमुना नदी और गोवर्धन पर्वत पर अपना प्यार उड़ेला। इससे एक सत्य स्थापित होता है (और जिसकी पुष्टि विज्ञान का प्रगत सिद्धान्त भी करता है) कि हर व्यक्ति का अपनी कर्मभूमि से लगाव हो जाता है और फिर उसके लिए कोई कार्य न करने के लिए कोई बहाना नहीं रह जाता। गायें भी कृष्ण से उतना ही प्रेम करती थीं, यहाँ तक कि गोपियाँ समझती थीं कि कृष्ण और गायों के बीच कोई जन्म-जन्मान्तर का सम्बन्ध है। कृष्ण के प्रेम का प्रभाव इतना चुम्बकीय होता था कि जो भी उनसे सम्बन्ध के घेरे में आता उसका अस्तित्व उन्हीं में लीन हो जाता था। शायद इसीलिए वृंदावन, मथुरा और गोकुल के कवियों ने कृष्ण के रुमानी प्रेम पर सैकड़ों कविताएँ रची हैं।

कृष्ण ने अपने निःस्वार्थ प्रेम से सारे जगत को जीत लिया था। वे निःस्वार्थ प्रेम इसलिए कर सकते थे, क्योंकि बदले में भी प्रेम या प्रतिफल की कामना नहीं करते थे। उन्हें कुछ खो जाने का भय नहीं था क्योंकि उनके पास खोने के लिए कुछ था ही नहीं। ये अपने प्रेम के आनन्द में अनश्वर प्रेम के चौखटे में सभी को शामिल कर लेते थे। कृष्ण ने कर्मयोग के विविध घटकों का पूर्ण प्रदर्शन इस आश्वासन के साथ किया कि कर्म का फल हम सबको प्राप्त होना ही है। वे सभी से पूर्वग्रहरहित एवं विचाररहित प्रेम करते थे। यह माफ करो और भूल जाओ का सुन्दर उदाहरण था, बल्कि यह किसी के कूढ़ मस्तिष्क को साफ करने और शुद्ध प्रेम से भरने का नायाब प्रदर्शन था। यह शिशुपाल की अपरिपक्वता थी (या विधि का विधान था) कि वह कृष्ण के प्रेम को समझ न सका। ऐसा इसलिए हुआ कि शिशुपाल के मन में घृणा का सागर हिलोरें ले रहा था और वह और कुछ ग्रहण करना ही नहीं चाहता था। कृष्ण ने एक और वैज्ञानिक तथ्य का प्रदर्शन किया कि प्रेम की चौखट में बहुत स्थान है।

कृष्ण के संजाल की सबसे बड़ी मजबूती थी प्रेम का निरन्तर अभ्यास। हाँ, वे प्रेम

का अभ्यास (प्रैक्टिस) करते थे। वे प्रेम को प्रदर्शित करते थे और अन्य बातों की अपेक्षा प्रेम को महत्त्व देते थे क्योंकि वे अच्छी तरह से जानते थे कि सर्वथा निरक्षर और सरल व्यक्ति भी प्रेम की ज़बान और कार्य को समझ सकता है। कृष्ण ने बारंबार इस वैश्विक सत्य की खोज की ओर उसे स्थापित किया कि :

केवल एक भाषा होती है — हृदय की भाषा
केवल एक जाति होती है — मानवता की जाति
केवल एक धर्म होता है — प्रेम का धर्म, और
केवल एक ईश्वर होता है — जो सर्वव्यापी है।

गोकुल और वृंदावन में कृष्ण की बाँसुरी, गीत, क्रियाएँ तथा संचार प्रेम के दृष्ट आगार थे। उन्होंने इस सरल सिद्धान्त को प्रमाणित किया कि प्रेम बाँटने से बढ़ता है। प्रेम स्वयं को परिमार्जित करता है, यदि वह सबकी भावनाओं से जुड़ जाए। प्रेम सुदृढ़ होता है अगर उसका उपयोग सरल और साधनहीनों के लिए किया जाए। प्रेम सम्पन्न होता है, यदि उसे उन पर खर्च किया जाए, जिन्हें उसकी आवश्यकता है और प्रेम चिरस्थायी हो जाता है, यदि उसे लगातार दोहराया जाए। कृष्ण के प्रेम की सुगंध वृंदावन के वनों और गलियों में अनुभव की जा सकती है। गोकुल के प्रत्येक घर में मक्खन के हर निवाले में कृष्ण के प्रेम को देखा जा सकता था। गोकुल और वृंदावन की आत्मा कृष्ण के प्रेम से लबरेज थी। इसलिए जब कृष्ण कंस को मारने के लिए मथुरा जाने लगे, तब गोकुल के निवासियों ने कृष्ण के प्रेमरूपी उपहार को सँभालकर रखने का निश्चय किया ताकि वे उनकी उपस्थिति का सदा एहसास करते रहें। कृष्ण से प्रेम उनके लिए एक ऊर्जा के समान था, जिससे वे जीवन का आनन्द लेते रहें—भले ही वे शारीरिक रूप से उपस्थित हों। दो वर्ष पूर्व जब मैं वृंदावन गया था, तब मैंने कृष्ण के प्रेम के कंपन का अनुभव किया था—उनके जाने के पाँच हजार साल बाद भी। कदाचित इसका कारण यह है कि कृष्ण के प्रेम का प्रभाव इन सहस्त्रों वर्षों तक प्रवाहमान रहा आया है। क्या यह इस प्रभाव का मनोवैज्ञानिक सबूत नहीं है कि मैं कृष्ण के प्रेम में, इन पंक्तियों को लिखते हुए तल्लीन हूँ।

कृष्ण इतने सारे लोगों से कैसे प्रेम कर सकते थे, बिना गड़बड़ाए प्रत्येक को पहचान कैसे लेते थे? जवाब आसान है। वे प्रेम के एक से दूसरे मुकाम तक का सफर कर लेते तथा प्रेम के अभिप्राय को प्रेम से विनिमय कर लेते थे। उन्हें न तो कोई हिचकिचाहट होती थी, न कोई अवरोध उपस्थित होता था। व्यक्तिगत सम्बन्धों के प्रति उनकी परिपक्वता ही इस प्रेम की विनिमय का आधार थी। वे रुक्मिणी, सत्यभामा और जाम्बुवन्ती से स्वतंत्र रूप से प्रेम करते थे। सुभद्रा एवं द्रौपदी से उनका प्रेम बराबरी के मातृत्ववाला प्रेम था। वे द्वारका और मथुरा के यादवों से एक-सी सहजता से प्रेम कर सकते थे। वे देवकी की कोख से जन्मे थे किन्तु यशोदा ने उनका पालन-पोषण किया था। फिर भी वे दोनों माताओं में अपना प्रेम बाँट सके। देवकी को पता था कि कृष्ण का जन्म इस दैवी उद्देश्य से हुआ है कि वे वैश्विक गुणों को पुनः स्थापित करें।

उन्हें यह भी ज्ञात था कि कृष्ण को उन्होंने जन्म दिया है परन्तु वे अखिल विश्व के हैं। इसलिए वे कृष्ण के प्रति अपने अनुराग का आनन्द भक्ति की महक के रूप में ले सकती थीं। यशोदा ने कृष्ण के बाल्यकाल का वास्तविक आनन्द मातृत्व की नैसर्गिक अनुभूति के साथ लिया। कृष्ण के बड़े-बड़े अभियानों के कारण यशोदा की भी उनके ईश्वरीय गुणों की समझ बढ़ती गई। यदि हम उनके माँ के ममत्व और शिशु के प्रति प्रशंसा और कौतुक के भावों का विश्लेषण करें तो नन्दग्राम की उन सुखद तरंगों में बह जाएँगे।

कृष्ण ने हर अवसर पर भौतिकता तथा अध्यात्म का संयोजन किया। वे जितनी सरलता से किसी से जुड़ जाते अपनी भूमिका को संपादित करने के बाद उतनी ही सरलता से उससे अलग भी हो सकते थे। वे आसक्ति और विरक्ति की भावनाओं पर नियंत्रण रख सकते थे। जब भी उन्हें लगा कि किसी से कोई एक सम्बन्ध आवश्यकता से अधिक प्रगाढ़ हो रहा है तो वे स्वयं को उससे थोड़ा दूर कर लेते थे अर्थात् एक रिश्ते की कीमत पर दूसरे को नहीं बढ़ने देते थे, क्योंकि उनकी ऊर्जा असीमित थी, वे अपनी हर भूमिका के साथ न्याय कर सकते थे तथा यह प्रदर्शित करते थे कि प्रेम वैश्विक होता है।

कृष्ण का प्रेम और भक्तियोग मुझे राधा की याद दिलाते हैं। राधा का कृष्ण के प्रति प्रेम तो किंवदती है। राधा थी कौन? उसका कृष्ण से क्या सम्बन्ध था? वह इतनी लोकप्रिय क्यों है कि राधा-कृष्ण के सैकड़ों मंदिर हैं? भक्ति योग में जब कभी भी कृष्ण का स्मरण किया जाता है, तब राधा की भी याद की जाती है, बल्कि राधा शब्द ही प्रेमाधिक्य का पर्याय बन चुका है। कुछ इतिहासकारों और आध्यात्मिक गुरुओं का कहना है कि राधा कभी थी ही नहीं। यह एक काल्पनिक नाम है, जो गोकुल के गोप-गोपियों की सामूहिक भक्ति का प्रतीक है। राधा घनिष्ठ प्रेम की धारा थी। यह ऐसा प्रेम था जिसमें पूर्ण समर्पण का तत्त्व था। एक प्रकार से यह एकात्मकता की गहन अनुभूति थी या फिर यह परम आत्मा में विलीन होने की निरन्तर कोशिश थी। वास्तविकता जो भी हो, हमें इस बात पर सहमत होना पड़ेगा कि राधा गोकुल के निवासियों के कृष्ण से निष्कलंक, निःस्वार्थ प्रेम के चरमबिन्दु का विवरण है।

राधा भक्ति अत्यन्त लोकप्रिय हो गई है, क्योंकि यह सरलतम, दृष्ट, आनन्ददायक तथा प्रेममय सम्बन्ध का ऐसा कार्यरूप है जो सबके लिए सुलभ है। यह ऐसा सम्बन्ध है जो श्रद्धालु को काल्पनिक एकात्मता से वास्तविक एकात्मता की स्थिति पर पहुँचा देता है। इसके लिए बहुत ज्ञान या जटिल कर्मकांडों की जरूरत नहीं है। इसके लिए विशेष प्रकार के स्थान या वातावरण की भी आवश्यकता नहीं है। किसी तरह की औपचारिक अथवा अनौपचारिक परिपक्वता भी जरूरी नहीं। यदि आवश्यकता है तो उस भावना की कि हम परम चेतना में लीन हो रहे हैं। मीरा ने सफलतापूर्वक राधा भक्ति की। ऐसी भक्तिलीनता का ताजा उदाहरण स्वामी परमहंस हैं, जो स्वामी विवेकानन्द के आध्यात्मिक गुरु थे। हालाँकि ये प्रकांड ज्ञानी संत थे परन्तु उन्होंने सरल

योग अर्थात् 'प्रेमयोग' को चुना।

राधा का प्रेम बिना किन्हीं शर्तों या संसाधनों के परम चेतना से एकात्मता प्राप्त करने की सम्पूर्ण प्रक्रिया है। आरम्भ में यह किंचित काल्पनिक लगेगी, किन्तु आप कुछ आगे बढ़ें, कृष्ण के प्रति अपनी प्रेम भावना के साथ आप और गहराई में उतरें तो अपने औपचारिक ज्ञान से ही कृष्ण में समा जाएँगे।

इस अनुभव से आपको अनुभूति प्राप्त होती है—स्वयं की अनुभूति या एक अन्तरंग तजुर्बा, जो उसका वैयक्तिक अनुभव है। ऐसा अनुभव वर्णन द्वारा किसी के साथ बाँटा नहीं जा सकता। यह एक मनःस्थिति है जो प्रेम की अत्यन्त सुन्दर, आनन्द लेने योग्य, उसमें डूब जाने योग्य स्थिति है जो सम्पूर्ण नाड़ी तंत्र में व्याप्त हो जाती है। व्यक्ति ईश्वर से एकांतिक सम्बन्ध का अनुभव करने लगता है।

प्रथम चरण में व्यक्ति को यह कल्पना करनी चाहिए कि वह सर्वव्यापी अर्थात् कृष्ण या शिव या राम या यीशु या अल्लाह से बातें कर रहा है। ये वार्तलाप व्यक्ति की समस्या या आकांक्षा हो सकती है या फिर उस देवता की प्रशंसा। वार्तालाप के लिए मन को केंद्रित करना आवश्यक है। इस एकाग्रता के लिए चिन्ता करने की कोई जरूरत नहीं है। व्यक्ति बातें करना शुरू करे और जैसा कृष्ण ने कहा है कि चिन्ता ईश्वर पर छोड़ दें। द्वितीय चरण में वार्तालाप धीरे-धीरे मन को सात्विक आनन्द के क्षेत्र में ले जाता है। यह सात्विक आनन्द की स्थिति मन को ईश्वर के और निकट ले जाती है। तृतीय चरण में व्यक्ति अनुभव करता है कि वह ईश्वर में विलीन हो गया/गई है। यह अनुभूति उसे हर चीज से अलग कर देती है और परम चेतना से जोड़ देती है। यह आसक्ति सरल हो जाती है और यदि परम-चेतना की कल्पना कृष्ण, राम, बुद्ध या यीशु के रूप में की जाए। दैवी शक्ति के निराकार रूप की कल्पना भी काम करती है परन्तु वह साकार की अपेक्षा कुछ कठिन होती है।

प्राकृतिक, मानवीय प्रेम की प्रक्रिया वैसी ही है जैसी ऊपर बताए गए प्रेम-योग की है। अतः कृष्ण के प्रति प्रेम किसी भी ईश्वरीय रूप के प्रति हो सकता है। ऐसा देवत्व अपने माता-पिता में भी प्राप्त हो सकता है। मीरा की कृष्ण के प्रति भक्ति इसी प्रेम योग की श्रेणी की थी। उनके भजन कृष्ण के साथ उनके दैवीय वार्तालाप के श्रेष्ठ उदाहरण हैं। आज के मनोविज्ञानी ऐसे वार्तालाप को सम्मोहन का एक प्रकार कह सकते हैं। यह दैवी सम्मोहन हो सकता है, परन्तु उसका दैवी पक्ष साधक को सत-चित-आनन्द की चरम स्थिति तक ले जाता है। यह परम आनन्द की अनुभूति ही हमें बतलाती है कि हम परम-तत्त्व के अंश हैं या स्वयं परम-तत्त्व हैं। प्रेम के इस उच्चतम सोपान की ईश्वरीय अनुभूति के पश्चात् कुछ और हासिल करना या किसी अन्य प्रकार का आनन्द प्राप्त करना शेष नहीं रह जाता। मन की यह स्थिति पहले संगठित करती है फिर समन्वय। तब भावनाओं का ज्वार सारे शरीर व मस्तिष्क में प्रवाहित होने लगता है। इस स्थिति के अन्त में शरीर, मन, मस्तिष्क तथा हृदय के बीच ईश्वरीय समतुल्यता स्थापित हो जाती है। व्यक्ति को ऐसा लगने लगता है जैसे वह सामान्य, नश्वर संसार

से अलग है। ऐसी अनुभूति बहुत अच्छी है जब तक कि वह सत्व गुणों की परिधि में रहे अर्थात् विनयशीलता के ईश्वरीय घेरे में रहे और समृद्ध होती जाए अन्यथा इस बात की पूरी संभावना है कि ईश्वर में लीन होने पर व्यक्ति अहंकारी हो जाए। इस अहंकार का कारण यह है कि व्यक्ति आनन्द की उस सर्वोच्च स्थिति पर पहुँच जाता है जो अन्य सभी आनन्दानुभूतियों से एकदम अलग हाती है। ऐसे अहंकार के कारण व्यक्ति कुछ नीचे गिर कर सत्व से रजोगुणों की ओर जाता है। इसलिए यह आवश्यक है कि ऐसी संचालन प्रणाली विकसित की जाए जो संभावित पतन पर नियंत्रण रखे तथा व्यक्ति विशुद्ध प्रेम से पसंदीदा प्रेम में आकर न गिरे। जिस क्षण व्यक्ति स्वयं को सूक्ष्म, अविभाजनीय तत्त्व से अलग होने के प्रति सावधान करेगा, उसी पल पतन का खतरा टल जाएगा।

राधा का कृष्ण के प्रति प्रेम प्रत्येक गोप एवं गोपिका के वैयक्तिक तथा सामूहिक प्रेम का प्रतिनिधित्व करता है। वह ईश्वर के समक्ष पवित्र समर्पण की अभिव्यक्ति है या फिर वह गोपियों की परम तत्त्व में विलीन होने की प्राकृतिक, सरल और असंकल्पित इच्छा है। गोकुल तथा वृंदावन के निवासियों ने अस्तित्व के शुद्धतम अर्थ में दैवी शक्ति की निर्दोष प्रकृति से स्वयं को एकाकार कर लिया था। उनका कथन था कि कृष्ण का अपना बचपन वृंदावन में व्यतीत करने के कारण उनके साथ एकाकार होने का उन्हें एकाधिकार प्राप्त था। यह एकात्मता तपश्चर्या या जटिल कर्मकांडों जैसे कठिन प्रयत्नों के बिना ही उन्हें सुलभ हो गई थी। इसलिए आज 21वीं सदी में भी हममें से अनेक वृंदावन जाते हैं। प्रकृति के तत्त्वों के निःशब्द वार्तालाप की थोड़ा ही सही, अनुभूति प्राप्त करते हैं और गोपियों को कृष्ण का जो दैवी अनुग्रह मिला था, उसका स्मरण करते हैं। कृष्ण के लिए राधा का प्रेम ऐसी घटना है जिसका और अधिक विश्लेषण किया जाना चाहिए। यह समर्पण से कब्जे की, विलय से एकाधिकार की तथा आसक्ति से विरक्ति की रोचक यात्रा है। कई आध्यात्मिक गुरुओं ने राधा के प्रेम को 'शरण-भक्ति' कहा है अर्थात् समर्पण के माध्यम से भक्ति, किन्तु इससे ज्यादा कृष्ण के साथ उनका एकात्म था। अतः यह एक सम्भावना है कि गोकुलवासियों ने पुरुष और प्रकृति को एक साथ देखा था। कृष्ण एवं राधा के सम्बन्धों की अन्तिम स्थिति का भान गोपी एवं गोपिकाओं की भावना से होता है। उनके लिए राधा, कृष्ण के प्रेम की वाहक थीं। गायों, बैलों, मयूरों, युवा एवं वयस्क महिलाओं, युवा व वयस्क पुरुषों, जलप्रपातों, वृक्षों, फूलों, पर्वतों एवं पहाड़ियों, प्रत्येक ने राधा का भक्तिमय जीवन जिया और कृष्ण के पीछे यथार्थ एवं कल्पना में, जहाँ भी वे गए, ये सब भी गए।

आज भी कुछ पंथों के कई सदस्य कृष्ण भक्ति में इतने डूबे हुए होते हैं कि वे कल्पना में स्वयं को राधा मानकर कृष्ण से प्रेम करते हैं। उनके लिए कृष्ण ही सब कुछ हैं। इस प्रेम के लिए किसी प्रकार की अभिव्यक्ति की औपचारिकता की आवश्यकता नहीं है। कृष्ण के प्रति प्रेम और कृष्ण की ओर से प्रेम पर अधिकतम कविताएँ लिखी गई होंगी। कृष्ण का प्रेम इतना चर्चित क्यों है, उनके प्रेम गीत क्यों गाए जाते हैं या अनुभव किए

जाते हैं, इसके तीन महत्त्वपूर्ण कारण हैं। पहला कारण यह है कि हर कोई वैसा ही जीवन जीने की इच्छा रखता है, जैसा कृष्ण का जीवन था। उन्होंने जीवन में अपनी प्रत्येक भूमिका का आनन्द लिया और फिर हर तरह के प्रतिबंधों का पालन भी किया। उन्होंने कभी आनन्द या खुशी के लिए ना नहीं कहा। अच्छी-बुरी हर परिस्थिति में लोगों ने उन्हें मुस्कराते ही देखा। दूसरा कारण जिसकी वजह से हम उनसे प्रेम करते हैं वह है कुटिल तत्त्वों के विरुद्ध उनके सफल विद्रोह। हम स्वयं को उनकी भूमिका में रखकर कम-से-कम कल्पना में ही दुष्टों से लड़ते हैं। कृष्ण सभी स्त्री-पुरुषों के लिए सदाबहार हीरों हैं। तीसरा कारण उनसे इतना अधिक प्रेम करने का है जीवन के प्रति उनकी सोच। उन्होंने जीवन को वैसा ही स्वीकार किया जैसा उन्हें मिला। बाह्य दृष्टि से उन्होंने विपदाओं से लड़ने के लिए विशेष योजनाएँ नहीं बनाईं, जिनका वे आजीवन सामना करते रहे।

राधा कृष्ण के पीछे परछाईं जैसी लगी रहती थीं। अतः दार्शनिक दृष्टि से राधा, गोकुल के प्रेम का मानवीकरण थीं। हालाँकि कुछ इतिहासज्ञ कहते हैं कि कृष्ण से राधा तीन वर्ष बड़ी थीं और वे कृष्ण के जन्म से ही साथ-साथ थीं। राधा उनकी मित्र थीं और सभी सामाजिक-सांस्कृतिक गतिविधियों में कृष्ण की भागीदार थीं। बाँसुरी बजाने और वन में गायों को चराने से लेकर हर उत्सव में कृष्ण की बराबर की जोड़ीदार राधा थीं। इसलिए राधा के प्रेम को परिभाषित करना कठिन है। राधा एवं कृष्ण के बीच के सम्बन्ध कारण व प्रभाव तथा प्रभाव व कारण थे। राधा कृष्ण से प्रेम करने का कोई न कोई बहाना ढूँढ लेती थीं। यह प्रेम की औपचारिक प्रक्रिया थी। उन्हें पता था कि कृष्ण भी उन्हें उतनी ही घनिष्ठता से प्रेम करते हैं, परन्तु उसकी आशाएँ साल-दर-साल बढ़ती गईं और वे अधिक से अधिक कृष्ण पर कब्जा करने लगीं। वे अपना रोजमर्रे का जीवन कृष्ण के लिए ही जीती थीं। उनके बिना उसके लिए कोई जीवन नहीं था। प्रेम इतना गहन था कि राधा ने अपनी सारी आदतें कृष्ण की पसंदगी के अनुरूप बदल लीं। कृष्ण की दिनचर्या, उनकी दिनचर्या थी, कृष्ण के शौक उनके शौक थे और कृष्ण की टिप्पणियाँ उनकी टिप्पणियाँ थीं। ऐसी मिसाल मेरे हिसाब से केवल मीरा थीं। वे भी कृष्ण से उतनी ही गहराई से प्रेम करती थीं। उनके भजन, उनकी तपस्या तथा सम्बन्धियों से उनका वार्तालाप केवल कृष्ण के वैभव के विषय में होता था। मैं दो मजेदार (किन्तु सही) शब्दों का प्रयोग राधा के साथ मीरा की तुलना हेतु करना चाहता हूँ। राधा का प्रेम दृष्ट, क्रियाशील तथा आधिकारिक था तो मीरा का आध्यात्मिक, थोड़ा भाववाचक और विनीत या आज्ञाकारी।

जब कृष्ण ने मथुरा जाने के लिए गोकुल छोड़ दिया तो राधा का कृष्णमय जीवन एकाएक शून्य हो गया। अब कृष्ण के दर्शन नहीं होंगे और वह उन्हें अपने कब्जे में नहीं रख सकेंगी। उसके कृष्ण के सामने अब कहीं बड़े लक्ष्य थे। वह इतनी स्वार्थी नहीं थी कि भावनाओं की चाल चलकर उन्हें रोक लेती। वह जानती थी और उसने स्वीकार कर लिया कि उसके कृष्ण से गोचर प्रेम का निर्धारित समय पूरा हो गया। वह जान गई कि कृष्ण अब श्रीकृष्ण हो गए। इसलिए उसने स्थिति से समझौता कर लिया, परन्तु

इतिहासकार कहते हैं कि जब कृष्ण कंस को मारने के लिए मथुरा के लिए प्रस्थित हुए तो राधा ने जीवन में रुचि लेना बंद कर दिया। वह रोगग्रस्त हो गई और कभी ठीक न हो सकीं। उनका निधन हो गया और वृंदावन के ग्रामवासियों ने कहा कि वह कहीं बड़े श्रीकृष्ण में विलीन हो गई, जो सर्वव्यापी है।

राधा आज भी भारतीयों के मन में बसी हुई है। वह सम्पूर्ण प्रेम का दूसरा नाम है। कृष्ण के भक्त उसकी ओर बाल-कृष्ण के रूप में देखते हैं और स्वयं को राधा मानते (मानती) हैं। कई उन्हें ठाकुर जी कहते हैं और उनसे मीरा की भाँति प्रेम करते हैं। इस रूप में राधा और मीरा कृष्ण के प्रति सामूहिक प्रेम के दो मानव स्वरूप सदा सर्वदा विद्यमान रहेंगे। हममें से कई कृष्ण को रुक्मिणी या सत्यभामा के साथ याद नहीं करते। राधा-कृष्ण के एक सहस्त्र से अधिक मंदिर हैं। रुक्मिणी का प्रेम राधा के प्रेम से घट कर नहीं था, परन्तु दोनों में एक बड़ा अन्तर था। रुक्मिणी का प्रेम औपचारिक, सामान्य तथा शाही था। राधा का प्रेम अधिक अनौपचारिक था और वह कृष्ण पर आधिपत्य जमा सकती थीं, क्योंकि गोकुल में कृष्ण उसे उपलब्ध थे। जब रुक्मिणी ने कृष्ण से विवाह किया, वे वैश्विक नेता बन चुके थे।

कृष्ण के प्रति द्रौपदी का प्रेम कदाचित सम्बन्धों का श्रेष्ठतम रूप है। वह कृष्ण और अर्जुन के संबंधों से भी अधिक देदीप्यमान है। द्रौपदी ने सदैव कृष्ण के प्रति अत्यन्त परिपक्व प्रेम का प्रदर्शन किया जैसे वह सुधार के अभियान में कृष्ण की सहकर्मिणी हो। वह भी राजा द्रुपद के यहाँ पैदा हुई थी, क्योंकि प्रारब्ध को उससे बहुत अधिक करवाना था। उसकी भूमिका का फलक शायद कुंती, राधा, रुक्मिणी, यशोदा, सत्यभामा और देवकी से ज्यादा विस्तृत था। यह समय-समय पर कृष्ण से उसके संवादों से स्पष्ट होता है। द्रौपदी एवं कृष्ण में घनिष्ठ सम्बन्ध पारस्परिक आदर पर आधारित था। प्रेम, आदर तथा दायित्व का संतुलित मिश्रण था। दोनों एक-दूसरे को उनके उत्तरदायित्वों का स्मरण कराते रहते थे। द्रौपदी उन गिने-चुने लोगों में से एक थी, जो कृष्ण के अति निकट थीं और इसलिए उसे कृष्ण की अनेक सुधार योजनाओं की जानकारी रहती थी। कृष्ण के लिए उसका प्रेम एवं आदर एक सह-कार्यकर्ता के समान थे, इसलिए उसे शब्दों में व्यक्त करने की कोई आवश्यकता उसे नहीं थी। जैसे न्यूनतम चुने हुए शब्दों में दोनों के बीच कोई अदृश्य वार्तालाप हो जाता था। उसने कृष्ण के इस फैसले का समर्थन किया कि वे हस्तिनापुर जाकर पांडवों का पक्ष रखें। साथ ही उसने अपने लक्ष्यों की भी याद दिला दी। दोनों एक-दूसरे की प्राथमिकताओं को इतनी अच्छी तरह से समझते थे कि एक-दूसरे की व्यक्तिगत पसंदगी या नापसंदगी के लिए कोई गुंजाइश नहीं थी। कृष्ण की सहायता, प्रेम और बुद्धि के कारण ही द्रौपदी इतनी गुरुतर भूमिका (पाँच महान पांडवों की पत्नी होने) का निर्वाह कर सकी। वस्तुतः वह जानती थी कि उसका जन्म ही इस भूमिका के लिए हुआ है।

कृष्ण का अर्जुन के प्रति प्रेम विशिष्ट और बहुउद्देशीय था। इतिहासविद् उन्हें मिलाकर नर-नारायण कहते हैं अर्थात अर्जुन नर है (मानव) तथा कृष्ण नारायण (ईश्वर)

हैं। अर्जुन कृष्ण का भाँजा, मित्र, साथी, शिष्य तथा अनेक अभियानों में सहभागी था। यह रिश्ता शायद मस्तिष्क और शरीर का था। जैसे-जैसे अर्जुन की परिपक्वता बढ़ती गई उसी अनुपात में उसका कृष्ण के प्रति प्रेम भी बढ़ता गया। अर्जुन के कृष्ण प्रेम में अनेक गुणात्मक विशेषताएँ हैं। यह एक विनीत भाव था कि वह महान अभियान में एक उपकरण की भाँति प्रयुक्त हो रहा है। अर्जुन कृष्ण के अनेक विद्रोहों में उनके साथ था। कृष्ण ने उसका चयन 'व्यावहारिक बुद्धि के वाहक तथा व्यावहारिक उत्तरदायित्व' के रूप में किया था। दोनों मिलकर वृहद् परिवर्तनों के लिए सम्पूर्ण मानवता के प्रति जवाबदारी निभानेवाले थे। दोनों ने मिलकर विध्वंसात्मक निर्माण और सुधारवादी पुनरुत्थान का कार्य किया। इसलिए दोनों के बीच प्रेम दो साझीदारों का प्रेम था, जो एक निरन्तर एवं सोद्देश्य भागीदारों की मिसाल है।

अर्जुन की कृष्ण से युति क्रियात्मक, रणनीतिक और आध्यात्मिक थी। अतः वह औपचारिक थी और अनौपचारिक भी। जब अर्जुन जान गया कि वह कृष्ण के व्यक्तित्व का एक भाग है तो उसकी भावना यह थी कि वह समुद्र की एक बूँद मात्र है। क्यों और कैसे एक बूँद अपने ही समुद्र से प्रेम कर सकती है? कृष्ण ने अपनी योजनाओं में अर्जुन के लिए जो भूमिका तय कर रखी थी, यह ज्ञान धीमी जागृति था। अस्तु अर्जुन का कृष्ण के प्रति आरम्भिक प्रेम एक सम्बन्धी और मित्र का था। जैसे-जैसे दोनों की संगति बढ़ती गई, अर्जुन के प्रेम में ज्ञान घुलता गया। इस सम्बन्ध की परिणति की दशा में बूँद एवं समुद्र की स्थिति बन गई और इसकी भी चरम स्थिति में बूँद ने अपना अस्तित्व खो दिया और वह पूरी तरह समुद्र हो गई। दूसरे शब्दों में, कृष्ण के लिए अर्जुन का प्रेम उस उच्च आध्यात्मिक स्तर पर पहुँच गया कि वह एकात्मता का अनुभव करने लगा। दार्शनिक दृष्टि से यह परमात्मा द्वारा सौंपी गई सम्पूर्ण भूमिका की समझ है और फिर उस भूमिका का निर्वहन इस सीमा तक करना कि वह परमात्मा में ही विलीन हो जाए। कृष्ण और अर्जुन के शत्रुओं के लिए रणभूमि में दोनों में कोई अन्तर नहीं था। यह बड़ा रोचक दृश्य था कि कभी दो कृष्ण तो कई दफा दो अर्जुन अन्याय एवं असत्य के विरुद्ध युद्ध करते दिखाई देते थे।

जब मैं कृष्ण का स्मरण करता हूँ, तब ऐसा लगता है मानो मैं उनको अर्जुन के रूप में याद कर रहा हूँ। मेरे अन्दर का अर्जुन जाग उठता है और मैं ऊर्जसित हो उठता हूँ। यह भाव काल्पनिक हो सकता है और सम्मोहन का प्रभाव भी। वास्तविकता अर्जुन की शक्ति तथा उत्साह को स्वाभाविक रूपेण महसूस करना है। यह हममें से कई लोगों के लिए सम्भव हो सकता है-जिस पल हम कल्पना करें कि हम कृष्ण से प्रेम करते हैं और वह हमारे बीच में है, वह सम्भव हो जाएगा। मैं हमेशा सोचता हूँ कि मैं अर्जुन जैसा कर्मयोगी बन जाऊँ। इसके लिए मैंने कर्म से ज्ञान तक की अपनी यात्रा में कृष्ण के प्रति अपनी भक्ति का सहारा लिया। हर बार अर्जुन के प्रदर्शन के पीछे कृष्ण की रणनीति एवं मुक्ति होती थी। अन्तिम स्थिति में अर्जुन ने अपना कर्म बिना किसी आसक्ति या प्रतिफल की आशा से किया। इन सब प्रक्रियाओं के दौरान अर्जुन के सामने

कई छोटे-बड़े प्रलोभनों एवं भयंकर गलतियों के अवसर आए होंगे, किन्तु हर बार कृष्ण के प्रति उसके निःस्वार्थ प्रेम ने उसको संभावित असफलता से बचाया। यह उसका गहन प्रेम था, केवल भक्ति ही नहीं कि कृष्ण ने अर्जुन की महत्त्वाकांक्षाओं, अहम भावनाओं तथा रिश्तों का ध्यान रखा। क्या हम कृष्ण से उतना प्रेम करते हैं और फिर भी अर्जुन की भाँति स्थिर बुद्धि रखकर कार्य करते हैं? दूसरे शब्दों में क्या हम अपने कृष्ण के प्रति प्रेम तथा निःस्वार्थ कर्म को जोड़ सकते हैं? या फिर शब्दों में थोड़ा हेर-फेर करके कहें कि क्या हम परिपक्व कर्मयोगी की तरह कार्य करते हैं तथा कृष्ण के प्रति अनेक प्रेम का कोई लाभ उठाने के लालच पर नियंत्रण रख सकते हैं? अर्जुन की विलक्षण महानता इसमें थी कि उसने पूरी तल्लीनता एवं क्षमता से कार्य किया तथा बदले में अपनी त्रुटियों के लिए क्षमा की चाह नहीं रखी। उसने अपने प्रेम का उपयोग किसी बहाने या विशेषाधिकार के लिए कृष्ण से अतिरिक्त लाभ प्राप्त करने के लिए नहीं किया। उसने एक अच्छे दोस्त तथा पेशेवर कार्यकर्ता दोनों की भूमिकाओं के बीच फासला रखा। यही अर्जुन की परिपक्वता या स्वधर्म था, जिसकी व्याख्या कृष्ण ने 'गीता' में की है।

कृष्ण यदि परिपूर्ण माधव थे तो अर्जुन परिपूर्ण मानव था। हमारे यहाँ कई विख्यात मंदिर इस जोड़ी के हैं, जिन्हें लोकप्रिय भाषा में नर-नारायण कहा जाता है। कृष्ण और अर्जुन के सम्बन्धों के विविध अर्थ वस्तुतः इन जोड़ी की विविध मानव भूमिकाओं की परिभाषाएँ हैं। यद्यपि दोनों के बीच का प्रेम पूर्णतः प्राकृतिक था, जिन घटनाओं को उन्होंने अंजाम दिया, वे कृष्ण के गोचर तथा अगोचर योजनाओं के अनुसार होती थीं। कृष्ण ने अर्जुन को तराशकर उच्चतम कोटि का मानव बनाया और फिर दोनों ने मिलकर समाज सुधार के महत कार्यों को संपन्न किया। महाभारत के इन दो दिग्गज व्यक्तियों में अनेक प्रकार के घनिष्ठ सम्बन्ध थे जैसे शिक्षक-छात्र, माधव-मानव, फुफेरे भाई, जीजा-साला, जिगरी दोस्त तथा हर कार्य में अभिन्न भागीदार। अतः उनके बीच प्रेम के भी अनेक रंग थे।

पौराणिक दृष्टि से भी विचार करने पर भगवान विष्णु के अनेक अवतारों में कृष्ण सर्वाधिक दृष्ट और व्यावहारिक हैं, जिसमें उन्होंने जीवन अच्छी तरह और प्रेमपूर्वक जियो का उदाहरण प्रस्तुत किया। कृष्ण ने पारस्परिक आचरण विज्ञान के बड़े महत्त्वपूर्ण सिद्धान्त का प्रदर्शन किया कि "मैं ठीक हूँ, तुम ठीक हो।" यह सिद्धान्त आपसी व्यवहार के सरलतम रूप पर आधारित है कि 'प्यार बाँटो-प्यार पाओ।' कृष्ण ने अर्जुन से गीता में कहा है कि जो व्यक्ति किसी भी ईश्वरीय वस्तु से प्रेम करता है, अन्ततः मुझसे प्रेम करता है। ऐसे निःस्वार्थ प्रेम की तरंगे किसी भी समाज को शक्तिशाली बनाती हैं। हिन्दुस्तानी अपने आप से बड़े संकीर्ण दायरे में प्रेम करते हैं। विदेशी (खासतौर पर पाश्चात्य देशों के) पहले अपने देश से प्रेम करते हैं, उसके लिए त्याग करते हैं और सुनिश्चित करते हैं कि देश समृद्ध हो। अंग्रेजों, हूणों और मुगलों ने हम पर राज्य किया, क्योंकि हम अपने लिए प्रेम के अनश्वर बंधन नहीं बना सके। राजनैतिक स्वाधीनता

के बाद भी, जो हमें 1947 में मिली, गत वर्षों में ऐसे बहुत कम अवसर आए, जब हमने अपने देश से प्यार किया। हम बहुत ज्यादा व्यक्तिवादी हो गए हैं तथा अपनी अवनति के लिए दूसरों को दोषी ठहराते हैं। यह सभी लोगों की प्रसिद्ध कहानी जैसा है। हर किसी ने सोचा कि कोई न कोई राष्ट्र को मजबूत करने के लिए अपने कर्त्तव्य का निर्वाह करेगा, परन्तु किसी ने न किया जो कोई भी आसानी से और प्राकृतिक रूप से अपने देश के लिए कर सकता था।

कृष्ण का प्रेम सिद्धान्त स्पष्ट और तर्कसंगत था। उन्होंने व्यक्ति से अधिक समाज को और समाज से अधिक विश्व को महत्त्व दिया। कृष्ण ने प्रेम के दो केन्द्रों के बीच संघर्ष की स्थिति नहीं आने दी। जिस तरह उन्होंने अन्तर्व्यक्तिगत सम्बन्धों का प्रबन्धन किया, वह हम सब के लिए अनुकरणीय है। वे अर्जुन को चाहते थे, परन्तु बलराम के प्रति अपने प्रेम में शैथिल्य उन्होंने नहीं आने दिया। उसी प्रकार वे राधा, द्रौपदी, कुंती, रुक्मिणी, यशोदा एवं देवकी से प्रेम करते थे, परन्तु एक दूसरी की कीमत पर नहीं। वे विविध स्तरों, अवसरों तथा स्थानों का प्रबन्धन इतनी कुशलता से करते थे कि उनके प्रेम के सभी पात्रों के लिए वे संतुलित छवि स्थापित कर सके। ऐसा वे इसलिए कर पाए, क्योंकि उनका समय प्रबन्धन तथा लोक प्रबन्धन कमाल का था। कृष्ण ने विविध सम्बन्धों के वस्त्र पहन रखे थे, अंग्रेजों में जिसे कैप ('सी' से चाइल्ड अर्थात् शिशु, 'ए' से एडल्ट अर्थात् वयस्क और 'पी' से पैरेंट अर्थात् अभिभावक)। वे अपने बड़े सम्बन्धियों से बच्चों की तरह प्रेम करते थे और बड़ी चतुराई से अपने विद्रोहों के लिए उनकी सहायता प्राप्त कर लेते थे। अपने मित्रों एवं हमउम्र रिश्तेदारों से उनका प्रेम वयस्क से वयस्क आधार पर था। जहाँ भी सम्भव होता, वे पक्षपातहीनता की छाप छोड़ते थे। सभी कमजोर तथा सरल लोगों के प्रति वे अभिभावक जैसा बर्ताव करते थे। वे उनकी चिन्ता हर समय, हर जगह करते थे। प्रबन्धन की अवधारणा का लोकप्रिय अर्थ है बड़ी हिकमत से लोगों का प्रबन्धन करना। कृष्ण ने अपने आसपास के लोगों का प्रबन्धन युक्तिपूर्वक और भावनात्मक ढंग से किया। कदाचित वे भावनात्मक कोशेंट के श्रेष्ठतम प्रयोक्ता थे।

कृष्ण के समय प्रबन्धन कौशल समतुल्यता के त्रिकोण पर आधारित थे :

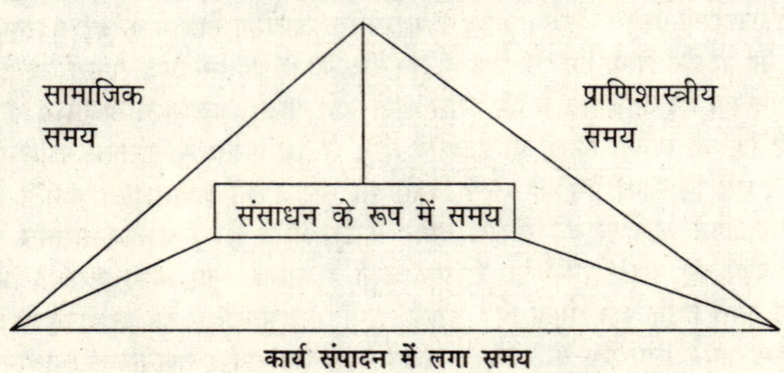

वे अपने क्रियात्मक समय का प्रबन्धन अत्यन्त रणनीतिक ढंग से करते थे। इसीलिए वे अपने परिवार के सदस्यों तथा मित्रमंडली के साथ काफी समय व्यतीत कर पाते थे। पौराणिक संदर्भों के अनुसार कृष्ण के पास योगिक क्रियाओं के लिए भी पर्याप्त समय रहता था। उनकी संचार व्यवस्था बेहत कार्यदक्ष थी। अतः वे अनेक अनिश्चितताओं का अनुमान लगा लेते और उनका प्रबन्ध कर लेते थे। अपने जीवन के अभिगम में विविध लोगों के साथ प्रेम का अनुभव एवं प्रयोग कर लेते थे, क्योंकि वे बड़ी सहजता से उनसे सम्बन्ध बना लेते थे। अनासक्ति की भावना के कारण ही कृष्ण लोगों से परिस्थितियों के अनुसार प्रेम करने में किसी कठिनाई का अनुभव नहीं करते थे। जब आपका कोई निहित स्वार्थ किसी वैयक्तिक उद्यम में, किसी घटना में या लोगों के समूह में न हो तो आप उनसे बड़े प्राकृतिक ढंग से प्रेम कर जुड़ सकते हैं।

कृष्ण के प्रेम की सबसे बड़ी विशेषता उनकी निर्भयता थी। वे अपने प्रेम को पारदर्शिता तथा जवाबदारी के साथ व्यक्त कर सकते थे और समाज के तथाकथित स्थापित नेताओं की परवाह नहीं करते थे। कृष्ण का प्रेम पवित्र एवं पूर्वग्रहरहित था। वह सभी को समेटता भी था और अपवर्जक भी था। वह वैश्विक था, क्षेत्रीय नहीं। कृष्ण ने किसी से भी किसी छिपे उद्‌देश्य से प्रेम नहीं किया। किसी से प्रेम करने के लिए उन्हें दो बार विचार नहीं करना पड़ता था। इसकी तुलना में कर्ण का प्रेम कुछ हद तक स्व-केंद्रित था। सच तो यह है कि वह स्वयं से भी पूर्णतः प्रेम न कर सका। अवसादग्रस्त होने के कारण कर्ण को कोई अवसर, मित्र या विचारधारा ऐसी नहीं मिली, जिससे वह प्रेम कर सकता। वह दानवीर था, परन्तु कर्ण की वह भूमिका संस्कारपरक थी। भीष्म के प्रेम के साथ अलग तरह की समस्या थी। वे अपनी एक विचारधारा से प्रेम करते थे और उसमें आवश्यकता से अधिक जुड़ गए थे। इसलिए अनेक अवसरों पर वे पांडवों से प्रेम करना तो चाहते थे, किन्तु कर नहीं पाते थे। दुर्भाग्यवश दुर्योधन और कर्ण पांडवों के प्रति पक्षपाती होने का आरोप उन पर लगातार लगाते रहे।

यह वाकई आश्चर्यजनक है कि एक अकेला कृष्ण सामान्य प्रकार से गोपियों से प्रेम करता था और महाबली कंस से लड़ने के लिए भी तैयार हो गया। कई लोग जिन्होंने कृष्ण का प्राकृतिक, अनियोजित, स्पष्ट प्रेम का अनुभव किया था, उन्हें उसका रणनीतिक एवं युक्तिपूर्ण आचरण देखकर विस्मय हुआ। सकारात्मक अर्थ में किसी के लिए चालाक एवं धूर्त और साथ-साथ प्रेम करने योग्य होना कठिन है। इसीलिए अक्रूर एवं नन्द जैसे लोग, जिन्होंने कृष्ण को गायों और गोपियों से वृंदावन की संकरी गलियों से प्रेम करते देखा था, वे विश्वास न कर सके कि वह प्यारा-सा कृष्ण कंस एवं उसके दुष्ट साथियों को मारने के लिए इतना क्रूर कैसे हो गया।

कृष्ण के प्रेम के दूसरे पक्ष की खासियत न्यायसंगतता तथा प्रामाणिकता कही जा सकती है। कृष्ण के प्रेम को सदैव पवित्र माना गया, क्योंकि वे स्व-निर्मित व्यक्ति थे।

अपने अभियान के आरंभिक चरणों में उन्हें बहुत कुछ सहना पड़ा, परन्तु वे अपने शुभचिंतकों तथा टीम के सदस्यों के प्रेम के कारण आगे बढ़ सके। स्व-निर्मित होने के कारण वे आनन्दमय सिद्धान्त की वकालत कर सकेः 'जी भर के जियो'।

अगली महत्त्वपूर्ण विशेषता कृष्ण के प्रेम की थी कि वह चुभन देनेवाला प्यार नहीं था कि जैसे प्यार नहीं उपकार किया हो। जिसके साथ भी वह कोई व्यवहार करते तो लोग आराम महसूस करते थे। इसी अभिगम के कारण कृष्ण और उनके साथ प्रेम करने योग्य हो जाते थे। वे आनन्दमय जीवन के दर्शन की बातें सरल भाषा एवं सामान्य घटनाओं के परिप्रेक्ष्य में करते थे। हर मर्तबा उनका प्रयास होता था कि प्रेम की धड़कन या नाड़ी से व्यवहार करें। वे अपनी बात सप्रमाण कहते थे जिससे उनकी प्रेममयी छवि कभी क्षतिग्रस्त नहीं हुई। एक बार उनकी बहन सुभद्रा ने उनसे पूछा कि द्रौपदी के लिए उनके मन में विशेष प्रशंसा का भाव क्यों है। द्रौपदी के प्रति ईर्ष्या होने के कारण वह उससे अपनी तुलना कर रही थी। कृष्ण ने सुभद्रा को एक सरल शिक्षा देने का निश्चय किया। उनकी उँगली में छोटा-सा घाव हो गया। सुभद्रा इधर-उधर देखने लगी कि कोई कपड़े का टुकड़ा मिल जाए तो वह उँगली में पट्टी बाँध दे। द्रौपदी ने भी देखा और तुरत अपनी महँगी साड़ी का एक किनारा फाड़ कर कृष्ण की घायल उँगली में बाँध दिया। इस छोटी-सी घटना ने सुभद्रा को द्रौपदी के प्रेम की महानता का विश्वास दिला दिया।

एक अन्य घटना में कृष्ण और रुक्मिणी के मित्र सुदामा के आतिथ्य सत्कार में कोई कमी नहीं रहने दी। दरअसल सुदामा कृष्ण के पास वित्तीय सहायता माँगने के लिए आया था, परन्तु संकोचवश कुछ कह न सका। कृष्ण ने अपने मित्र की परेशानी को भाँप लिया। सुदामा उनका अन्तरंग मित्र था। अतः उसकी सहायता करना कृष्ण के लिए आवश्यक था। कृष्ण ने विशुद्ध प्रेम के चलते बड़ी चतुराई से काम लिया। सुदामा के आत्मसम्मान को चोट न पहुँचाते हुए उन्होंने उसके परिवार को पर्याप्त धन-दौलत दे दी। कृष्ण का मानवीय सम्बन्धों का प्रबन्धन सम्पूर्ण होने के साथ-साथ आशावादी भी था। जीवन के प्रति प्रत्यक्ष एवं पारदर्शी रवैए के कारण वे अत्यधिक साख भी बना सके। इसी साख या ख्याति ने उनके प्रेम को अत्यधिक विश्वसनीयता भी प्रदान की।

जो लोग कृष्ण के योगों से नहीं जुड़ पाए, उनके लिए उन्होंने निःस्वार्थ प्रेम के सीधे-सरल सिद्धान्त को स्वस्थ जीवन के लिए सही उपचार बतलाया है। प्रेम ज्यामितीय गुणा की तरह फैलता है। यह रिश्तों को निरन्तर और व्यावहारिक दृष्टि से सुदृढ़ बनाता है। हमारा प्राचीन दर्शन 'वसुधैव कुटुंबकम्' का सिद्धान्त प्रतिपादित करता है। इसलिए हिन्दुओं ने सभी धर्मों की बराबरी या न्यायप्रियता को मान्यता दी है। यह प्रेम की गहन एवं आंतरिक भावना रही है कि कल एवं आज के हिन्दू विशाल हृदय रहे हैं और उन्होंने दूसरों को भी आत्मसात किया। इतिहास गवाह है कि हिन्दुओं ने कभी किसी अन्य धर्म पर आक्रमण नहीं किया। सनातन दर्शन का स्पष्ट मत है कि कोई भी विचार जो पवित्र एवं आनन्ददायक है, वह स्वीकार्य होगा। इसीलिए हिन्दू हमेशा नमनीय रहे हैं और उन्होंने अन्य धर्मों और संस्कृतियों की नई बातों को अपनाया, जिससे स्वयं उनका

भौतिक एवं आध्यात्मिक जीवन संवर्धित हुआ। यह नमर्नीयता सदा अक्षुण्ण रही है कि वह प्रेम के पथ से विचलित नहीं हुई और विशेषतः हिन्दुओं का भावनात्मक स्तर ऊँचा ही रहा है। इस लब्धि का प्रायः नब्बे प्रतिशत का वास्ता प्रेम से रहा है।

मैं देखता हूँ कि अनेक बहुराष्ट्रीय कम्पनियाँ (विशेषतः ब्रिटिश) इस प्रेम लब्धि में बड़े नीचे पायदान पर हैं। वे यह मानकर चलती हैं कि 'प्रेम आधारित सम्बन्ध' अलाभप्रद कार्य वातावरण निर्मित करते हैं। दूसरे शब्दों में कनिष्ट कर्मचारी 'प्रेम' को 'कामचोरी' का कारण मानते हैं। वे यह भी मानकर चलते हैं कि उनके वरिष्ठ अधिकारी उनके साथ हैं। इस अधकचरी परिकल्पना के चलते कई बहुराष्ट्रीय कम्पनियाँ अपने कर्मचारियों से यंत्रमानव जैसा व्यवहार करती हैं। इसलिए इनमें से अधिसंख्य कम्पनियाँ संस्था नहीं बन सकीं। 'प्रेम विहीन व्यापार' के अनेक गम्भीर परिणामों में मुनाफाखोरी, पेटेंटवाले उत्पादों का गलत लाभ उठाना, तथाकथित कार्पोरेट प्रशासन, लाभांश का प्रतिभूतिधारकों को अनुपात विहीन उच्च भुगतान तथा शीर्ण कार्यपालिक अधिकारियों को अनाप-शनाप पारिश्रमिक आदि उल्लेखनीय हैं।

चूँकि सनातन दर्शन ने प्रेम आधारित सम्बन्धों को अधिकतम महत्त्व दिया, हिन्दुओं ने व्यापार को हमेशा भौतिक जीवन का एक घटक माना, जबकि पश्चिम ने जीवन को व्यापार माना तथा 'बाजार आधारित अर्थव्यवस्था' की अवधारणा का प्रतिपादन किया। इससे 'योग्यतम की उत्तरजीविका' की स्थिति पैदा हो गई। इसका यही मतलब हुआ कि निर्दयी बाजार को कमजोर की फिक्र करने की कोई जरूरत नहीं है। इस प्रकार की व्यवस्था अन्ततः गलाकाट प्रतिस्पर्धा का वातावरण तैयार करती है जिसमें मानवीय संवेदना के लिए कोई स्थान नहीं होता। एक औसत गरीब भारतीय अपनी रोटी दूसरे निर्धन के साथ बिना किसी संकोच के बाँटकर खाता है।

बड़ी बात यह है कि यह मिल-बाँटकर खाना प्रेम से होता है। यही अन्तरतम का प्रेम है, जिसने भारत के लोगों को एकजुट रखा है। अपनी जात-पात की समस्याओं के बावजूद भारतीय अपनी नमनीय आध्यात्मिकता के सामान्य सूत्र से प्रेम करता है। भारत के गाँवों में हिन्दू और मुस्लिम एक दूसरे के त्यौहारों, विवाहों और अन्य अवसरों पर भाग लेते हैं। किसी विपदा या संकट से लड़ने के लिए वे सदा साथ होते हैं। यह उनकी सामूहिक प्रेम की शक्ति के कारण होता है। इस सामूहिक प्रेम तथा उसके प्रभाव को निम्न रेखाचित्र द्वारा व्यक्त किया जा सकता है :

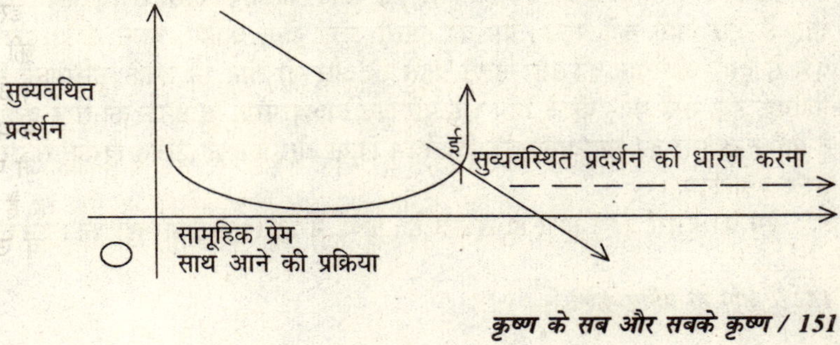

'ई' 'समतुल्यता बिन्दु' है। किसी भी समाज के लिए यह स्वाभाविक है कि जब सामूहिक प्रेम में तेजी से वृद्धि होती है, तो व्यवस्थित अनुशासन के लिए सामूहिक प्रवृत्ति का उदय होता है। इसलिए प्रेम को अनुशासन या जवाबदारी की सहायता मिलनी चाहिए। यह जवाबदारी विश्व के प्रति अधिक होगी। जवाबदारी तथा प्रेम का रेखाचित्र नीचे दिया जा रहा है :

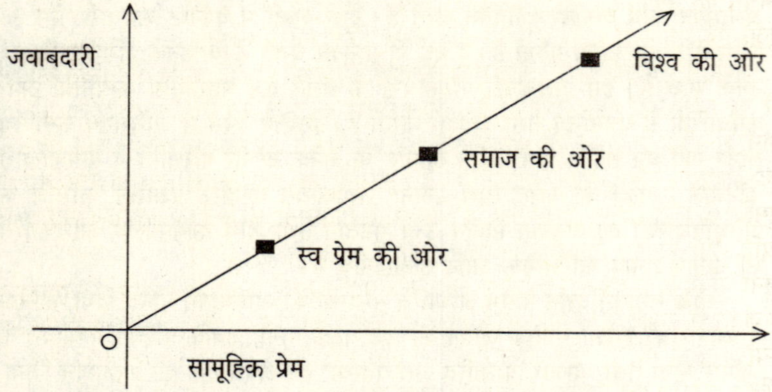

कृष्ण ने सदैव प्रेम एवं अनुशासन में समतुल्यता बनाए रखी। एक ही उदाहरण से इसे सिद्ध किया जा सकता है। अर्जुन एवं सुभद्रा का पुत्र अभिमन्यु कृष्ण का सबसे दुलारा एवं पसंदीदा भाँजा था। जब कृष्ण और अर्जुन युद्ध के किसी मोर्चे पर व्यस्त थे तो अभिमन्यु को कौरवों द्वारा रचित चक्रव्यूह को तोड़ना पड़ा। उसने व्यूह को तोड़ दिया और बड़ी बहादुरी से कौरवों के शीर्ष योद्धाओं से लड़ा, परन्तु कौरवों ने उसे मार डाला और उसके मृत शरीर का भी निरादर किया। इस दुख की घड़ी में अर्जुन अपना आपा खो बैठा, परन्तु कृष्ण शांत रहे। स्थिरचित्त होकर ठंडे दिमाग से उन्होंने अगले दिन के लिए रणनीति बनाई तथा अर्जुन से संवेदना प्रकट की।

दूसरा महत्त्वपूर्ण उदाहरण गोकुल से कृष्ण की विदाई का है। कृष्ण ने अपने सारे प्रेमपूर्ण सम्बन्धों और वस्तुओं को गोकुल में छोड़ दिया और बड़ी भूमिका के निर्वहन के लिए मथुरा चले गए। युवा कृष्ण ने अपनी भावनाओं को नियंत्रण में रखकर इस कठिन विदाई का सामना किया। हममें से कई अपने आत्मीय रिश्तों से चिपककर रह जाते हैं और आगे नहीं बढ़ते। प्रेम को हमारी ऊर्जा होना चाहिए, बंधन नहीं। कृष्ण एक से दूसरे अभियान की ओर सतत बढ़ते रहे और जो लोग भी उनके अभियानों में सहायक हुए, उन्हें प्यार बाँटते रहे। एक परिपक्व व्यवहारपरक वैज्ञानिक की तरह कृष्ण ने प्रत्येक अवसर का सावधानीपूर्वक विश्लेषण किया और प्रेम की उचित खुराक से उसे सरल बना दिया।

प्रेम का दूसरा पहलू घृणा हो सकता है। कृष्ण ने किसी से घृणा नहीं की। उनका

दर्शन सरल था। उन्होंने दुष्टों से भी घृणा का व्यवहार नहीं किया। बल्कि अधिकतर मामलों में उन्होंने उन्हें बदलने का मौका दिया। वे हर प्रकरण को स्वतंत्र रूप से देखते थे और उसके हर पहलू पर विचार करते थे। उन्होंने प्रत्येक व्यक्ति के दुर्गुणों के प्रति पृथक रूप से रवैया अपनाया। तर्कसंगत दृष्टि से वे कारण को परिणामों से पृथक कर देते थे और फिर उनका कुशलता से प्रबन्धन करते थे। कूटनीति में कृष्ण के 'घृणा नहीं' अभिगम को उनके शत्रु भी उनके निःशब्द प्रेम की भाँति लेते थे और इसीलिए उनके शत्रुओं की समझ में नहीं आता था कि उनसे किस प्रकार निपटें।

कृष्ण ने पृथक्करण की अवधारणा का प्रयोग किया। उन्होंने कभी एक रिश्ते को दूसरे पर हावी नहीं होने दिया। अनेक अवसरों पर कृष्ण ने प्रेम को विनयशीलता की चाशनी में घोलकर अपने बड़े सम्बन्धियों के साथ सफलतापूर्वक प्रबन्धन किया। एक स्पष्ट उदाहरण उनके अग्रज बलराम का है। उन्होंने कई बड़े फैसले बिना बलराम की अनुमति के लिए, किन्तु उनके अहं का प्रबन्धन सावधानी से किया। उन्होंने दुर्योधन के प्रति ऐसा व्यवहार किया मानो उससे घृणा न करते हों, परन्तु उसे समाप्त करने की योजना युक्तिपूर्वक बनाते रहे। कृष्ण और कर्ण महाभारत में समानांतर चलते हैं। कृष्ण सारे जगत से प्रेम करते थे और सारा जगत उनसे प्रेम करता था। कर्ण को अपने दुर्भाग्य से प्यार था, वह भी बड़े निराशावादी ढंग से, और कोई उससे प्रेम नहीं करता था। कर्ण के लिए दुर्योधन का प्रेम वस्तुतः स्वार्थ प्रेरित था। दुर्योधन केवल कर्ण का अर्जुन के विरुद्ध उपयोग करना चाहता था। कर्ण कभी भी शकुनि एवं दुर्योधन की दुष्ट योजनाओं को न समझ सका। जब इन चालों को वह समझ पाया, तब तक पर्याप्त विलंब हो चुका था और वह वापस नहीं लौट सकता था। अन्तिम चरण में श्रीकृष्ण, कर्ण से बड़े प्रेम से मिले। बड़े ही पारदर्शी ढंग से उन्होंने उसे समझाया कि किस पक्ष में प्रेम करना न्यायोचित होगा। कृष्ण ने कूटनीति को प्रेम में घोल दिया। कुंती का प्रथम पुत्र होने के कारण कृष्ण ने उसे पांडवों का नेतृत्व करने का प्रस्ताव रखा। कृष्ण ने यह अन्तिम वार्तालाप युद्ध रोकने के इरादे से किया था।

कृष्ण का प्रेम एक योगी का प्रेम था। योगी एक अति-मानव होता है, जो स्वयं अपनी ऊर्जा उत्पन्न करता है और उसका उपयोग विश्व के विकास के लिए करता है। कृष्ण जैसे योगी के पास प्रेम रूपी एक और उपकरण था। परशुराम भी महान योगी थे। वर्तमान सामाजिक-राजनीतिक सन्दर्भ में वीर सावरकर भी योगी थे। इन्फोसिस के नारायणमूर्ति भी योगी हैं, परन्तु इन सब योगियों के पास स्पर्श करनेवाला प्रेम नहीं था, जो कृष्ण के पास था। राम भी सबसे प्रेम करते थे। उनका प्रेम भी वैश्विक व निर्दोष था, परन्तु उसमें वह आकर्षण नहीं था, जो कृष्ण के प्रेम में था। आज पाँच हजार साल बाद भी उनका प्रेम इतना द्रष्ट तथा चुंबकीय है कि मेरी इच्छा होती है कि मैं अपने जीवन के शेष वर्ष कृष्ण के प्रेम के सन्देश का प्रचार करने में लगा दूँ।

मूलतः हम स्वयं से प्रेम करते हैं, उसके बावजूद अपने निकट सम्बन्धियों और मित्रों से और उसके पश्चात् यदि समय एवं संसाधन हों तो समाज से। एक ही परिवार के

हाथों में राजनैतिक शक्तियों का केंद्रित हो जाना दरअसल 'प्रेम की दुविधा' है। एक ही विचारधारा या एक ही धर्म जब अपने एकाधिकार की इच्छा रखता है तो उसके प्रेम की कठोरता का स्पष्ट सन्देश मिलता है। कृष्ण ने सदैव यह बतलाने की चेष्टा की कि प्रेम को कभी दुविधाग्रस्त होना ही नहीं चाहिए। उसे सरल, सीधा व ठोस होना चाहिए। कृष्ण के प्रेम की कार्यविधि में जुड़ने का वृत्त निम्नानुसार था :

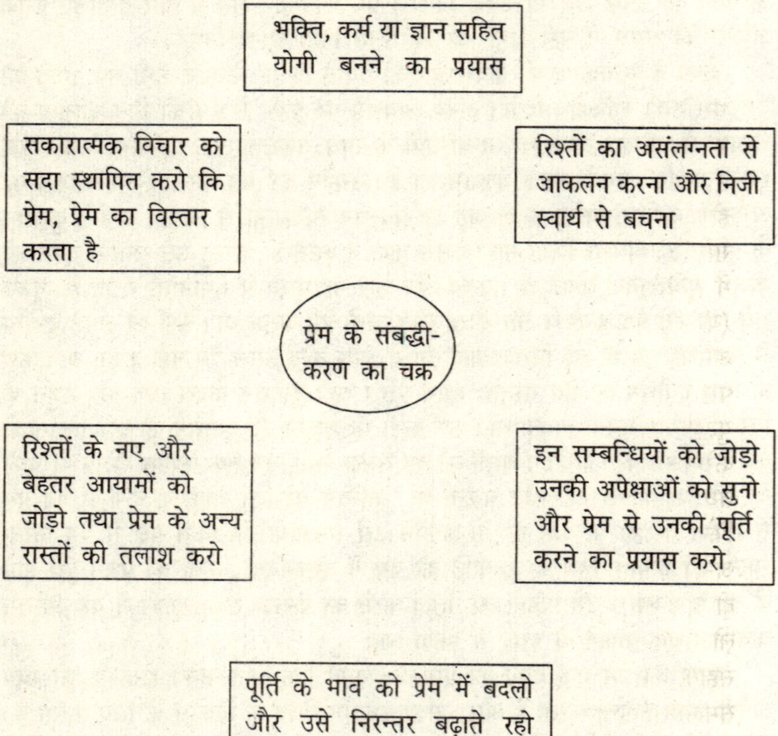

इस तरह कृष्ण का सभी के प्रति प्रेम और सभी का उनके प्रति प्रेम सक्रिय था। अपने जीवनकाल में उन्हें अथाह प्रेम मिला। आज उनसे प्रेम करनेवालों की संख्या और भी अधिक है। कुछ लोग उनके बाल्यकाल से प्रेम करते हैं, कुछ उनके प्रेम सम्बन्धों से प्रेम करते हैं, कुछ गीता के रूप में उनकी बुद्धि से प्रेम करते हैं और कुछ उनके व्यक्तित्व से। आइए, हम पर्याप्त परिपक्वता से तय करें कि हमें प्रेम करना चाहिए ओर उनके प्रेम सिद्धान्त को क्रियान्वित करना चाहिए। यही प्रेम का सिद्धान्त कल हमारी धरती की रक्षा कर सकेगा।

धरती का भविष्य

धरती का भविष्य क्या होगा या धरती का भविष्य कैसा होना चाहिए या धरती का भविष्य कैसा हो सकता है? इन तीन प्रश्नों के तीन न्यूनतम संभावित उत्तर हो सकते हैं : यदि 'सभ्यताओं का टकराव' जारी रहता है तो पृथ्वी का शायद कोई भविष्य नहीं होगा या इस्लाम अपने 'जेहाद' के साथ और ईसाइयत अपनी प्रगत युद्ध तकनीक के साथ आमने-सामने हो जाएँ तो कुछ अरब-खरब लोग निरास्तित्व हो जाएँगे। उस स्थिति में साम्यवादी चीन (बुद्ध की शिक्षा से रहित) विश्व पर शासन करेगा, क्योंकि भारतीय (या बहुसंख्यक हिन्दू) विस्तारवादी नहीं होते। एक और सम्भावना हो सकती है कि अमेरिकी चालें इस्लामी दुनिया को और बाँटकर उसे दो समूहों में बाँट दें 'अमेरिका परस्त मुस्लिम' और 'कमजोर एवं जेहादी मुस्लिम'। यदि ऐसा हुआ तो अन्त में दो युद्धरत पक्ष उठ खड़े होंगे, जिनमें से एक का नेतृत्व सं.रा. अमेरिका और दूसरे का चीन करेगा। फ्रांस, जर्मनी, रूस और भारत जैसे देश मिलकर एक तीसरा समूह बना लेंगे तथा अमेरिका एवं चीन के बीच के शीत युद्ध का सही और गलत लाभ उठाएँगे या फिर इस्लाम के जेहादी प्रयत्नों के कारण सारा संसार आतंकित रहेगा—विशेषतः अमेरिका। तब अन्तिम बहस दो विकल्पों पर होगी, इस्लाम के समक्ष आत्मसमर्पण कर दो और सारी दुनिया को मुसलमान बना दो या अमेरिका का भौतिक व्यक्तिवाद अपना लो तथा तथाकथित इस्लामी ब्रदरहूड से लड़ते रहो। इस बीच जापान की आर्थिक सहायता से चीन वास्तविक एवं तथाकथित बुद्धवादी समूहों को एकत्रित करने का समानान्तर प्रयास करता रहेगा।

यदि धरती के भविष्य की यही विविध सम्भावनाएँ हैं तो धरती 'नर्क' बन जाएगी, 'स्वर्ग' नहीं। इस सतत विस्तारित होते हुए नर्क से बचने का क्या उपाय हो सकता है? क्या यह उपचार व्यावहारिक सम्भावना है या मात्र दिवास्वप्न? क्या फिर से ईश्वर का कोई अवतार होगा, जो इस धरती को स्वर्ग में बदल देगा और इसलिए हम सब धैर्यपूर्वक उसकी प्रतीक्षा करें तथा कोई पूर्वी कार्यवाही न करें? क्या हम भारतीय (या हिन्दू) प्रसन्न हों कि मुसलमानों और ईसाइयों के बीच दुनिया-भर में जंग छिड़ गई है? और चीन तथा जापान इन समूहों में शामिल हो जाएँ, जिससे कि 'बुद्धवादी' आन्दोलन भी कमजोर पड़ जाए। विकल्प के तौर पर क्या भारतीयों को तकनीकी एवं भावनात्मक रूप से सामने आकर विश्व की रक्षा करनी चाहिए और उसे वास्तविक, सम्पूर्ण तथा भागीदारितायुक्त

समृद्धि की ओर ले जाने के लिए उसका नेतृत्व करना चाहिए? इस अन्तिम प्रश्न का उत्तर मेरे मतानुसार 'हाँ' है-भारतीय ऐसा कर सकते हैं, यदि वे कृष्ण की बुद्धि को अपनाएँ, उसे आत्मसात करें और उसे लागू भी करें। कृष्ण की यह बुद्धि (अध्यात्मवाद तथा व्यावहारिक भौतिकवाद का मिश्रण) की क्रमबद्ध रूप से और शीघ्रता से पुनर्स्थापना की जानी चाहिए। आज के हिन्दूवाद या 'हिन्दुत्व' का पुनर्निरीक्षण, इस्लाम, ईसाइयत, बुद्धवाद तथा साम्यवाद और समाजवाद जैसे सामाजिक-आर्थिक प्रतिमानों के ढाँचों के साथ करना होगा।

धरती का भवितव्य सुरक्षित, पवित्र तथा सुदृढ़ होगा, यदि हम एक पावन चक्र की रचना करना आरम्भ कर दें :

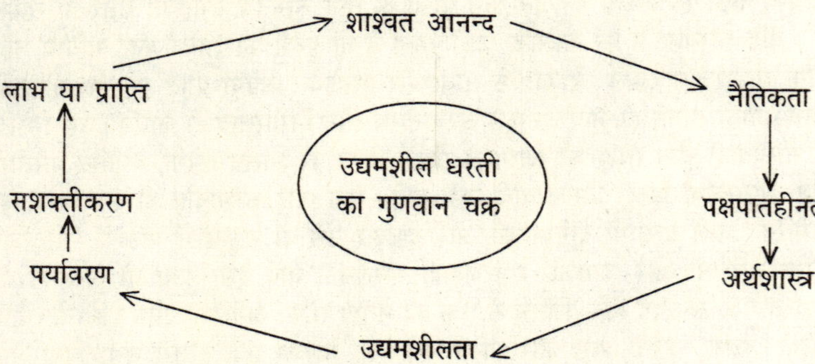

हमें धरती शब्द का नया अर्थ गढ़ना होगा। यह नया अर्थ हमें उस 'वैश्विक धर्म' की ओर ले जाए, जो हजारों वर्ष पहले एक वास्तविकता था। वैश्विक धर्म हमारे सामूहिक जीवन की सम्पूर्ण परिभाषा हो। यह हमें वैश्विक नागरिकों में परिवर्तित कर दे। ऐसा धर्म जो अर्थपूर्ण ढंग से हम सब को आपस में जोड़े, वही हमारे सभ्य आचरण की श्रेष्ठतम शैली होगा। इसमें इस्लाम के 'सामूहिक बलप्रयोग' या ईसाइयत के 'अति व्यक्तिवाद' के लिए कोई स्थान नहीं होगा। उसमें बुद्धवाद की नीरस, प्रेरणाहीन विशेषताएँ नहीं होंगी। उसमें वर्तमान हिन्दू जाति प्रथा की जटिलताएँ नहीं होंगी। उसमें जैन धर्म द्वारा रचित 'अहिंसा' की भ्रमित अवधारणा का भी दोष नहीं होगा, जो अन्यथा एक अनुशासित धर्म है। वैश्विक धर्म द्वारा क्रियाशील गुणवान चक्र की संरचना में यहूदी धर्म के प्रतिबंधात्मक एवं नस्लीय दोष के लिए भी जगह नहीं होगी।

सभी के लिए धर्म के लिए जरूरी है कि धरती को यह अर्थ दिया जाए :

ई – इक्विटी अर्थात् न्याय्यता या पक्षपातहीनता

ए – ए.डी.के.सी. बेस्ड ऑन प्रॉडक्टिविटी एंड क्रिएटिविटी (उत्पादकता तथा क्रियाशीलता पर आधारित पर्याप्तता)

आर – रैशनेलिटी अर्थात् साइंटिफिक रीजनिंग (तर्कसंगतता अर्थात् वैज्ञानिक तार्किकता)

टी – टालरेंस बेस्ड ऑन सेक्रिफाइस एंड डिटैचमेंट (त्याग एवं अनासक्ति पर आधारित सहिष्णुता)

एच – हैप्पीनेस विथ परपेचुअल सस्टेनेंस (निरन्तर एवं स्थायी सुख) सनातन धर्म की पवित्र एवं शाश्वत संरचना (अर्थात् जीवन जीने का शाश्वत और आदर्श मार्ग) धरती के इसी अर्थ पर आधारित थी। कुछ दृष्टांत यहाँ उल्लेखनीय हैं :

'एकं सत, विप्र बहुदा वदन्तिः' ईश्वर के विषय में सत्य एक ही है, यद्यपि विद्वज्जनों ने उसे अलग-अलग प्रकार से परिभाषित किया है। यह विचार हमें पक्षपातहीनता की अवधारणा की याद दिलाता है कि हम सब उसी परम चेतना से संबद्ध हैं।

'नहि ज्ञानेन सदृश्यं पवित्रामिः विद्यतेः' ज्ञान से अधिक पवित्र कुछ भी नहीं है। ज्ञान से तर्कसंगतता तथा उत्तरदायित्व आते हैं। दूसरे शब्दों में, वह वैज्ञानिक स्वभाव।

'सर्वेपि सुकिनाः संतु, सर्वे संतु निरामयः' सभी सुखी रहें। यदि सभी सुखी रहेंगे तो हम सभी पर्याप्त समृद्धि का उपभोग करेंगे। इसका अर्थ प्रत्येक वस्तु की पर्याप्तता, सबके लिए से है।

'सच्चिदानन्द अर्थात् सत+चित्+आनन्दः' मन का वास्तविक सुख। हम सबका लक्ष्य अक्षुण्ण सुख होना चाहिए।

'वसुधैव कुटुम्बकम्ः' समस्त संसार एक परिवार है। यदि हम सब को इस एक परिवार का सदस्य होना है तो यह अत्यन्त स्वाभाविक तथा उचित है कि हम एक-दूसरे का सम्मान करें और इसलिए अपनी सहिष्णुता की सीमा में सुधार करें।

वह धर्म जो शाश्वत है और इसलिए जिसका न आदि है न अन्त है, वह सनातन धर्म है। वह शाश्वत है, क्योंकि वह मानवता के चार मूल तत्त्वों पर आधारित है। ये तत्त्व हैं--समृद्धि, नमनीयता, जवाबदारी और आध्यात्मिकता। सभी के लिए समृद्धि सुनिश्चित करना है कि मैं ठीक हूँ, आप ठीक हैं को सदा कार्यान्वित करना चाहिए। आज के अमेरिकियों के पास यह समृद्धि है जो अमेरिका की सीमाओं तक ही है। ऐसा इसलिए है क्योंकि इस समृद्धि का अधिकांश भाग आध्यात्मिकता की स्वीकृति से वंचित है, बल्कि यह समृद्धि अविकसित देशों के मिलावटी शोषण पर आश्रित है। अविकसित मुस्लिम देशों में अमेरिका के प्रति घृणा बढ़ती जा रही है क्योंकि मुसलमान इस्लाम की प्रतिबंधकारी एवं बलात थोपे जानेवाले अभ्यासों के कारण तकनीकी दृष्टि से बहुत पिछड़े हैं। इस्लाम कभी नमनीय नहीं रहा। नमनीयता न होने के कारण इस्लाम हमेशा प्रगतिवादी सड़ाँध की बाड़ पर बैठा रहा। अतः आज के युवा मुस्लिम अत्यन्त भ्रमित एवं हताश हैं। इन इस्लामी मुल्कों के मौलवी और सियासती नेता उनकी इस भगनाशा को पश्चिम के सं.रा. अमेरिका, इंग्लैंड, फ्रांस, जर्मनी जैसे विकसित देशों की ओर मोड़ रहे हैं। मुस्लिम हताशा का एक और कारण यह है कि 'इस्लामिक ब्रदरहुड' को अमेरिका के नेतृत्व में ईसाई देश मिलकर लगातार चुनौती दे रहे हैं। सऊदी अरब, कुवैत, पाकिस्तान जैसे देश पहले से ही अमेरिकी खेमे के सदस्य हैं और पाश्चात्य किस्म की

समृद्धि का आनन्द ले रहे हैं जो इस्लामी ढांचे के बाहर की है। जब अमेरिका और इंग्लैंड ने इराक को नष्ट-भ्रष्ट कर दिया, तब अधिसंख्य इस्लामी देश मौन दर्शक बने रहे। दूसरे शब्दों में 'इस्लामिक ब्रदरहुड' असफल हो गया है। इसे असफल होना ही था, क्योंकि इस्लाम की संरचना और व्याख्या सदा अन्दर से दबाव वाली और परस्पर विरोधी रही है।

हिन्दूवाद की नवीनतम संरचना और परिभाषा भी निम्न वर्ग के हिन्दुओं के लिए अपर्याप्त जवाबदारी की मिसाल पेश करती नजर आती है क्योंकि हिन्दू नेता भ्रष्टाचार की अनदेखी करते आए हैं। यदि हिन्दू सनातन धर्म को सारे विश्व में पुनर्स्थापित करना चाहते हैं तो उन्हें सातों प्रकार के भ्रष्टाचारों को उखाड़ फेंकना होगा, जिन्होंने भारतीय समाज को शक्तिहीन कर दिया है तथा साधनविहीन लोगों के जीवन को दुष्कर बना दिया है। इन सात प्रकार के भ्रष्टाचारों ने हिन्दुओं को नकारात्मक निराशावादी और निर्धन बना दिया है। इस समग्र भ्रष्टाचार का सबसे खराब प्रभाव उस दुष्चक्र में परिलक्षित होता नजर आता है कि नब्बे प्रतिशत हिन्दू बड़े निर्दोष ढंग से मानते हैं कि कोई भगवान ऊपर से उतर कर उनकी सहायता करेगा। यादव अपने प्रारब्ध से बच नहीं सके, जिसे उन्होंने अपने आलस्य के कारण स्वयं आमंत्रित किया था, जब कृष्ण ने अपना नश्वर शरीर त्याग दिया। हिन्दुओं को अपने अन्दर के कृष्ण को जागृत करना होगा और सम्पूर्ण सुधार के लिए एकजुट होकर प्रयास करना होगा।

सात प्रकार के भ्रष्टाचार हैं-आर्थिक, राजनीतिक, वैचारिक, सांस्कृतिक, सामाजिक, बौद्धिक और संस्थित। बुद्ध के कर्म सिद्धान्त या कृष्ण के कर्मयोग के अनुसार हिन्दुओं ने अपने सत्वगुणों में सामूहिक रूप से मिलावट की और रजोगुण को अपना लिया। इस अवनति के कारण जटिल व कठोर जातिप्रथा का सूत्रपात हुआ। जो लोग अपने कृत्यों या भागय की त्रुटि से बेहतर स्थिति में थे, उन्होंने जाति आधारित श्रेष्ठता के स्व-विनाशक को स्थापित किया। इस वैचारिक भ्रष्टाचार की झलक लोगों के उस विश्वास में प्रतिबिंबित हुई जब उन्होंने स्वीकार किया कि राजा कभी कोई गलती नहीं कर सकता, क्योंकि वह भगवान विष्णु का अवतार होता है। जातियों में बँटा समाज, विदेशी आक्रमणों का सामना नहीं कर पाया तो इसमें कोई अचरज की बात नहीं है। बड़ी संख्या में गरीब हिन्दू या तो जोर-जबरदस्ती से, भ्रमित होने के कारण या पैसा पाकर धर्म परिवर्तन कर मुस्लिम या ईसाई हो गए। इन नए धर्म-परिवर्तन करनेवालों के कारण भारतीय राजनीति तथा सामजिक-आर्थिक व्यवस्था और अधिक भ्रष्ट हो गई। दोनों विकसित देशों अमेरिका एवं इंग्लैंड तथा पाकिस्तान, अफगानिस्तान और चीन जैसे अनुत्तरदायी देशों ने इसे भारतीय भ्रष्टाचार का पूरा लाभ उठाया।

हिन्दुओं को अब अपनी मौलिकता की ओर लौटना होगा और परिपक्व समाज का निर्माण करना होगा। चार मूलभूत सिद्धान्त जो मिलकर इस पूर्ण परिपक्वता को आकार देते हैं, उन्हें इस प्रकार समझा जा सकता है :

मूल्य चालक ——> आध्यात्मिकता, समृद्धि, नमनीयता, जवाबदारी

↓ ↓

मूल्य ——> पवित्रता, न्याय्यता, एकता, उत्पादकता

हिन्दुओं की यही परिपक्वता पृथ्वी के स्वर्गिक भविष्य के लिए सर्वाधिक निर्णायक तत्त्व होगी। पुनः प्रश्न उठता है कि केवल हिन्दुओं की परिपक्वता ही धरती के महान भविष्य के लिए निर्णायक क्यों होगी, अन्य धर्मों और पंथों की क्यों नहीं? इस प्रश्न का उत्तर है तो सीधा परन्तु बहुत सरल नहीं है। पश्चिम स्वीकार करे या न करे, कुछ सहस्त्र वर्ष पूर्व एक अत्यन्त परिपक्व सभ्यता का शुभारंभ भातरवर्ष (आर्यावर्त) के नागरिकों द्वारा किया गया था, परन्तु परिपक्वता स्थायी एवं मजबूत तब होती है, जब उस पर पुनर्विचार किया जाए, सुधारा जाए, ऊर्ज्वसित किया जाए और बचाकर रखा जाए। महाभारत के काल में काफी कुछ वैज्ञानिक ऊष्मा उपचार किया गया था। कोई चाहे तो तब के सामाजिक नियमों, महिलाओं का सम्मान, वैज्ञानिक प्रयोगों, युद्ध आधारित तकनीक एवं रणनीतिक प्रबन्धन की सुस्थापित बुद्धि के विषय में महाभारत से जानकारी प्राप्त कर सकता है। रणनीतिक प्रबन्धन के सिद्धान्तानुसार किसी भी तुलनात्मक लाभ को बचाकर रखा जा सकता है, यदि उसमें सुधार किया जाता रहे या उसके स्थान पर किसी अन्य तुलनात्मक लाभ को प्रतिष्ठित किया जाए। प्राचीन कालिक हिन्दू इस सिद्धान्त को भूल गए और शनैः शनैः अपनी भौतिक श्रेष्ठता को पश्चिम के हाथों खो बैठे। हमें स्वीकार करना होगा कि पश्चिम ने रणनीतिक अंदाज में चर्च को भौतिक विकास से पृथक कर दिया, बल्कि बाद में उसी प्रगति का उपयोग 'यीशु द्वारा अर्पित समृद्धि' के रूप में किया गया। मध्य पूर्व के अरब यीशु के अदृश्य हाथों से सहमत नहीं होंगे, किन्तु वे भौतिक समृद्धि के लिए पश्चिम द्वारा किए गए उपायों को स्वीकार करते हैं। पश्चिम ने पेट्रो-डालर्स के द्वारा अरबों के लिए खोल दिए और परोक्ष रूप से पश्चिम-सह-ईसाई प्रभाव को स्थापित कर दिया। जब पश्चिम आगे बढ़ रहा था तब पूर्व अतिवादी कर्मकांडों में फँसा था तथा पुनः ऊर्ज्वसितीकरण का कोई सार्थक कार्य नहीं किया।

आज पश्चिम कहाँ पर खड़ा है? लगभग पूर्व के समतुल्य, जो भौतिक दृष्टि से अल्पसंतोषी रहा आया और इसलिए अनेक शताब्दियों तक स्वार्थ केंद्रित बना रहा, लेकिन आज के पश्चिम और आज के पूर्व में बड़ा अन्तर हिन्दुओं की निहित आध्यात्मिक दृढ़ता है। यह मजबूती ज्यामितीय रूप से बढ़ सकती है, क्योंकि हिन्दुओं के पास एक और समानान्तर तथा तुलनात्मक फायदा यह है कि वे अत्यधिक नमनीय, सहिष्णु तथा दूसरों को आत्मसात रखने का गुण रखते हैं। हिन्दू हर जगह औरों से बढ़कर हैं—आक्रामक अमेरिका में, दंभी इंग्लैंड में, कट्टर सऊदी अरब में तथा भ्रमित दक्षिण-पूर्वी देशों में। यही हिन्दु पहले विश्व-व्यापार संगठन की योजनाओं से सामंजस्य स्थापित करने में संकोच कर रहे थे, किन्तु बाद में वे समझ गए कि ये योजनाएँ वस्तुतः 'वैश्विक अवसर' हैं। व्यवस्थित तथा राजनीतिक भ्रष्टाचार न तो भारतीयों को रोक सका है, न रोक सकेगा।

— —

वर्तमान भारत के युवा (अपने पारंपरिक व्यवधानों के बावजूद) तेजी से विश्व खेल के नियम सीख रहे हैं। यदि विश्व एक परिवार हो गया है, तो हिन्दुओं को अपनी नमनीयता के चलते अनेक जटिल मामलों पर बहुमुखी रवैया अख्तियार करना पड़ेगा।

दूसरे मोर्चे पर मुस्लिम, पश्चिमी ईसाई, बुद्धवादी और यहूदी नमनीयता सूची में बहुत निचले क्रम पर हैं। इसलिए अपनी स्व-निर्मित समस्याओं सहित हिन्दू ही विश्व प्रशासन के लिए श्रेष्ठतम विकल्प हैं। सनातन धर्म को उसके पवित्रतम रूप में पुनर्स्थापित करना होगा। ऐसी पुनर्स्थापना तभी सम्भव होगी, जब हिन्दू परिपक्वता के ताने-बाने में अपनी स्थिति में द्रुतगति से निम्नानुसार सुधार करें :

आध्यात्मिकता

— +

\+

केवल भौतिक प्रगति		उच्चतम सम्पूर्ण परिपक्वता
	औसत	
सबसे निचले क्रम की परिपक्वता		केवल आध्यात्मिक प्रगति

उत्तरदायित्व — समृद्धि

— —

नमनीयता

हिन्दुओं को अपनी वर्तमान शक्तियों को बचाकर रखते हुए, अन्य धर्मों एवं पंथों में पाए जानेवाले सद्‌गुणों को अंगीकार, ग्रहण व आत्मसात करना होगा (जो कभी शुद्ध सनातन धर्म में पाए जाते थे)। इसका सरल स्पष्टीकरण निम्नानुसार प्रस्तुत किया जा सकता है :

— इस्लाम का आंतरिक बंधुत्व (इसे महिलाओं के पूर्ण सशक्तीकरण द्वारा और मजबूत बनाना होगा)

— बुद्ध की सरल पक्षपातहीनता (इसे सामूहिक उद्यमशीलता द्वारा और वास्तविक बनाना होगा)

— ईसाइयत की वैयक्तिक स्वतंत्रता (इसे सामाजिक उत्तरदायित्व द्वारा युक्ति युक्त बनना होगा)

— यहूदियों के भौतिक प्रदर्शन की निरन्तरता (इसे वैश्विक सहभागिता द्वारा पुष्ट करना होगा) और

— जैन महावीर का इच्छामन सिद्धान्त (इसे सामूहिक व्यवहार से मजबूती प्रदान करना होगा ताकि अन्य देशवासी भी इस विद्या में संपन्न हो सकें)।

निःसंदेह हिन्दू इस वैश्विक संगम का सफल प्रदर्शन कर सकते हैं जो अन्ततः विश्व

धर्म के रूप में आकार लेगा। यदि विश्व व्यापी परम चेतना की सही अवधारणा को पुनर्स्थापित करना है तो ऐसा संगम अपने आप बन जाना चाहिए। यहाँ मुझे शिकागो में स्वामी विवेकानन्द के उद्‌बोधन की याद आती है, जब उन्होंने कहा था, "मेरे प्यारे भाइयो और बहनो! हम यहाँ विश्वव्यापी में विलीन होने के विविध उपायों एवं मार्गों पर विचार करने के लिए एकत्रित हुए हैं जो हमारा अन्तिम पड़ाव है।" स्वामी जी ने अपने विचार कुशलतापूर्वक रखे और उस विशाल जनसमूह को चेतावनी दी कि किसी एक धर्म का मुक्ति या परम तत्त्व में विलीनता का दावा करना गलत होगा। हिन्दुओं का 'अलम', मुस्लिमों का 'अल्लाह' और ईसाइयों का 'ऑल माइटी' को सरल रूप में ईश्वर कहा जाना चाहिए। यही ईश्वर नितांत परिपक्व मनुष्य की परिभाषा है। अन्तस के ईश्वर की खोज सनातन धर्म के प्राचीन पूर्वजों ने की थी। ईश्वर की यह अवधारणा नौ कारणों से आवश्यक है :

ईश्वर मनुष्य के आगे बढ़ने का चरम बिन्दु है। (यह चेतना का परम चेतना में रूपांतरण है)। यदि परमात्मा एक है और वह कोई भी रूप धारण कर सकता है (क्योंकि वह सर्वशक्तिमान है), तो हमें आपस में मिलाता है। उसके पश्चात् यह हमारा उत्तरदायित्व है कि हम उस एकता को बनाए रखें। ईश्वर हमारे क्रियाकलापों और आदतों का अदृश्य संचालक है और वह हो भी सकता है। इस संचालन से वैयक्तिक तथा सामूहिक दोनों स्तरों पर उच्च नैतिक व्यवहार सुनिश्चित हो सकेगा। यदि वैज्ञानिक आचरण को अक्षुण्ण रखना है और उसका उपयोग तमाम अनुत्तरित प्रश्नों का उत्तर ढूँढ़ने के लिए करना है तो हमारे प्रयत्न उस दैवी शक्ति के साथ एकीकृत हो जाने चाहिए। हमारे अन्दर की ईश्वरीयता को चाहिए कि वह हमारे सारे संदेहों को दूर कर हमें उचित उत्तर दे।

गौतम बुद्ध ने अपने कर्मसिद्धान्त के लिए 'प्रारब्ध के सिद्धान्त' को आधार बनाया। कृष्ण ने उनसे भी आगे प्रारब्ध को बदलने की संभावना को रेखांकित किया था। कृष्ण स्वयं इस सम्भावित पूर्व-परिभाषित प्रारब्ध से पीड़ित हो सकते थे, परन्तु उन्होंने विवेकपूर्ण ढंग से अपने भाग्य को बदला। वे गोपी, गोपाल और गोवर्धन से गोविंद होते चले गए। स्वानुभूति आध्यात्मिक प्रक्रिया द्वारा सुगम हो सकती है। आध्यात्मिक प्रक्रिया सर्वव्यापी के अस्तित्व को मान कर चलती है। वैयक्तिक आकांक्षाओं तथा तत्सम्बन्धी कुशलता को उत्साहित करने हेतु स्व-सम्मोहन के तर्कसंगत प्रयोगों का काफी चलती है। यदि हम रूप-सम्मोहन के जरिए स्व-उत्थान को वैज्ञानिक पैमानों से नापने का प्रयास करें तो बड़े रोचक निष्कर्ष पर पहुँचते हैं कि स्व-उत्थान अन्ततः हमें उस स्थिति तक ले जाएगा कि हम उस धारणा से सहमत हो जाएँ कि हम मानव होने की सर्वाधिक परिपक्व परिभाषा में समाहित होना है। अब यह उच्चतम श्रेणी भी परिपक्वता और कुछ नहीं अपितु परम-चेतना की प्राच्य अवधारणा ही है। परमात्मा का अस्तित्व, हमारे विचारों और व्यवहार पर उसका प्रभाव ये सब बातें व्यक्ति के स्वानुभाव तथा अनुभूति की अवधारणाएँ हैं। धार्मिक कर्मकांड उस सर्वव्यापी की अनुभूति को

सरल बनाने के क्रमबद्ध प्रयास हैं। हिन्दुत्व ने व्यक्ति को यह स्वतंत्रता देकर श्रेष्ठ कार्य किया है कि वह अपने ईश्वर तथा उसके प्रभाव को स्वयं परिभाषित करे तथा उचित निर्णय ले। यदि सामूहिक व व्यक्तिगत प्रयासों की निरन्तरता को सुनिश्चित करना है तो प्रेरणात्मक स्रोत की निरन्तरता को भी सुनिश्चित करना होगा। ईश्वर की अवधारणा ही अपने आप में प्रेरणा का अनंत स्रोत है।

सनातन बुद्धि में सर्वाधिक परिपक्व (इसलिए अत्यन्त नमनीय) ईश्वर सम्बन्धी अवधारणा की ओर ले जाती है। यदि ईश्वर का हममें निवास है वैयक्तिक और सामूहिक रूप से, तो व्यक्ति उसे अपने माता-पिता में देख सकता है या किसी को वह निर्धनों में दिखाई दे सकता है। इसीलिए महात्मा गांधी ने गरीब अस्पृश्यों को 'हरिजन' कहा अर्थात् वे लोग जो हरि के हैं और हरि जिनसे प्रेम करते हैं। इसलिए कोई व्यक्ति ईश्वर के उस रूप को स्वीकार नहीं भी कर सकता है जो मंदिरों और चित्रों में नजर आता है। फिर भी उसे ईश्वर के प्रति आस्थावान कहा जा सकता है, क्योंकि वह उसके दर्शन अपने काम में, अपने अभिभावकों में या स्वयं अपने अन्तस में करता है। हिन्दुओं ने नमनीयता का उच्चतम प्रदर्शन किया, क्योंकि ईश्वर की उच्चतम अवधारणा तक पहुँच सके। इसलिए एक औसत हिन्दू इस पर विश्वास नहीं करेगा कि परमात्मा मस्जिद या गिरजाघर में भी है। एक गम्भीर प्रश्न पर यहाँ विचार करना समीचीन होगा कि क्या मुस्लिम, ईसाई और बौद्ध भी ईश्वर के व्यापक दृष्टिकोण के प्रति उतने ही नमनीय हैं? उत्तर एक ही है—'नहीं'। इसका कारण मात्र यह है कि इन लोगों के विचार और सिद्धान्त ईश्वर तथा ईश्वर के समर्थकों की सख्त और ऐकांतिक परिभाषा पर आधारित हैं। इसीलिए अन्त में मैं पुनः दोहराना चाहूँगा कि यह हिन्दुओं की सभी को अपने में समाहित करने की नमनीयता है, जो उन्हें इस बात की पात्रता प्रदान करती है कि वे सर्वधर्म संगम की प्रक्रिया में विश्व का नेतृत्व करें। इसलिए संसार का भविष्य हिन्दुओं की पहल पर बहुत कुछ निर्भर है।

हिन्दुओं को अपनी पहल कतिपय समानान्तर मोर्चों पर करनी होगी। इतना समय नहीं है कि हम प्रयोग करते रहें या दूसरों द्वारा की गई पहल को देखते रहें। सबसे पहला कदम हिन्दुओं के लिए यह होगा कि वे सही मायनों में वैश्विक धर्म की सरल और फिर भी व्यापक संरचना की स्पष्ट कल्पना करें और उसे स्थापित करें। हिन्दुत्व या सनातन धर्म का शुद्धीकरण होना चाहिए तथा उसके वर्तमान व्यवस्थित दुर्गुणों को दूर करना होगा। ऐसे वैश्विक धर्म का सशक्त और विशुद्ध रूप स्वर्ग एवं ईश्वर की आध्यात्मिक, फिर भी वैज्ञानिक परिकल्पना पर आधारित होना चाहिए। स्वर्ग या सु-वर्ग और कुछ नहीं केवल परिपक्व सभ्यता का श्रेष्ठतम रूप है और हम मानव स्वयं ईश्वर बन सकते हैं, यदि हम परिपक्व मानवों के उच्च आदर्शों के अनुसार आचरण करना आरम्भ करें। महाभारत में ऐसे कई प्रसंग हैं, जो सिद्ध करते हैं कि अर्जुन, युधिष्ठिर, भीम, कर्ण, भीष्म तथा कृष्ण जैसे महामानवों की पहुँच देवताओं तथा स्वर्ग तक थी।

हिन्दू धर्म के अलंकरण के पश्चात् जब उसका शुद्धीकरण किया जाए, तब

निम्नांकित छह प्राथमिकताओं का ध्यान रखना होगा :

(1) जाति और मतों के अन्तर को पूरी तरह समाप्त करते हुए ऐसी सुविधात्मक पद्धति बनानी होगी जो प्रत्येक हिन्दू को सम्पूर्ण पुरुष में बदल दे। (2) महिलाओं का पूर्ण सशक्तीकण—विशेषतः जो सुविधाविहीन परिवारों की हैं—ऐसा सशक्तीकरण तभी सम्भव हो सकता है, जब स्त्रियों को पुरुषों के समकक्ष माना जाए तथा उन्हें वे समस्त सुविधाएं और अवसर दिए जाएँ जिससे वे स्वतंत्र एवं सक्षम स्थिति प्राप्त कर सकें। (3) सभी प्रकार के भ्रष्टाचारों को जीवन के हर क्षेत्र से समाप्त किया जाए—आरंभिक दौर में राजनीतिज्ञ, नौकरशाह तथा व्यापारिक घराने इसका विरोध करेंगे। इसकी सीधी वजह यह है कि भ्रष्टाचार सत्ता एवं समृद्धि का सबसे सरल तथा आसान रास्ता है। (4) अवांछनीय, अनुत्पादक, असहज तथा खर्चीले सांस्कृतिक एवं धार्मिक अनुष्ठानों को तत्काल रोका जाए। हिन्दू धर्म को सरल तथा सरस बनाने के लिए ऐसा करना नितांत आवश्यक है। तकनीकी और आर्थिक आपातस्थिति के युग में हिन्दुओं को चाहिए कि वे वैज्ञानिक एवं सामाजिक विकास पर ध्यान केंद्रित करें। (5) तकनीकी, आर्थिक तथा उद्यमशील शिक्ष्ज्ञा का तीव्र विकास-अंग्रेजों के समय के 'लिपिक' निवेश की जगह उद्यमशील बुद्धि को वरीयता देनी होगी जिससे धनार्जन के वृहद आन्दोलन को क्रियाशील किया जा सके। (6) जो लोग हिन्दू धर्म की अवधारणा से सहमत हैं और उसे अपनाना चाहते हों, उन्हें इस हेतु सुविधाएँ प्रदान की जाएँ, क्योंकि उनकी अन्तिम यात्रा को हम सबके साथ वैश्विक धर्म के लक्ष्य तक पहुँचना है।

जब तक उपरिवर्णित छह प्राथमिकताओं का कार्य संपादित हो, सनातन धर्म के निम्नांकित गौरवशाली घटकों पर क्रमबद्ध ढंग से शोध किया जाए, उन्हें पुनर्स्थापित तथा पुनर्जीवित किया जाए : (1) आयुर्वेद सहित प्राचीन वनस्पतिशास्त्र उपचार, जिसका उपयोग विभिन्न कबीले करते हैं। (2) योग शास्त्र (ब्रह्मविद्या) जो मस्तिष्क और शरीर एवं मन तथा आत्मा के बीच सामंजस्य स्थापित करती है। (3) वैदिक गणित तथा उसके तमाम प्रयोगों द्वारा जटिल कलन गणित का समाधान।

ज्योतिष शास्त्र एवं उसकी विविध शाखाएँ, अंक विज्ञान सहित अविभाजित हिन्दू परिवार की परिवार प्रशासन प्रणाली तथा पारस्परिक सम्बन्धों की स्व-प्रेरित बहुमूल्य पद्धति। हिन्दू विवाह एवं वैदिक क्रियाएँ—उनकी वैज्ञानिक व्याख्या तथा शिशु-जन्म से लेकर वृद्ध मनुष्य के मृत्यु तक के संस्कार की व्याख्या। महिलाओं व वरिष्ठ नागरिकों द्वारा चालित ग्राम स्तर पर सार्वजनिक प्रशासन व्यवस्था।

प्राचीन लेखा व नियंत्रण पद्धति सहित व्यापार प्रशासन व्यवस्था। शास्त्रीय गायन, वाद्य व नृत्यादि तथा मन, मस्तिष्क, शरीर और आत्मा पर उनका प्रभाव (वैयक्तिक एवं सामूहिक)।

इन घटकों की सूची और भी लम्बी हो सकती है। मैंने जिन घटकों का ऊपर उल्लेख किया है, वे केवल दृष्ट और लोकप्रिय घटक हैं, जिनका अधिक प्रभाव है और जो अधिक आकर्षित करते हैं। हिन्दुओं को साथ-ही-साथ 'क्रियात्मक विध्वंस' तथा

पुनरुत्थान सहित पुनर्सशक्तीकरण पर भी काम करना होगा। ऐसा करते समय उन्हें निम्नांकित गुणों को गम्भीरतापूर्वक आत्मसात व ग्रहण करना पड़ेगा, (जिन पर डॉ. अम्बेडकर, आर्य चाणक्य, वीर सावरकर, स्वामी विवेकानन्द तथा आदि शंकराचार्य ने बार-बार चर्चा की है और उनकी अनुशंसा की है)। अधिक ऊँचे और नए लक्ष्यों की प्राप्ति हेतु अथक सामूहिक आकांक्षा। स्वार्थपरता की आदत छोड़कर राष्ट्रीय प्राथमिकताओं को अधिक वरीयता देना। स्वाभिमान को आत्मश्लाघा या अहम् से भ्रमित न करना। अन्य धर्मावलंबियों की आलोचना को आत्मसात करने की योग्यता तथा उन्हें यह अनुभव कराना कि हिन्दू हर अच्छी बात को अपनाते हुए भी अपने अहं ब्रह्मास्मि के दर्शन को नहीं छोड़ सकते।

आर्थिक प्रदर्शन को आध्यात्मिक प्रदर्शन के समकक्ष मानना। यह अत्यावश्यक इसलिए है कि भौतिकवादी जगत आर्थिक शक्ति को ही प्रणाम करना है। विश्वधर्म के प्रतिपादन के लिए प्रभावशाली नेतृत्व की आवश्यकता होगी। ऐसा प्रभाव तब अत्यन्त गम्भीर होगा जब वह दृष्ट एवं मापनीय आर्थिक शक्ति से समर्थित होगा। कृष्ण ने द्वारका का निर्माण किया, जिससे उनकी विश्वसनीयता एवं प्रभाव में वृद्धि हुई।

जीतने के लिए आवश्यक आदतें डालना, साथ ही क्षमावान भी होना, जिससे कि मूल्यचालकों का तंत्र विस्तारित हो।

कदाचित यह कार्यक्रम अव्यावहारिक प्रतीत होगा, क्योंकि हममें से कुछ लोग निराशावादी हैं और मानकर चलते हैं कि भारत और हिन्दू अब इतने बिगड़ गए हैं कि उन्हें सुधारा नहीं जा सकता परन्तु कृष्ण का कर्मयोग तथा बुद्ध के कर्मसिद्धान्त ने कहा है कि मनुष्य को अपने भाग्य का निर्णय करने हेतु अथक प्रयत्न बिना रुके करते रहना चाहिए। यहूदी सदियों तक भूमि के एक टुकड़े के लिए प्रयास करते रहे और उसे पाकर रहे। इस्लामी देशों की सही और गलत रणनीतियों के बावजूद उन्होंने हार नहीं मानी। इन्हीं यहूदियों को नाजियों ने चकनाचूर कर दिया था, परन्तु उन्होंने पलटवार किया, क्योंकि उनमें जीवित रहने एवं दूसरों का नेतृत्व करने की ललक थी। आज का इजरायल अपने भाग्य की व्याख्या करने तथा अपने प्राथमिक लक्ष्य को प्राप्त करने के मामले में निःसंदेह श्रेष्ठ उदाहरण है। अपने भाग्य को बदलने के लिए कृष्ण ने पांडवों का नेतृत्व कौरवों की तमाम कुटिल योजनाओं के विरोध में किया। इस चर्चा के समापन में यही कहना होगा कि प्रगतिशील एवं व्यावहारिक हिन्दू नकारात्मक या निरुत्साहित करनेवाले आलोचकों की ओर ध्यान न दें, जिन्हें परिवर्तन में विश्वास नहीं है। परिवर्तन अवश्यंभावी है। कदाचित परिवर्तन ही निरन्तर होता है। वे धर्म, पंथ तथा जातियाँ जो परिवर्तन की आँधियों, झंझावातों के अनुकूल स्वयं को ढाल न सकीं, उन्होंने सीधे से घुटने टेक दिए और निरस्तित्व हो गए। मैं कृष्ण के परिवर्तन सम्बन्धी प्रयत्नों की बानगी को पुनः दोहराना चाहूँगा। मथुरा के कृष्ण, वृंदावन के कृष्ण से अलग थे और कुरुक्षेत्र की युद्धभूमि के कृष्ण द्वारका के कृष्ण से अलग थे, परन्तु कृष्ण ने अपने कुल प्रदर्शन को कभी नहीं बदला, जिसका सिद्धान्त था कि निरपराधों की रक्षा करो और अपराधी को दंड दो।

'स्व' पर कार्य करते समय व्यावहारिक हिन्दुओं को अन्य धार्मिक समूहों के सम्भावित साथियों की ओर भी देखना होगा। ये साथी मुख्यतः इस्लामी देशों की दबी-कुचली महिलाएँ तथा उन्हीं देशों के दिग्भ्रमित तथा बरगलाए गए युवक हो सकते हैं। इन महिलाओं एवं युवकों को बड़ी सावधानी से उनके सशक्तीकरण तथा समृद्धिकरण की शिक्षा देनी होगी। डॉ. अम्बेडकर तथा महात्मा ज्योतिबा फुले ने हिन्दू स्त्रियों की स्वतंत्रता के लिए अथक परिश्रम किया। ये महिलाएँ धनी एवं निर्धन दोनों वर्गों की होती थीं। दुर्भाग्य से सभी वर्गों और धर्मों में उन्हें गुलामों जैसा व्यवहार मिलता है, भले ही वे शिक्षित हों या अशिक्षित।

परिवर्तन की यात्रा में साथियों के अन्य समूह पश्चिम की निराश महिलाएँ और भ्रमित जापानी महिलाएँ होंगी। पश्चिम की महिलाएँ अपने वैवाहिक मसलों के टिकाऊ ढाँचे के प्रति गम्भीरतापूर्वक विचार कर रही हैं। वे तथा जापानी महिलाएँ अब अपनी 'पारिवारिक शक्ति' की पुनर्स्थापना करने तथा आर्थिक समृद्धि को नया अर्थ देने की इच्छुक हैं। रूसी (पुरुष व महिलाएँ दोनों) ने समझ लिया है कि 'कोई वास्तविक समृद्धि नहीं' का निरर्थक सूत्र बकवास है। यह बड़े विरोधाभास वाली बात है कि 'समृद्ध और असमृद्ध' दोनों प्रकार की महिलाएँ क्रमबद्ध असफलताओं से पीड़ित हैं।

महिलाओं की विकास अनुक्रमणिका में चीन, थाईलैंड तथा श्रीलंका आदि देशों ने भी कोई उल्लेखनीय प्रदर्शन नहीं किया है। चीन के युवक के सामने दो विकल्प हैं, या तो वह विद्रोह करे या अपने शासकों द्वारा तय किए भाग्य को स्वीकार कर ले। इसलिए चीन में जो आर्थिक स्थिति का परिदृश्य दिखाई दे रहा है, वह लोगों की सामूहिक संतुष्टि की गारंटी नहीं दे सकता। चीन, रूस, जापान, अमेरिका, ईरान, पाकिस्तान, सऊदी अरब, इराक, इंडोनेशिया आदि की महिलाओं को आश्वस्त करना होगा कि उनके सशक्तीकरण के अन्य रास्ते भी हैं और वह सशक्तीकरण का वैकल्पिक रास्ता कौन सा है जो भारतीय महिलाएँ (व्यावहारिक पुरुषों के सहयोग से) इन देशों की अपनी बहनों को दिखलाएँगी।

महिलाओं के सशक्तीकरण का वैकल्पिक मार्ग महाभारत में देखा जा सकता है, जिसमें अनेक ऐसे उदाहरण हैं। इनमें से अधिकतर मामलों में हम कृष्ण के क्रांतिकारी विचारों और कार्यों को देखते हैं। उन्होंने द्रौपदी, कुंती, रुक्मिणी, सत्यभामा और सुभद्रा का सशक्तीकरण किया। यशोदा, देवकी और राधा का भी सशक्तीकरण किया। अमेरिकी या जापानी स्त्रियों का आर्थिक सशक्तीकरण अधूरा और अपर्याप्त प्रमाणित हुआ है। भारतीय महिलाओं के सशक्तीकरण को लेकर भी भ्रमपूर्ण स्थिति है। भारतीय आध्यात्मिक एवं सांस्कृतिक साहित्य में भारतीय नारी को महान देवियों के रूप में चित्रित किया गया है। कुछ हद तक गत कुछ सदियों में नारी नेतृत्व के चंद उदाहरण देखने में आए हैं, परन्तु अभी बहुत कुछ करना बाकी है। भारतीय धार्मिक नमनीयता (आर्थिक चिन्ताओं को छोड़कर) ने महिला सशक्तीकरण की विरासत के अनेक ईमानदारी से किए गए प्रयत्नों को रेखांकित किया है। शायद मुस्लिम देशों का स्कोर महिला सशक्तीकरण

के मामले में सबसे नीचे ही नहीं, अपितु नकारात्मक है। इसलिए भारतीय नारियों के सामने बहुत बड़ी चुनौती है। महिला सशक्तीकरण के वैकल्पिक मार्ग को तैयार करने, उसका उपयोग करने एवं उसे सुरक्षित रखने की जो चुनौती है उसे दैवी तंत्र से ही स्वीकार किया जा सकता है। यह तंत्र उसी प्रकार का होगा, जैसा कृष्ण ने अकेले अपने बूते पर रचा था। इस वैकल्पिक मार्ग की जो दैवीय तंत्र के प्रयोग से कारगर होगा, प्रस्तुति इस प्रकार हो सकती है :

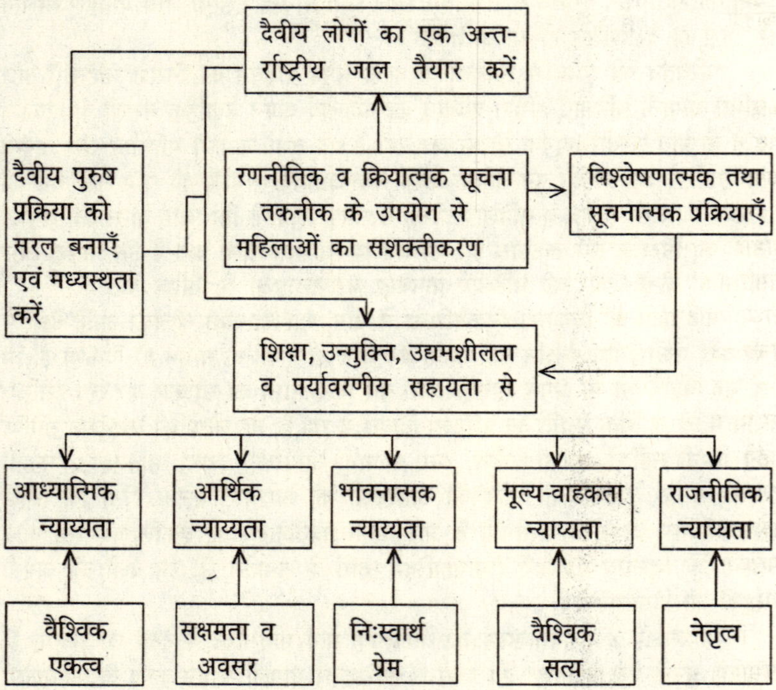

आज के युवकों एवं महिलाओं में परिवर्तन की स्वाभाविक इच्छा है। हममें से अधिकांश पुरुष या तो परिवर्तन के प्रति उदासीन हैं, क्योंकि उन्हें उसकी आवश्यकता नहीं है या उसे सही या गलत तरीकों से चुनौती देते हैं। महिलाओं के सशक्तीकरण के ध्येय को सुदृढ़ता देने तथा युवकों के जागरण के लिए तर्कसंगत संरचना या प्रणाली इस प्रकार हो, ऐसी आवश्यकता है :

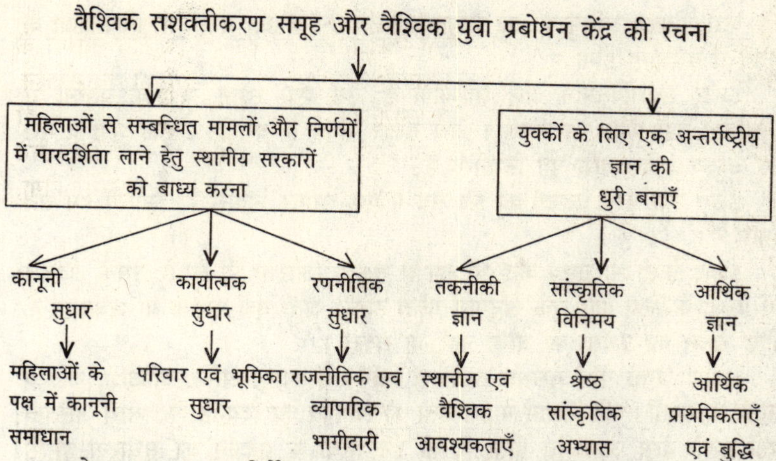

उपरोक्त व्यवस्था का निर्देशन व संचालन अशासकीय संगठनों (एन.जी.ओ.) एवं सामाजिक समूहों द्वारा किया जाए जो वैश्विक नागरिकता पर विश्वास करते हैं। विश्व नागरिकता की मूल और व्यापक परिभाषा में सांस्कृतिक नमनीयता, भौगोलिक सचलता, आध्यात्मिक पक्षपातहीनता तथा भौतिक पवित्रता को शुमार किया जाए। विश्व नागरिक ही अन्ततः वैश्विक कल्याण के वाहक होंगे, जो वैश्विक धर्म की सुदृढ़ नींव पर आधारित होगा।

एक बार फिर हम मुस्लिम महिलाओं और युवकों के प्रश्न की ओर लौटें, जिन्हें इस परिवर्तन के विश्व आन्दोलन से जुड़ना है। इस्लाम और उसके पुरुष अनुयायी नहीं चाहेंगे कि स्त्रियों एवं युवक वैश्विक धर्म के छाते के अन्दर आएं। विविध देशों के अशासकीय संगठनों के रूप में दैवी शक्तियों को इस वैश्विक धर्म की आदर्श विशेषताओं का प्रचार करना होगा कि वे कितनी दृष्ट हैं, अपनाए जाने योग्य हैं तथा उपलब्ध हैं। एक दफा सुविधाविहीन लोग इस परिवर्तन प्रक्रिया के लाभों से अवगत हो जाएं, तो उन्हें अपने साथ लाने में अधिक कठिनाई नहीं होगी।

विश्व धर्म का ढाँचा, वैयक्तिक तथा सामूहिक आकांक्षाओं और अनुशासन की समभारित पर आधारित होगा। इस समभारिता का सरल मॉडल नीचे प्रस्तुत किया जा रहा है :

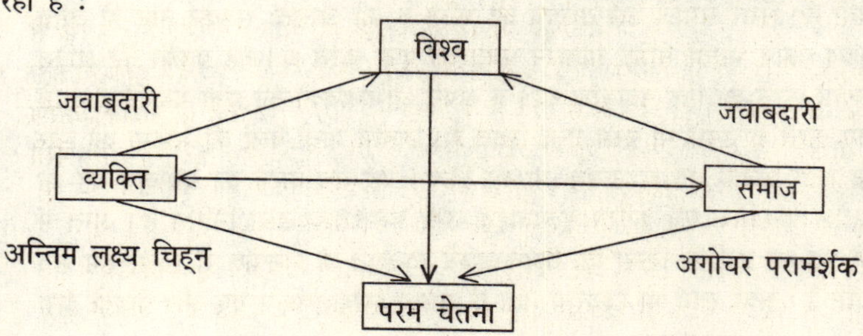

करोड़ों सरल स्त्री-पुरुषों को जागृत कर उन्हें निम्नांकित सरल वास्तविकताओं के विषय में बतलाना होगा :

ईश्वर सर्वशक्तिमान और सर्वव्यापी है, उसे एक स्थान या एक प्रार्थना से प्रतिबंधित नहीं किया जा सकता। सारा संसार पवित्र है, क्योंकि उसका शुद्ध व मूल रूप अदृश्य शक्ति द्वारा पूर्व निर्धारित है।

ईश्वर (या परम चेतना) का हम सब मे एक बराबर निवास है, इसलिए हम सब समान हैं।

ईश्वर किसी भी समय कोई भी रूप ले सकता (और न भी ले) है, उसके अवतार एवं प्रेरणा के लिए कोई एक अनुमान गलत होगा। अतः एक पुस्तक या अवतरण के भीतर ईश्वर की प्रशंसा को बाँधा नहीं जा सकता।

सम्पूर्ण जगत पाँच मूलभूत तत्त्वों से निर्मित हैं—वायु, अग्नि, आकाश, जल व मिट्टी या धरती। यदि विज्ञान ने इस सत्य को स्थापित कर दिया है कि हमारा अस्तित्व इन्हीं तत्त्वों द्वारा आकारित होता है, तो इन तत्त्वों के प्रदर्शन को सुधारना हमारी सामूहिक जवाबदेही होनी चाहिए।

पहले राजनीतिक व्यक्ति-निर्मित विवादों द्वारा परिभाषित कोई राज्य, देश या क्षेत्र नहीं थे। अतः हम सबको पात्रता है कि हम उन सभी जमीनी लाभों का पूर्ण वैधानिक ढंग से आनन्द लें।

यदि मनुष्य अन्य समस्त प्राणियों से अलग है, क्योंकि वह सोच सकता और बदल सकता है, तो उच्चतम श्रेणी की परिपक्वता हमारी इच्छा तथा प्रयत्नों पर निर्भर है कि हम दुर्बलतम मानव की रक्षा करें। इसलिए कमजोर देशों को उनके अपरिभाषित भाग्य के भरोसे नहीं छोड़ा जा सकता। विकसित देशों को इसे समझना चाहिए और उन्हें उस समभारिता की स्थापना हेतु सामने आना चाहिए जिसे ऊपर परिभाषित किया गया है।

कृष्ण, द्वारका, मथुरा, वृंदावन और इन्द्रप्रस्थ के निवासियों को इस बात के लिए आश्वस्त कर सके कि ईश्वर के विविध रूपों की उपयोगी एवं नमनीय कल्पना की जा सकती है तथा उनका आनन्द प्राप्त किया जा सकता है। ऐसा उन्होंने जानबूझकर यह सिद्ध करने के लिए किया कि कट्टरता खतरनाक होती है क्योंकि वह समाज को स्थिर कर देती है। स्थिर समाज उस तालाब की भाँति है, जो अन्ततः सड़कर नष्ट हो जाता है। कृष्ण अपने भक्तों सहित गोवर्धन पर्वत की पूजा करते थे। यह प्रकृति की शक्ति को प्रणाम करने का एक उदाहरण था। वे अपने अभिभावकों की पूजा यह सिद्ध करने के लिए करते थे उनमें भी परम तत्त्व स्थित है। उन्होंने गायों-बैलों की महिमा को स्वर देने के लिए अनेक सार्थक उत्सव आरम्भ किए। यह सब करने का प्रयोजन यह था कि प्रत्येक प्राकृतिक एवं कृत्रिम मूल्यवाहक उसी परम तत्त्व द्वारा निर्मित हैं। अन्त में उन्होंने यह भी प्रदर्शित किया कि अपने-अपने स्व-ज्ञान के अनुपात से ईश्वर हम सब में बसता है। कृष्ण स्वयं भी ईश्वरीय नेता के समान स्वीकृत किए गए और पांडवों द्वारा

महान राजसूय यज्ञ के अवसर पर पूजे गए और आज अधिकांश भारतीयों के लिए कृष्ण ही सर्वाधिक लोकप्रिय तथा प्रेम करने योग्य देवता माने जाते हैं।

नमनीयता का एक अन्य समानांतर उदाहरण प्रकृति से प्राप्त किया जा सकता है। वे अति प्राचीन पशु जिनमें नमनीयता का गुण था, आज भी सक्रिय देखे जा सकते हैं। विशालकाय पशु जिनमें आंगिक कठोरता थी, समाप्त हो गए और इतिहास की वस्तु हो गए। आज के हिन्दू अर्थात् जो कल के सनातन धर्म का पालन करते हैं, प्रचुर मात्रा में लचीलेपन का प्रदर्शन कर रहे हैं और इसीलिए विश्व-भर में सफलताएँ अर्जित कर रहे हैं। हिन्दू दो परस्पर विपरीत सामाजिक-राजनीतिक पर्यावरण—अमेरिकी और अरबी—में अत्यन्त सफल हैं। इससे बड़ी बात पुनः सिद्ध होती है कि केवल हिन्दुत्व ही इस्लाम व ईसाइयत एवं बुद्धवाद और इस्लाम के बीच जोड़नेवाली कड़ी का कार्य कर सकता है।

यदि हम सनातन धर्म के मूल सिद्धान्तों का भारत पर सम्पूर्ण प्रभाव का विश्लेषण करें तो कई बड़े रोचक तथा उपयोगी निष्कर्ष समाने आते हैं। ये निष्कर्ष हमें उस समस्त समाहित प्रादर्श की ओर ले जाते हैं जो सभी वादों को संतुष्ट भी करते हैं और किसी एक वाद के नहीं हैं।

इस अत्यन्त स्वाभाविक मॉडल की अनुकृति, जिसका शताब्दियों तक भारतीयों ने उपयोग किया, निम्नानुसार हो सकती है :

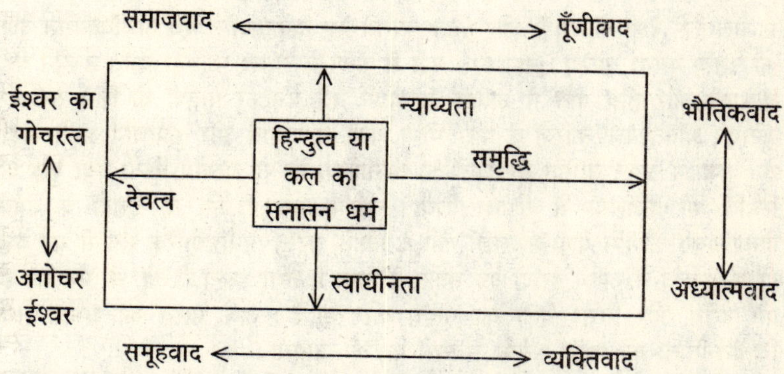

हिन्दुत्व मानव जीवन के सभी संभावित पक्षों को जोड़ता है, समन्वयन करता है तथा ग्रहण करता है। इसलिए जो लोग उसके बाह्य स्वरूप को देखते हैं, वे भ्रमित होकर इस नतीजे पर जल्दबाजी में पहुँच जाते हैं कि वह न तो धर्म है और न ही पंथ है। हाँ, पाश्चात्य शब्दकोश तथा इस्लामी कट्टरता के अनुसार, हिन्दुत्व किसी को विवश नहीं करता कि वह किसी एक मसीहा को माने, किसी एक धर्मग्रंथ को पढ़े या किसी एक पद्धति से पूजा कर सके। हम पहले ही सनातन अनश्वरता की अत्यन्त परिपक्व अवधारणा की चर्चा कर चुके हैं जो हमारे अस्तित्व का विलक्षण गुण है और हमारी परम चेतना का उच्चतम बिन्दु भी है। इसलिए एक सच्चे हिन्दू की भाँति (या विश्व नागरिक

की तरह) मुझे मस्जिद में जाकर अल्लाह की इबादत में नमाज पढ़ने में कोई संकोच नहीं होगा। पुनः सच्चे हिन्दू की भाँति गिरिजाघर या पगोड़ा में उसी सहजता से जा सकूँगा। कृष्ण ने अर्जुन को समझाया था कि लोग सर्वव्यापी को अलग-अलग रूपों में पहचानते हैं और स्वयं को भी भिन्न मानते हैं, परन्तु अन्ततः सभी को उस परम तत्त्व में विलीन होना है। मुझे स्वयं को किसी भी शरीर में जोड़ने में कोई कठिनाई नहीं आएगी। इससे मुझे बहुराष्ट्रीय कंपनियों के सी.ई.ओ. की याद आती है, जो किसी के भी साथ व्यापार कर सकते हैं, कहीं भी और किसी भी शैली में कर सकते हैं। वे प्रत्येक देश में, किसी भी संस्कृति में और किसी भी सत्ताधारी राजनैतिक दल के साथ सहज रहते हैं, क्योंकि उनका ध्यान प्रतिभूतिधारक मूल्य वृद्धि पर रहता है। इसी तर्क के साथ जिन्हें असीम नमनीयता तथा वैश्विकता में विश्वास हो, वे ही इस धरित्री की रक्षा कर सकते हैं और इसे और अधिक रहने योग्य बनाने के लिए उसमें सुधार कर सकते हैं।

इस अध्याय के अन्त में मैं उसके शीर्षक पर लौटता हूँ 'धरती का भविष्य'। 1991 से विश्व व्यापार संगठन (डब्ल्यू.टी.ओ.) की गतिविधियाँ आरम्भ हुईं। आज संसार के अधिकांश देश उसके सदस्य हैं। असलियत यह है कि विकसित तथा शक्तिशाली देशों ने डब्ल्यू.टी.ओ. के विचार का प्रतिपादन किया—इसके पीछे उद्देश्य था कि अपने स्वयं के हित में विश्व बाजार का क्रमबद्धतापूर्वक दोहन करना, परन्तु भारत, चीन और ब्राजील जैसे देशों को थोड़ी और दृढ़ता बरतते हुए विकासशील एवं अर्धविकसित देशों का नेतृत्व करना चाहिए। महाभारत युद्ध में कृष्ण के नेतृत्व पर गौर करें। उन्होंने बड़ी चालाकी और तीव्र गति से अपना देशव्यापी तंत्र बनाकर पांडवों के लिए संसाधन जुटाए। शक्तिशाली कौरवों के पास भीष्म, कर्ण, द्रोणाचार्य और कृपाचार्य आदि योद्धा थे। कृष्ण ने अपने सीमित संसाधनों का रणनीतिक ढंग से उपयोग किया तथा युद्ध की स्थिति को कुशलता से सँभाल लिया। यद्यपि डब्ल्यू.टी.ओ. के इरादों व उनके क्रियान्वयन को हम युद्ध की संज्ञा नहीं दे सकते, परन्तु अनौपचारिक रूप से यह युद्ध ही है। भारत ने अपने इरादों का संकेत दे दिया है तथा डब्ल्यू.टी.ओ. के मंच पर ही वह गरीब और निरीह देशों का नेतृत्व कर रहा है। अब भारत की क्षमता तथा विश्वसनीयता की परख अनेक अवसरों पर की जाएगी।

अस्तु धरती का भविष्य हम पर आश्रित होगा। इसे ऐसा आकार देने हेतु जिसमें सबकी भलाई हो—विशेषतः सरल व गरीबों की, हमारी क्या तैयारी है? हमारी तैयारी दोनों मोर्चों पर कार्यात्मक (सूक्ष्म) तथा रणनीतिक (वृहद्) के लिए पर्याप्त रूप से होनी चाहिए। कल के विश्व का नेतृत्व करने के लिए हमारी योग्यता तथा विश्वसनीयता मुख्यतः निर्भर करेगी, न्याय एवं नमनीयत की हमारी समभारिता पर। हमें जरूरत से ज्यादा निरीह बनने की आवश्यकता नहीं है, क्योंकि हम निर्धन हैं, प्रायः अशिक्षित हैं और दुर्भाग्य से विभाजित हैं। जो भी हो, कृष्ण के कर्मयोग के सहारे हमें आगे बढ़ते रहना है। हम भाग्य के विधान की मूलभूत प्रकृति से अनभिज्ञ नहीं हैं—बनाओ, बढ़ाओ और बिगाड़ो (और फिर से बनाओ)। कदाचित हमने आंतरिक एवं बाह्य दोनों प्रकार

का बहुत विध्वंस देख लिया है। अब वह समय आ पहुँचा है कि हममें से प्रत्येक कृष्ण या अर्जुन बन जाए तथा चुनौतियों को अवसरों में बदल दे। अभी हाल में विश्व व्यापार संगठन में जो वार्ताएं हुई हैं, उनसे तीसरी दुनिया के भारत के नेतृत्व की पुष्टि हुई है। पूरी विनयशीलता सहित मैं इस चर्चा की समाप्ति पर कहना चाहूँगा कि विश्व के भविष्य के मुख्य रूप से हम ही पहरुए होंगे और भारत ही विश्व धर्म की पुनर्स्थापना में पहल करेगा।

●●●